晚清帝国风云 II

湘军崛起

关河五十州 / 著

中国出版集团 现代出版社

图书在版编目（CIP）数据

湘军崛起 / 关河五十州著 . —北京：现代出版社，2018.1
（晚清帝国风云系列）
ISBN 978-7-5143-6669-3

Ⅰ. ①湘…　Ⅱ. ①关…　Ⅲ. ①中国历史—清后期—通俗读物　Ⅳ. ① K252.09

中国版本图书馆 CIP 数据核字（2017）第 303622 号

湘军崛起（晚清帝国风云系列）

作　　者	关河五十州
责任编辑	张　霆　哈　曼
出版发行	现代出版社
通信地址	北京市安定门外安华里 504 号
邮政编码	100011
电　　话	010-64267325　64245264（兼传真）
网　　址	www.1980xd.com
电子邮箱	xiandai@vip.sina.com
印　　刷	三河市宏盛印务有限公司
开　　本	710mm × 1000mm　1/16
印　　张	17.5
字　　数	276 千
版　　次	2018 年 1 月第 1 版　2018 年 1 月第 1 次印刷
书　　号	ISBN 978-7-5143-6669-3
定　　价	45.00 元

目录

第一章

戏从对手中来

爆发于1851年的太平天国起义，是咸丰皇帝遭罪的起点。从那以后，为了镇压起义，这位年轻的皇帝白天黑夜地忙，都觉得时间不够。更让他觉得晦气的是，花了这么多力气，成效却越来越低。前线送过来的奏折，不是说这里让人给捅了一刀，就是说那里挨了一棒，久而久之，皇帝的自信心大受打击，都不怎么敢相信自己也能赢了，直到曾国藩的崛起。

湘潭大捷点开了喜庆的炮仗，接着岳州、城陵矶，甚至是武昌克复的捷报都接踵而来，让人几乎有应接不暇之感。那情景，仿佛是倒霉了一千年，眼看着就要转运了。

原来人生也可以充满温暖！

要说在籍官员办理团练的不止一个，包括曾国藩在内，合计共有四十五人之多，然而除了曾国藩，没有一个整出样子，不是半途而废，就是销声匿迹。曾国藩成了当年的主打款，一众官员中，就数他最帅，帅得一塌糊涂，帅得无边无沿。

依稀还记得在京时，这家伙跟打了兴奋剂一样，拼着命往上递意见书的情景，也幸亏当初留了一手，要不然，现在纵使能收到礼包，也得落下一个不会用人的恶名。

显然这是个不可多得的人才，得赶紧用，还要重用。尽管曾国藩当初出任时，有言在先，守孝期间不接受奖励或升职，但咸丰仍授他以署理湖北巡抚一职，并赏戴花翎。

署理的原因，就是考虑到曾国藩尚在守孝期间，一旦守孝期满，代理即可转正，然而仅仅七天之后，咸丰又急匆匆地收回了成命。

不阴不阳的一句话

具有戏剧性的转折出现在一次君臣谈话之后。谈话的主角，一个是咸丰，另一个是军机章京彭蕴章。

军机章京不是军机大臣，说穿了只是军机处的文书，专门帮着军机大臣们抄抄写写，比如王鼎案中那个给穆彰阿通风报信的陈孚恩，就是军机章京。由于军机章京实际参与了机要，所以也被称为“小军机”。

彭蕴章的诗文很有名气，一辈子写了很多书，若是一本本码起来，比他人还高哩，不过此人有学问归有学问，却是食古不化，在政务上迂腐得很，是一个“有学无识”的典型。

咸丰跟他聊天，起初只是想抒发一下自己的好心情，没指望从这个木讷的小军机身上能得到什么高见。

咸丰说：“你想不到吧，曾国藩这么一个书生，竟能建成奇功。”

彭蕴章当然也是书生，这话听了足以让他浑身醋味儿乱冒。于是来了一句：“曾国藩不过是前礼部侍郎，一个老百姓罢了。小小老百姓，在乡间竟然能够一呼百应，随者以万人计，这恐怕不是国家之福吧。”

就是这么不阴不阳的一句话，让咸丰脸色大变，沉默了很长时间。

很多人将咸丰的防范心理归结于“满汉藩篱”：曾国藩是一个汉臣，一个汉臣具有如此大的号召力和影响力，手中又掌握兵权，对满洲皇帝当政的王朝来说，当然不是什么好事。

应该说，有这个因素，但并不能概括全部。清代用汉臣掌兵权并非没有先例，比如横跨康熙、雍正、乾隆三朝的名将岳钟琪就是一个典型。当时雍正任用岳钟琪，谣言满天飞，仅雍正自己收到的举报信就满满一筐，说他是岳飞的后代，要替祖先报“宋金之仇”云云，雍正根本就没有予以理睬。

其实很多时候，忌讳不忌讳，跟出身没有多大关系。康熙时期的鳌拜（满八旗），雍正时期的年羹尧（汉八旗），谁是纯汉臣？他们的下场可比岳钟琪惨多了。因为是汉臣，就想着要给对方穿小鞋，那是后人太小看这些清代皇帝了。

其实在曾国藩之前，江忠源追根溯源，也是手握兵权的湘军将领，不照样得到咸丰的信任重用，还被授以安徽巡抚？

曾国藩的事应该说是个案，其中彭蕴章的话起到了相当关键的作用。他抓住了两点，一是咸丰已经被下面的造反造怕了，生怕一不小心再跑出一个什么“秀全”来跟他捣乱，二是咸丰一向非常看重湖北的战略地位，认为它的作用和价值远在广西、湖南、江西诸省之上，潜意识里就不愿将如此重镇轻授予人。

在咸丰眼里，曾国藩与江忠源虽都出自于湘军，但两人并不相同。江忠源的定位主要是武将，任务就是打仗，曾国藩却有号令一方的作用，他创建湘军的时候，虽有个湖南帮练大臣的名义，其实是赤手空拳，凭什么能一下子拉起如此大的一个摊子呢？如果让他长期据守湖北，谁又能担保他不会黄袍加身，成为下一个“曾秀全”？要知道，在这种内乱频仍的情况下，要趁机跳出来自己做皇帝的人不计其数，足以让你防不胜防。

人心之复杂难测，是说不清楚的一件事，从此咸丰就对曾国藩不太放心，而且这种心理在后来很长一段时间内都难以消除。

经过一番深思熟虑，咸丰决定收回成命，改任曾国藩为兵部侍郎，专办军务——反正打仗要紧，就是让你当湖北省的一把手，估计你也没那闲工夫。

可话不是这么说的，咸丰的朝令夕改，不可能不引起曾国藩的疑惑，在从其他渠道得知个中内幕后，他的心顿时就沉了下来：原来是皇帝在猜忌我！

曾国藩的脸色也变了。他万万没想到，自己军事上好不容易有了点起色，可以替皇帝分忧解难的时候，换来的竟是对方的不信任。

他曾国藩像岳钟琪一样，毫无疑问是一个忠臣，然而他有什么办法让咸丰知道他是忠臣吗？没有！

这种时候，最好是朝中有人，能帮着说上两句，偏偏朝中无人，当年的座师穆彰阿即使身为首辅之际，也不为咸丰所喜，何况他早就被咸丰赶回家，闭门思过去了。

在给朋友的书信中，曾国藩谈到了东汉时的大吏杨震。关于杨震，有一个极有名的桥段，说有个曾被杨震推荐的官员为表示谢意，晚上给他送钱。杨震拒而不受，并且说："我们是老朋友，可是怎么回事，我这个老朋友了解你，你却不了解你的老朋友，不知道他究竟是什么样的人呢。"

送钱者愣了愣，还没回过味来，以为是杨震担心事情暴露会名誉受损，因此赶紧压低声音："您老别怕，天黑着呢，不会有人知道这件事的。"

碰到这么不上路的，杨震只好拉下脸来："天知，地知，我知，你知，何谓无知！"

一席话说得来人羞惭满面，落荒而走。

奸臣与忠臣

杨震能力出众，又廉洁奉公，出仕二十多年，官衔只升不降，一度位居太尉。东汉时的太尉，可掌全国军事大权，比清代首辅还吃香。

这样一个大人物，没有丝毫把柄握在别人手上，但也就是皇帝身边出了那么几个宵小，一通耳朵咬下来，使皇帝对杨震有了看法，结果罢免了杨震的太尉之职，并下诏遣送其回乡。

杨震气不过，在路上便服毒自杀，死前留言："以杂木做棺材，以粗布做寿衣，不回祖先墓园，不要设祠祭祀。"

一代名吏的愤慨和无奈，让曾国藩在阅读史书时感同身受，而对方的不幸结局又令他悲从中来。

对于身处前方的曾国藩来说，这种感觉确实很让人难以接受：当你竭尽心力，顽强苦斗的时候，那些既无能又妒贤的家伙却在背后指指点点，弄得你最后极可能爬得越高，摔得越重。

当然，这些都只能是心里面犯嘀咕。若是单纯从论功封赏这个角度看，咸丰其实并没有错待曾国藩：你以前是侍郎，现在没多长时间就让你官复原职了。

再说回去，古来忠臣一个样，曾国藩和杨震记恨的都不是皇帝，他们恨的是专门拆自己人台的彭蕴章之流。曾国藩也不是非当那个湖北巡抚不可，他只是想利用这个职务，好好地经营湖北，进而以两湖为后方基地，逐步逼近南京，这种稳扎稳打战略，倒与安徽的石达开有异曲同工之妙。

湖北巡抚当不当没关系，战略构想最重要，曾国藩上疏咸丰，要求在武昌待上一段时间再说。

咸丰却忍不住了，战事拖得越久，越要消耗银子，他能有多少银子去消耗呢？就此而言，太平军拖得起，他拖不起，而前面赢的那几仗又让他对时局产生了乐观情绪，认为湘军只要再赢几仗，摆平太平军就不是什么难事。

他回复的谕旨让曾国藩无话可说：“既无地方之责，即可专力进剿”——你又不是湖北地方官员，跟太平军作战才是你的本分哪，别废话，快点动身吧。

再拖下去，就有抗旨不遵的嫌疑了，曾国藩只得放弃初衷，率军东下。

要出武昌，就得先闯田家镇。田家镇与对岸的半壁山相对峙，两处所夹江面仅一里多宽，号称天险。无论你是要由东溯江而上，还是由西顺江而下，都得问它答不答应，所以直到半个多世纪后的中日武汉会战，日军要进入武汉，田家镇仍是必过的一关。

武昌失守后，杨秀清将石凤魁和黄再兴拿京问罪，并派燕王秦日纲坐镇田家镇。

秦日纲的才情十分有限，军事上乏善可陈，列举一下他指挥过的战役，也是败多胜少。不过此君无才，却有“忠勇信义”之名，说白了，就是对上级俯首帖耳，你让他干甚就干甚，从不敢有任何不同意见。

在太平天国早期尚存诸王中，秦日纲仅次于翼王石达开，高于任何朝中诸臣，但他把姿态放得比谁都低，让人几乎忽略了他也是个王。

杨秀清对他发号施令，他一点儿折扣不打，恭恭敬敬地服从命令，老实得就像杨秀清手下的一个普通兵丁。等到天京事变，洪秀全下密诏诛杀杨秀清，他也马上翻脸，把杨秀清一家人杀得干干净净。正因如此，无论是杨秀清还是洪秀全当政掌权，秦日纲都能够高枕无忧，吃香喝辣。

很多时候，奸臣与忠臣，奴才与人才，前者总是比后者更得势更讨好，但战场是公平的，杨秀清又用错了人，并将继续为之付出代价。

三顾茅庐

秦日纲到达田家镇后，即全力组织防御。他盯准的是江面，天险嘛，不好好利用，岂不亏啦？

最好的办法是截断航道，不让湘军水师从这里开过去。秦日纲在长江上拉起六道大铁链，每道铁链相距数十丈，在铁链下设置固定的木筏和小船，上面安放火炮，一方面用于拦截，另一方面保护铁链，形成了一道密集火力网。

除此之外，还有杨秀清专门运来的木牌水城，有两岸的土城要塞，再加上铁链前后绵延数十里的水营船队。秦日纲有足够的理由认为，他的江上要塞已是固若金汤，湘军水师再怎么牛，也难以从正面穿破这道防线。

秦日纲的逻辑思路是，以江面防御来确保田家镇，但他疏忽了一个地方，那就是田家镇对面的半壁山。事实上，半壁山是田家镇的天然屏障，半壁山若有闪失，田家镇则无藩可恃，湘军完全可以通过这一制高点，用火炮对田家镇进行覆盖式打击。

曾国藩紧紧抓住了这一漏招。1854 年 11 月 20 日，罗泽南和塔齐布先后率部聚集于半壁山下，对守山的太平军发动猛攻。

秦日纲事先未能在半壁山周围组织起强有力的防御，加之此时两军士气可谓一升一降，所以守军连战失利，三天后，半壁山即告失守。

犹如做外科手术，曾国藩拿下半壁山后，下一步就是要对江上的铁链动刀，双方的水上特种部队也终于到了面对面决战的时刻。

自衡阳练兵以来，曾国藩就认准水师是重中之重，他把相当多的精力都放在了水师组建和发展上。初期的湘军水师在战船数量上无法与太平军相及，作战经验上也很欠缺，因此多次吃过败仗。无论是靖港水战还是城陵矶水战，都败得极其难看，但曾国藩好就好在能吃一堑长一智，以后他便扬长避短，用陆师来弥补水师的损失，借助陆师赢的空当，迅速对水师进行重新补充，所以他的水师损失得多，恢复得也快。

在战略眼光上，杨秀清和他任用的一干将领都落在了曾国藩后面。太平军水营看上去很庞大，却始终只是“虚胖”，整个水营用的还是改造民船，水勇也没有经过多少专业训练。更糟糕的是，他们还不太讲究水陆配合，基本上是各打各的，结果是：水营赢，无关大局，水营输，满盘皆输。

在先前的武昌之役中，由于石凤魁和黄再兴指挥无能，水营的四千艘战船尚未能投入作战，就被湘军焚之一炬。太平军水营虽曾拥有上万艘战船，但再家大业大，也禁不住如此挥霍。眼见船只和水勇越来越少，至田家镇之战，秦日纲统领的水营已是太平军仅存的最后一点家底。

12 月 2 日，湘军水师在彭玉麟的率领下，向太平军水营发起进攻。

湘军水师的两大名将，文为彭玉麟，武为杨岳斌。

彭玉麟的籍贯为湖南衡阳。当初曾国藩一到衡阳练兵，便四处访求贤士，衡阳人说，本地要说贤，谁也贤不过彭玉麟，此人真称得上是人中麒麟。曾国藩听说后，便立即出面邀请彭玉麟。

彭玉麟不肯去，原因跟曾国藩在湘乡时一模一样：母亲病故，只想在家守孝。

相同的遭遇，自然知道怎么去动员，你这时要跟彭玉麟探讨什么事业功名，对方会毫无兴趣，所以曾国藩对彭玉麟说的是——现在天下大乱，父子兄弟且不能相保，你还能指望一个人安安静静在你母亲墓前守孝吗？

经过曾国藩“三顾茅庐”，反复劝说，彭玉麟终于答应出山，但与曾国藩约法三章：功成必身退，且不要官，不要钱。

彭玉麟在湘军水师中担当一个“文”字，并不是说他只会文不会武，事实上彭玉麟曾经像江忠源那样有过“剿匪”经历，是打过仗的，他的文，是说他出身文员。

湘军水师跟陆师不同，陆师给把刀就能上阵，因此即便是儒生也能做营官，水师则相对要求高一些，起码你得懂水性吧。在湘军水师，十个营官，有九个都是新提拔的武员，只剩一个会玩笔杆子的，也就是彭玉麟。

文有文的好处，会思考，能动笔。水师草创之初，规章制度一片空白，若没有彭玉麟从旁襄助，曾国藩的一个脑袋会变成两个。

无防护炮战

自湘潭水战以来，彭玉麟已屡次与太平军水营交锋，被称为“以书从戎，胆气过于宿将”，但他还从未有过田家镇水战这样的体验，具体来说，就是多了那六道横江铁链。

彭玉麟由此将所属进攻部队分成两组。第一组是敢死队，驾二十条快蟹，任务是冲到铁链下面，并弄断它。第二组是掩护队，专管发炮，以吸引太平军水营和来自田家镇岸上的火力。

敢死队在冲锋时沿半壁山一侧，且不发炮，不仰视，只管做准备工作，这样一来，就最大限度地避免了对方的炮火攻击。全部的炮火几乎都集中在靠近田家镇这边的掩护队身上，炮弹如雨飞来。

早在水师创建之初，彭玉麟就下功夫研究过防炮之法。和曾国藩一样，他也是从古书里面找答案，甚至拜的老师都是同一个，即明朝时的戚继光。

火炮在明朝时叫火铳，与明军作战的倭寇装备了大量火铳。在《纪效新书》中，戚继光记下了他抵御倭寇火铳的方法。一种是将十几层渔网罩在战船左右两侧，通过渔网的坚韧和细密，来拦截弹丸，唤作罟网。另一种是戚继光的独家发明，叫作刚柔牌。简单说来，就是在盾牌外面套一层竹篱笆，中间以生牛皮、水渗湿的棉絮、人的头发依次编制而成。

按照戚继光传授的经验，只要使用这两大法宝，起码在四五十步之外，倭寇的火铳根本无法贯穿，到二三十步距离之内，虽可穿透，但威力已经大减。戚家军不仅以此为掩护，还能举着刚柔牌进行反击。

刚刚看到这几段的时候，彭玉麟别提多高兴了，想想戚老师真够意思，什么都不保留，什么都传授——您老人家怎么就知道几百年后有人还用得着呢。

彭玉麟在当下一一借鉴和试验，可是试验的结果实在让人沮丧：无论罟网还是刚柔牌，一炮就给打穿了。

不是戚老师又藏着或掖着，只要动脑筋想一下就知道了，几百年前火铳的威力，能跟几百年后的火炮比吗？

当然只要防御了，也不是一点效果没有，战船四周围上一道牛皮，多少总能起到一点保护作用，但是又不治本，还容易影响官兵的斗志和作战效率。

彭玉麟一狠心，索性把罟网、刚柔牌、牛皮之类统统撤去，船上无遮无拦，实施无防护炮战，然后他带头脱去上装，赤膊拿一把大刀立于船头，并大呼一声："炮弹要是有眼，就先把我打死吧。"

主将不怕死，众人立刻胆壮起来，视危险如坦途。有谁低下头来躲避炮弹，还会被众人讥笑为怕死鬼。

没了畏畏缩缩，动作就不会走形，可以踏踏实实放炮，同时战船也不会停顿，然而这种疯狂的打法又必然要付出惨重代价，因为炮弹毕竟不长眼，也不认识你究竟是勇士还是懦夫。

在田家镇水战中，湘军水师相当多的伤亡均来自于掩护队。后来水师将领在向曾国藩汇报，说到“损失如此之惨重”时，忍不住放声大哭。

太平军的护索水营虽不断放炮，但也构不成密不透风的火力网，存活下来的湘军水勇依旧能够猛力反击，结果有的太平军小船还未装上炮弹，就被炸沉了。其他人看到湘军如此悍不畏死，也多半开始胆怯起来，纷纷朝岸边闪避。

依靠掩护队不顾生死的护持，敢死队的快蟹终于冲到了铁链旁。

在江中铁链里面，维系船只的竖链较细，用斧头和钳子便能截断，最难搞定的是连接两岸的横链。

横江铁链古已有之，早在三国后期，东吴便采用了这一防守策略，他们在半壁山上游的西塞山江面拉起铁链，以阻止西晋东进。晋军大将王濬熔断铁链，才得以击破东吴自以为牢不可破的江上防线，这就有了历史上著名的“千寻铁索沉江底，一片降幡出石头”。

王濬是怎么熔断铁链的呢？史书中的描述是：制作巨型火炬，长十余丈，宽数十围，中间灌以麻油，当巨型火炬遇到铁链，即可将其熔化。

彭玉麟打造了相仿的火炬，每一艘快蟹上都放一口装满油脂的大锅，下面装有风箱，将油脂烧到滚沸。水勇冒着炙人的高温，将铁链拉到火焰上进行煅烧。等烧到一定程度，再用铁钳将铁链夹出，放在预先准备好的铁墩上，几个人拿起打铁的劲头，手执利斧，猛砍一番，便能将铁链砍断。

不到两个时辰，六道横江铁链被全部砍断。

巨石咽江声

铁链一断，第三组进攻部队“挤而过”，从断开的铁链中间穿行过去。另一个湘军水师的名将、占“武”字的杨岳斌上场了。

杨岳斌原名杨载福，他家从爷爷辈开始，都是绿营武官。绿营讲究资历，杨岳斌其时不过三十二岁，若是继续待在绿营，还不知道要到哪一天才能熬出头。关于这一点，只要拿关天培、陈化成、杨芳、向荣等人的简历出来瞧瞧就明白了，一帮老头儿，最小的六十多岁，最大的七八十岁，人家算算还都是特能干的名将。此情此景，非得让年轻人看了落冰窖里不可。

在加入湘军之前，杨岳斌是营千总，官衔为正六品。仅仅一年之后，因为在湘潭之战中立下大功，便被擢升正五品的守备，同一年，升都司，正四品，接着升游击，从三品。

一年之内，竟连升三级。也就是说，你只要肯拼命，光升迁就能升到眼花缭乱的程度，他杨岳斌有什么理由不拼呢？

杨岳斌也的确敢拼能拼。有一次湘军水师进攻受挫，杨岳斌对彭玉麟说：“敌军有十倍于我的战船，要想取胜，非得出奇不可。”

杨岳斌所说的出奇制胜，就是亲自驾驶一艘小舢板向太平军水营发起突击，彭玉麟亦紧随其后。在他们二人的鼓动下，湘军水师不顾一切地冲向太平军船队，反过来将太平军给冲散了。

不过在田家镇水战中，却出现了让人困惑的一幕：杨岳斌率部闯过铁链后，并未直接向太平军发起攻击，而是顺流冲到下游去了。

这是杨岳斌等湘军将领从城陵矶一城中得到的教训。当时广东总兵陈辉龙要乘风进攻太平军，杨岳斌劝他说，顺风难收队，不能去，陈辉龙不听，结果招致大败。

杨岳斌冲到下游，一方面是要截断太平军水营的归路，另一方面是要逆流而上，从容地对太平军展开攻势。

水军近战，主要战法都是火攻，不是我烧你，就是你烧我。当天的风向也怪，突然就刮起东南风，风向让太平军不仅无法东撤，反而还陷入一片火海之中，作战中战船被毁四千余艘，被夺五百余艘。

太平军在田家镇再也守不住了。1854 年 12 月 3 日，秦日纲率残部退往九江。

为取得这次胜利，湘军付出了很大代价，共战死八百将士。曾国藩在田家镇建立昭忠祠，并撰写了一副挽联：“巨石咽江声，长鸥今古英雄恨；崇祠彰战绩，永奠湖湘子弟魂。”

对于曾国藩和他的湖湘子弟来说，所付出的代价又是值得的。经过田家镇一役，太平军仅存的一点水上力量损失殆尽，水营基本瓦解。曾国藩水上定乾坤的深远谋略终见成效，湘军自此完全控制了长江上游。

咸丰得报，喜悦之情“莫能言喻”，都说不出来究竟是个啥滋味。

什么是生活，生活就是每一天都拥有一个新的开始。尽管咸丰听了彭蕴章的话，不敢把地方大员的位置再腾出来给曾国藩，但湘军作为一支地方武装出身的军队，能取得如此成就，他这个后台大老板还是舍得给予封赏的。

曾国藩保奏彭玉麟、杨岳斌等八将因功升职，咸丰眉头都不皱一下，便一一照准。此外，还给予曾国藩赏穿黄马褂待遇，黄马褂可不是随随便便赏的，在道光以前更是少之又少。

凡是能赏的东西，咸丰都掏了出来，什么扳指、宝刀、火镰，数数一堆呢。

曾国藩实在也没什么可抱怨的了，剩下的就是再卖把力气，争取能够把奏报写得更漂亮一些。他自己也踌躇满志，告诉咸丰，长江上游已被官军控制，太平天国所需给养起码因此断绝了一半，而他下一步的目标就是“肃清江面，直捣金陵”。

在潜意识里，这位湘军大帅已经在为他进入南京进行彩排了。可是他忘了，人生没有彩排，每一天都是现场直播，而在新一轮直播中，他将可悲地沦落为一个票房毒药。

前线的连连挫败，令杨秀清大为震惊，他不得不再次起用军中的超一流高手：翼王石达开。

石达开不仅能征善战，而且颇懂地方治理之术。太平军缺乏一贯的战略设计，往往是只顾前方，不顾后方，只有石达开在安庆建立根据地并使之维持了近十年之久。

石达开才能出众，太平军领导层人人皆知，杨秀清当然也很清楚，但身为实力派王侯，你太能干了，对上面而言未必是好事。在这方面，谁都难以脱俗。

一方面是杨秀清对石达开有所忌讳，另一方面，作为一个聪明人，石达开同样十分谨慎小心，知道东王心里那么块地儿就是再大，也容不下一个比他更强且可能超越他的人。于是只要战事尚看得过去，石达开就被束之高阁，他本人亦从不嚷嚷着一定要到前线去怎样怎样。

田家镇战后，杨秀清和石达开的利益相关，一个急于用人，一个急于救火，这才放下了各自的小心眼，在共同目标上达到了汇合点。

什么叫破绽

石达开奉命星夜兼程，从安庆赶到湖口。他没去之前就知道局势严重，去了之后才知道不是一般的严重——杨秀清交给他的完全是一个烂摊子，太平军失地千里，军心混乱，加上湘军步步相逼，要想短时间内在九江、湖口建起牢固防线，几如天方夜谭。

他需要足够的时间用于部署防守，否则就算是神仙下界也无济于事。石达开立即命令长江北岸的太平军尽最大可能制造声势，以拖住湘军，使其不能全力东下。

按照湘军在田家镇的那股气势，曾国藩要拿下九江甚至湖口应是水到渠成的事，但被石达开这么一搅和，他不能不派塔齐布和罗泽南率陆师精锐前去北岸应付。

曾国藩出兵以来最讲究水陆并进，这也是他自湘潭之战以来可以做到所向披靡的重要保证。如今缺了陆师的支持，他就不敢派水师单独深入九江和湖口了。

什么叫破绽，这就叫破绽。抓住曾国藩的破绽，石达开得以从容部署，打造出全新的防线。

燕王秦日纲在田家镇败得那么狼狈，缘于他顾此失彼，江心、田家镇、半壁山这三座堡垒构不成整体，被人家各个击破。石达开也设置了三座堡垒，除九江外，还有湖口和梅家洲。

梅家洲是江心的一座大沙洲，由长江泥沙沉积而成，沿江而下的主航道，其北面狭窄，大船无法通行。曾国藩要想“肃清江面，直捣金陵”，非从南面的长江主航道通过不可。

石达开以林启荣守九江，以罗大纲守梅家洲，自守湖口。林启荣和罗大纲都是以防守见长的战将，经过这么一排兵布阵，三座堡垒不仅更为牢固，相互之间还能形成策应，最大限度地弥补了田家镇防线那样的缺陷。

石达开在长江北岸投下的棋子，令曾国藩忙活了将近一个月。1855 年 1 月 2 日，当他把水陆两师调到九江城下时，发现九江已“屹然坚城，难以遽下矣”。

除城防扎实外，守城之将也不简单，此人便是林启荣，他将为知人善任的翼王带来开门红。

林启荣原本籍籍无名，在太平天国定都南京之前，他还只是杨秀清麾下的一个普通刀牌手，很长时间内都没有其他职衔，所谓“郁郁乎行伍”，在军队里面混得很不得意。后来总算进入了军官行列，并随军西征，但也不过是赖汉英、石祥祯等人手下的一名偏将。他的显山露水，是从防守九江开始的。

1 月 14 日，曾国藩将九江予以四面包围，并以塔齐布手下猛将童添云为攻城先锋。

童添云见过世面，曾在鸦片战争时随杨芳出征广东。此人有一把子力气，能拉开“五石弓”，这种弓一般都是用来考武状元的，绝对是大力水手级别的，而且他的箭法还挺准，要么不射，射必命中，加上胆量大，做事认真，所以很快就成了军中的佼佼者。

身为主将，童添云就像他的老上司塔齐布一样，每战必挺着长矛在前面冲杀，即使弹如雨下，都不肯稍有退却。由于他长了一脸麻子，太平军称其为“童麻子”，对方一见旗帜上有“童”字，便相顾失色，说：“不好，童麻子来了！”未战纷纷退却。

这是个擅攻的一流悍将，但是当擅攻之将遇到擅守之将，就没辙了。

当天湘军不仅没能攻入城池，童添云还被城炮击中并重伤而亡。“童麻子”战死，湘军诸将无不愕然，先前攻克武昌，拿下田家镇的劲头也为之一挫。

此后，林启荣白天仍然坚壁不出，且深沟高垒，旌旗林立，让攻城者找不到一点空隙。

想想累了一天，晚上应该松懈了吧。从表面上看也的确如此，只要夜幕降临，城墙之上便一片静寂，连打更击柝的声音都没有。可这是在湘军未打歪念头之前，此后只要他们敢动一动攻城的主意，还没等摸着城墙，城上就会立刻枪炮声大作，杀你个人仰马翻。

没有严明的战场纪律和出色的指挥，是很难做到这一点的。九江城下，连塔齐布和罗泽南都感到无计可施，罗泽南叹息说，九江不过斗城而已，却坚固如此，真是难以想象，“林启荣之善守，吾辈不能及也！”

取败之道

九江一时难下，有人便建议不如越过九江，先进攻九江东面的湖口和梅家洲再说。曾国藩用兵，向来谨慎有余，步步为营、稳扎稳打是他的基本宗旨，如果要跳过九江，就可能陷入两面受敌的困境，一般情况下，他不敢如此冒险。

不过这说的只是一般情况，现在情况特殊，除了九江打不下来以外，曾国藩还必须正视一点，那就是石达开正在重建水营。

石达开时年才二十四岁。曾国藩等人原先对这位年轻王爷根本没什么概念，以为不过是个“毫无知识”的“铜臭小儿”，一旦真被拖到军事攻伐这口大缸里面，就算不揿他头，他自个也得吐着泡沫，翻着白眼珠咕嘟咕嘟沉下去。

可是石达开很快就让曾国藩刮目相看了。自湘潭之战起，曾国藩不是每战都赢，但是总能反败为胜，关键在于他抓住了“水”这个核心。反观太平军，虽然也打了不少胜仗，加起来一算，却还是得少于失，要害也全在一个“水”字。

一直以来，太平军吃亏就吃亏在水师方面。那些由民船改造而成的战船，力量微弱的土炮，缺乏训练的水勇，以及粗放型的水上战术，没有一样能与湘军相比。更糟糕的是，他们还缺乏补血能力，眼瞅着有少无多，到最后砸锅卖铁，一无所有。

显然，竞技江上，得水师才能赢天下，石达开要从根本上改变战局，就必须改变太平军的水上弱势。此前，他在安庆时就建造了一座规模巨大的造船厂，但造船需要时间，实战又急着要用，石达开便想到了“借船”，一到湖口，他便派人奇袭停泊于鄱阳湖内的江西水师。

当初在谕令曾国藩创建水师时，咸丰也下令四川和江西督造战船，组建水师。出发点是好的，多多益善嘛，省得江上只能依赖湘军一家。可惜地方官军太不争气，九十人的奇袭队，愣是吓跑了四千人的江西水师。凭此一役，石达开足足赚来百余艘战船和七百余尊火炮，算是给太平军水营续了香火。

得知这一情况后，曾国藩真恨不得把江西官军全部抓起来，噼噼啪啪，一人先扇一千八百个耳光再说。他曾国藩好不容易熬到田家镇水战，消灭了太平军的万艘战船，从而建立了水上的绝对优势，可给这帮窝囊废一弄，双方的力量又起了变化，让太平军水营拥有了东山再起的本钱。

当时这批被太平军俘获的江西战船尚在鄱阳湖内，曾国藩便召集水师将领商讨究竟该怎么办。有人主张九江之战要紧，不如先将江西战船逼到长江下游，以后再慢慢收拾不迟。彭玉麟则说，要是让这批船出了鄱阳湖口，就会留下无穷后患，再想控制住就难了，不如趁此机会，将其一举歼灭于鄱阳湖内。

开会时，杨岳斌正在后方养病，彭玉麟在水师中的权威最高。大部分水师将领都同意他的意见，曾国藩也觉得未尝不可，不失为一石二鸟之计：既压制了石达开重建水营的可能，又可以断绝九江外援。

两面受敌的问题，曾国藩也考虑了。他将陆师一分为二，塔齐布留于九江城下，继续进行牵制，罗泽南则和水师一起攻击湖口和梅家洲。

面对兵临城下的强敌，石达开给出了自己的推断和结论：从武昌出发后，湘军没有得到过充分休整，不吃力是不可能的，这叫久战必疲；由于连战连捷，这支军队从上到下又都有一股骄悍之气，尤其水师更以江上霸主自居，此谓骄必轻敌。

一个疲，一个骄，均取败之道也。

罗泽南创造过以静制动的经典战术，即等待时机，在对方“三而竭”的时候发动全力一击。石达开接下来设计的套路，几乎就是这一战术的翻版。

他训令三地堡垒，只能坚守，不准出战。在湖口，石达开自己身体力行，不管湘军如何讨敌骂阵，都“不动如山”，让对方不明虚实。

“静者安，动者摇。”敌人最活跃的时候，往往就是破绽暴露最多的时候，石达开重点关注的是湘军水师有没有破绽。

似乎没有。湘军水师此时正处于建军的全盛时期，船坚炮利，一副无懈可击的样子。可是绝对的无懈可击，在这个世界上是不存在的，所谓“百密犹有一疏”，即便是传说中的金钟罩铁布衫，也有攻破它的命门关节，只要你冷静观察和思考，就必有收获。

经过几天僵持，石达开终于发现了湘军水师的命门所在。那本来是湘军水师的长处，即大小船配合，长龙、快蟹与舢板取长补短，一个如重型战车，无坚不摧，一个如轻捷小鸟，倏忽来去。

二者合在一起，自然是优势互补，但如果把它们像水陆师一样拆分开，则效果完全不同。有了发散性思维，便没有什么不可能，机宜已定，石达开开始一步步地将对手往自己的陷阱里引。

白天他继续高挂免战牌，守城不出，到了晚上，派兵在江岸之上敲锣打鼓，不停地制造紧张气氛，同时出动船只，将火箭火球接二连三地射到对方船上，湘军一旦警觉或出动追击，又马上隐身，总之一句话，就是不让你睡好觉。

在疲和骄之外，湘军水师又多了一个躁。

分飞燕

1855 年 1 月 29 日，石达开破天荒地在白天派出船只与湘军交战。不露面还好，一露面差点把曾国藩的牙都给笑掉。太平军用的是一种俗称小划的船，最多跟舢板一个级别，而且仅寥寥几条船，它们在江上晃晃悠悠，似乎连站都站不稳。

这么多天不现身，以为你要放大招，没想到出场就如此寒酸，那还等什么？湘军水师立刻猛扑过去，太平军果然支持不住，几个回合不到就慌忙退却。

湘军多少天无仗可打，好不容易逮着这么一机会，哪里肯舍，当下兜头便追。那架势，恨不得三下五除二，立马把太平军揍到扁，然后像块饼一样摊墙上去。

太平军的小划虽小，移动却很灵活，像长龙、快蟹这样的大块头追赶不及，只有靠舢板。一个在前面逃，一个在后面追，眼见得小划们一晃之下溜进了鄱阳湖，湘军也尾随跟进，因为都知道鄱阳湖内集聚着江西战船，正是将其一举歼灭的良机。

先后进入鄱阳湖的舢板计一百二十艘，水勇两千余人，湘军水师的轻便船只基本一个未漏地全进来了，留于外江的都是笨重的大船。

战斗仍然是一边倒，湘军抓住机会，焚烧太平军船只数十艘，这是湖口开战以来的第一个收获，众人无不欢欣鼓舞，心花怒放，都拼命往前追，没有一个肯背过身，回过头去看的。

湘军的舢板越往湖心划，离入口处越远，渐渐地与外江不通声息。曾国藩等了很长时间，还不见舢板返回，这才着急起来，亲自过来察看。这一看，令他大惊失色。

在鄱阳湖入口处，石达开竟然搭起了浮桥。浮桥下面是凿沉的民船，上面铺着木板，再盖以土石，将所有舢板完全堵死在鄱阳湖内。其行动之迅速，构建之巧妙，显见得是预谋已久的结果，绝非一朝一夕之功。

中计了！石达开修筑的浮桥乃水营得意之作，“关锁牢固，势难冲击”，想攻破非常之难，曾国藩唯有先鸣金收兵。

这天晚上，石达开又派船只出动了，只是不再是隔靴搔痒的袭扰，而是大举进攻。三十多艘小划，却足以搅乱湘军水寨。以往湘军作战，是以长龙快蟹做掩护，以舢板主动出击。在失去舢板护持后，长龙快蟹“如鸟去翼，如虫去足”，就好像鸟被砍断了翅膀，虫被斩断了四肢。它们不仅没有出击能力，还处处挨打，防不胜防，昔日威风八面的长龙沦落为笨龙，快蟹也差不多成了死蟹。

湖口和梅家洲的太平军陆师也紧密配合，在岸上用火箭、喷筒对着湘军的船只进行射击，同时投掷以火球、火罐。湘军被焚九艘快蟹，七艘长龙，其他杂色大船二十余艘，若不是大船上装有洋炮，使太平军的小划不敢逼得太近，还不知要惨到什么地步。

从前的气焰有多高，如今落得就有多快。突然到来的失败，令湘军官兵不知所措，大家再不肯遵从号令，纷纷挂帆向上游逃窜，连彭玉麟也阻止不住了。

这是战场上的一次重大转折。湘军水师被截为两半，曾经一快一慢的好搭档，此后变为分飞燕，你成不了我的梁山伯，我也做不了你的祝英台。

水师军心衰弱得厉害，原先归杨岳斌统率，现在由彭玉麟调遣的人马，也不听指挥了。曾国藩没有办法，只能将尚在养病的杨岳斌召回进行节制。

水师吃了亏，陆师也没能找到补。塔齐布屯兵九江南门外，整天仰着脑袋攻，官兵死伤相继，仍拿九江城没什么办法。罗泽南想从岸上克湖口，也是苦哈哈的什么都捞不着。非但如此，由于石达开用兵神出鬼没，罗泽南生怕对方劫营，还得夜夜戒备，有时一整晚都不敢合眼。

曾经勇不可当的两位陆师大佬半斤八两，窘迫如此，闻者无不寒心。曾国藩的心也凉了半截，意识到世上本无捷径可走，绕九江而攻湖口的策略原本就是错的。

此消彼长

还是回头走老路吧。1855 年 2 月 11 日，曾国藩将原本计划负责进攻湖口的罗泽南调回九江，与塔齐布兵合一处，以加强对九江的攻势。

他想不到的是，当天晚上，石达开竟然又发动了一次更大规模的进攻，参加这次进攻的，除了数百艘小划外，还有安庆船厂刚刚造出的三十艘大船。

与上一次相比，这个晚上更黑，更适于夜袭，曾国藩输得也更惨。太平军水营翻江倒海，湘军水师被打得溃不成军，最后连曾国藩自己乘坐的特大型拖罟船都被惦记上了。

当时拖罟被十几只划子围攻，炮弹却已经打光，太平军一拥而上，上前拦截的亲兵越打越少。曾国藩脸都白了，惊惶之下推开舱门，跳入江内，要自杀了事。这时正好彭玉麟驾小船经过，见有人跳水，看身影有些像曾国藩，便急忙救起，送到岸上的罗泽南营中。

这一仗，湘军水师被焚战船百余艘，拖罟也做了人家的战利品，上面的所有书信文稿连同咸丰赏赐物品，扳指、宝刀、火镰之类，统统送给石达开做了礼物。

拖罟船还是当初广东总兵陈辉龙送给曾国藩的，一共就造了两艘，一艘在城陵矶之战中被曾天养缴获，现在这艘又让石达开拿去玩了，敢情忙乎半天，都是替别人忙的。

上岸后，曾国藩又羞又愤，先写下一封千余字的遗折，然后命人牵过一匹马，就要骑着马去与太平军同归于尽——当然依曾某的个人近战能力，只会他自己"尽"，对方是不可能"同归"的。

罗泽南等人见状，赶紧拉住马缰，并苦苦劝说，好话说了一箩筐，曾国藩才回心转意，冷静下来。

湖口一战，湘军一败涂地。屋漏偏逢连夜雨，1855 年 2 月 20 日，水师又遭大风袭击，长龙快蟹被撞沉撞伤四十余艘。

人倒霉了，真是喝口凉水都塞牙。曾国藩盘点一番，能保持基本完整的战船只剩下七十余艘。他再也伤不起了，只得让彭玉麟带到湖北去修理。

此消彼长，战场态势和双方的力量对比自此都发生了改变。

曾国藩所犯的错误不止一件。自武昌出师，湘军全师东下，能打一点的部队几乎都被他带到江西去了，相比之下，留守湖北的兵力十分空虚。应该说，这种打法有利有弊，有利之处在于可集中优势力量，尽快取得战果，不利之处在于战事一旦不顺，大军就会被牵制在前线，湖北后方必然危险。

如果看不出对手这个错误，石达开就不成其为石达开。他随即发动的全面大反攻，便是直奔曾国藩的后方湖北而去。

湖北军队维护个治安还凑合，打仗完全不是那块材料，往往还没看到太平军的影子，就杯弓蛇影，自己吓自己，一个人叫一声，则“万众瓦解”，一溃千里。曾国藩闻讯急派胡林翼、彭玉麟率水陆两军回援湖北，但已无力回天。4月3日，太平军第三次攻克武昌，并控制了湖北的大部分地区和长江航道。

仅仅半年时间不到，曾国藩又失去了武昌，“前此战功，竟成空虚”。与先前不同的是，这次还退步了，他最为看重也最为得意的水师支离破碎，完全破了相，再也不值一看。

曾国藩懊丧不已，连写下的文句都哀哀戚戚，不再有往日的大气磅礴：“闻春风之怒号，则寸心欲碎；见贼帆之上驶，则绕屋彷徨。”

就算皇帝原先对打仗这一套两眼一摸黑，在阅看和分析了这么多战场报告后，现在至少也已经是一个眼光独到的军事评论员了。

湖口战役，曾国藩总结败因，说到舢板闯入鄱阳湖，以致被太平军一切两半。咸丰批道：“诚不免锐进贪功”，确实是你太求胜心切了，淡定一些嘛。

分析武昌为何失守，曾国藩承认是自己的失误，未能在后方预留强一些的军队。咸丰倒是通情达理，说算了，当时你那水陆两师全数东下，还怕兵力过于单薄，如果再分兵设防武汉，那不是更少了吗？这仗还要不要打了？没准儿现在的形势还更加棘手呢。

咸丰的语气能如此宽容平和，一定程度上，不能不说与北方战场形势的趋于好转有关。

自从北伐的太平军被包围于束城，咸丰就希望能尽快将其歼灭，但事与愿违，双方足足对峙了二十来天，仍然解决不了问题。

问僧格林沁和胜保究竟是怎么回事，这两人的答复倒很一致：“太平军依墙施放枪炮，伤亡太大，冲不过去呀。”

咸丰一听，火冒三丈：“你们哇啦哇啦地讲什么梦话呢，以为朕啥都不知道是吧？束城那里都是乡下房子，不过砖土矮墙而已，太平军再怎么折腾，又能弄到多牢多厚，乃至于连你们都攻不破？”

皇帝一发火，两个家伙都被吓住了，赶紧再次组织进攻，但接连两次大进攻都偷鸡不着蚀把米，反过来被太平军打了埋伏，其中一次胜保还被包围在村子里，怎么冲都冲不出去，最后靠僧格林沁的蒙古骑兵才救了一命。

看来皇帝的话听不得，僧格林沁和胜保又低下了头，跟太平军干耗起来。胜保负责将太平军驻地周边的村庄予以烧毁，树林也全部砍掉，以免被太平军用作伏击。僧格林沁则开挖深壕，一步一个坑地进行挤逼。

双面胶

林凤祥和李开芳不惧硬攻，就怕用巧。在无法坚持的情况下，决定继续找机会突围。

1854 年 3 月 7 日，清晨，趁大雾迷漫，太平军再次突围南下。僧格林沁的蒙古马耳朵都是竖着的，一步不舍地跟过去，结果又将太平军困于阜城。

这次僧格林沁吸取教训，他不等太平军在城外扎成营垒，便亲率蒙古骑兵进行猛烈冲击。此番冲击对太平军损伤很大，担任战场指挥的平胡侯吉文元中箭落马身亡。

太平天国早期分封的王侯不多，吉文元作为广西老兄弟，他的平胡侯硬是靠一场场战功累积起来的。这样的猛将殒命，对太平军的震动着实不小。

林凤祥急忙将军队收缩进城。为了尽快破城，僧格林沁和胜保各想各的办法，胜保预先设计一招，他从外地征调窑工，在阜城外开挖地道，想用地道来炸城墙。可是太平军有过土营，对挖地道埋地雷这一套最为敏感，有个风吹草动都别想骗过他们的眼睛，胜保本身也没什么经验，只能不了了之。僧格林沁的法子还是挖壕。胜保的地雷没派上用场，他便拿过来，埋在长壕里，就等着太平军来踩雷。

阜城只是座小县城，粮草十分有限，撑到月底太平军就被迫再次进行突围。这时京城传来旨意，让胜保带兵去山东。原来早在一个月前，东王杨秀清已得知北伐军境况不佳，便赶紧派出援军北上进行增援，胜保须奉诏前去对付援军。

合围要的就是人手，胜保一走，城外立刻露出许多空当，林凤祥乘机出城，但是一出城就上了僧格林沁的当，部队在冲过壕沟时踩到地雷，死伤百余人。

僧格林沁的缺陷是人手不够，盯不住，使太平军得以平毁壕沟。之后，他们通过向官军营盘账房投掷火弹，造成僧格林沁后方大乱，终于打开了通道。

太平军突围了，但是让林凤祥和李开芳感到难以接受的是，自从对手一栏中增加僧格林沁这么一个人之后，不管你突围多少次，他就好像双面胶一样，总也甩不掉。

1854 年 5 月 5 日，在无法摆脱追兵的情况下，太平军只得在连镇紧急布防。还没等弯下腰来喘口气，僧格林沁和他的蒙古骑兵就到了，呼啦一下，三度将太平军予以包围。

连镇横跨运河，分为东西两镇。林凤祥和李开芳商量一下，以运河划界，一人占住一边，成掎角之势，同时在运河上架起浮桥，使运河两边连成一气。

连镇“人口繁盛，蓄积颇丰”，附近村庄也都不是贫瘠之所。太平军从镇到村，将所有财物掠夺一空，作为军队给养。林凤祥另外在东西两镇之外建造木城，设立大小连营七座，以分官军兵力。

在作战方面，僧格林沁是个老手，普通花招在他眼里都不值一提。太平军分兵，他也依照东西两镇的位置，将兵马分为河东和河西各一路，此后便眼睛一眨不眨地盯牢太平军，并不断往前推移。

此时北方连降大雪，太平军虽得到了粮食上的补充，但冬衣不足，而且他们本身也不知道如何防寒保温，因此非战斗减员非常多，光冻死的就有数千人之多。僧格林沁的办法就是熬着耗着，在对付气温这个大敌上，长期生活在同一环境，甚至是更恶劣环境下的蒙古人显然要比太平军能扛得多。

耐不住的是咸丰。在没看战报以前，他总揣着一种一劳永逸的心理，但仔细读下来，却发现僧格林沁不过还是在拿话搪塞自己。

敷衍，敷衍，你就知道敷衍，不赶紧把太平军给摆平，什么时候是个头啊！

僧格林沁口口声声地说下雪天冷得不行，非得等到冰雪消融才能有取胜的完全把握，咸丰真是恨不能劈脸扇过去一巴掌：早知如此，何必当初，你早点抓住时机，歼灭这股太平军，还会像今天这么费力吗？

他在僧格林沁的奏折上批道："再不能宽限时日。"

斗兽场

可是事到如今，能不能宽限已不是咸丰说的算了，而是僧格林沁说的算，他只把咸丰的话当耳旁风。

皇帝坐在紫禁城里说的现成便宜话，那是能听的吗？听不得。尽管太平军的境况已大不如前，但仍有近万之众，而且僧格林沁分明看到，太平军照旧悍不畏死，或战或守，均从容不迫，毫无溃乱之状。

这种样子，你要我立马将他们干掉，不是在说天书吗？只有长围久困，才是唯一之法。

僧格林沁的围困，像毒蛇缠颈，使得太平军的日子越来越艰难。这时杨秀清派遣的特使正好潜入连镇，林凤祥才知道天京援军将赶到救急，两人计议后，决定让李开芳率六百轻骑兵南下接应。

增援连镇的太平军尚无法到达，僧格林沁却已不断得到援兵，所统率的兵力增至三万。这不仅弥补了胜保率兵离开后人数不足的缺陷，也使僧格林沁得以采取新的动作。他采取环镇筑垒的方法，挖出三道壕沟，并配以土城，将镇外林凤祥所筑连营也一道困了起来。

随着时间的延续，继缺少冬衣之后，太平军收集起来的粮食也渐渐吃光了，只能以黑豆充饥。林凤祥困窘无计，不知道怎样才能带着这支部队走出不利局面，但是这一天，有人忽然告诉他："我有办法！"

说有办法的是一个广西老兵。他说有办法，不是说他个人有办法，而是附在他身上的耶稣有办法。

事情发生在军内举行的一次祷告仪式上。大家都在念念有词，就见这个老兵突然昏厥倒地，口吐白沫，醒来之后，老兵便以耶稣的口吻对林凤祥言道："休要担心，少要害怕，某有的是神奇兵法，定能助你突出重围。"

在太平天国的宗教思想里，耶稣是天兄，即天王洪秀全的哥哥，有耶稣下界助阵，自然无敌。林凤祥很高兴，马上封老兵为军师，并建立军师府，事无巨细，都要请示“军师”后才执行。

“军师哥哥”其实不懂指挥打仗，但他以前在广西的戏班子里跑过龙套，于是便把舞台上的花花绿绿搬了过来，每日操演一些“诛妖阵”“锁妖会”一类的所谓阵法。

一个月过去了，这些阵法对实战毫无作用，林凤祥也渐渐瞧出端倪——“军师”竟然说出了让关羽、黄忠下凡助阵的话，太平军的宗旨是砸烂一切牛鬼蛇神，三国人物自然也在被砸之列。

林凤祥大怒，将“军师”愤而斩之。

对于揭不开锅的前线来说，虚幻的一套犹如画饼充饥，只能暂时起到一点鼓舞军心的作用，并不能解决实际问题。为冲出重围，林凤祥想到了吕公车。

吕公车是自明代起就有的一种大型军事设备，类似于古时候的重型坦克。太平军对其进行了改造，车上不仅可载人，还能装备火炮，北伐以来，多次用于攻城和野战。

可是吕公车仍然难以救急。僧格林沁所修的那些壕沟，深度和宽度都各达六米有余，土城则高达四米，厚近三米，上面安有枪炮。在壕沟后的土城内，每隔三米，便支起一座帐篷，每座帐篷里都各有十名士兵昼夜巡逻。如此复杂的阵地工事，几乎可以和后世的反坦克壕相提并论，哪是吕公车这样的土坦克能够攻破的。

形势越来越恶劣，太平军内再次开始人心动摇，出现了逃兵。僧格林沁也像胜保那样，天天让这些逃兵高举“投诚免死”牌，在太平军营垒外转来转去，展开攻心战。

在太平军内，广西老兄弟，或者叫“老长毛”或“桂籍长毛”，是其中坚力量，战斗力相当强悍，能够让从黑吉调来的满洲骑兵吓到发抖，但有一利必有一弊，他们同时也有目空一切、看不起外省人的一面，一如湘潭之战中的“长发兵”对“短发兵”。

本身不团结的因素，加上饥困交迫，前后出降者达三千多人，竟占去了守军的三分之一。在这些投降分子中，很少有广西籍的，大部分出自于外省，例如湖北籍。

与胜保不同的是，僧格林沁的攻心战已可用恶毒来形容了，他把降兵集中起来，专门编成一支军队，名为“义勇”。僧格林沁立下规矩，义勇必须屯兵包围圈内，不得进入土城，而且不立战功就不能剃发，也就是说仍不被视作自己人。

不转正就成不了正规官军，仍是“伪军”，而由于仍留着长发，对面的太平军也一看便知此辈是叛徒，必欲除之而后快。在前后相逼下，为了取得一张血淋淋的投名状，义勇往往荷尔蒙大爆发，在战场上“舍死搏战”，比官军和太平军加一起还疯狂。结果，包围圈内，昔日的伙伴自相屠杀，死伤枕藉，包围圈外，官军冷眼监视，坐山观虎斗，犹如西方的罗马斗兽场一般。

诈　降

原先林凤祥抓到逃兵就杀，但众人特别是非广西籍的官兵，看到投降不仅可以不死，还摇身一变成了官军，想想留下来横竖一死，逃出去没准尚有活路，因此没人会被吓住，逃跑投降之风反而刮得更加猛烈。

眼看着军心收拢不住，林凤祥只得改变策略，抓到逃兵不杀了，而是当着他们的面痛哭流涕，进行自我批评，骂自己无能，又赐给金帛财物，挥挥手说你们要走就走吧，不要管我了。

如此一来，逃兵们中有点义气的，倒良心发现，起誓不走了。见此情景，林凤祥忽然来了主意。

你僧格林沁不是要诱降吗，好，我也跟你玩一个诈降。林凤祥与诈降者约好，让他们进入官军阵营后，便与连镇守军里应外合，从而一举击破僧格林沁的包围。

诈降者的身份也特地进行了挑选，专门挑原先当过官军的。林凤祥认为，这样可以增加僧格林沁的信任感，减少斗兽场式的“考验期”。

谁知在见到这些诈降者后，僧格林沁却是一脸冰冷，说你们跟“老长毛”不一样，“老长毛”不过是些无知愚民，你们拿着朝廷的俸禄，吃着朝廷的口粮，却还要跟着太平军造反，真是太可恶了，对你们这样的人，我是来一个杀一个的，“有杀无赦”。

这一席话，把诈降者说得面面相觑，汗如雨下。僧格林沁随即话锋一转：“不过呢，我这人从不杀俘，这么办吧，你们回去，把林凤祥的脑袋送来，我就允许你们归降。”他把诈降的二十来个人放了回去。

林凤祥当然不可能把自个的脑壳割下来给人当信物。几天后，这些人又来见僧格林沁，手里还拿着几件衣服。僧格林沁问这是什么，回答是：“林凤祥的脑袋拿不到，只偷得他的衣服为证。”

僧格林沁挥挥手：拉倒吧，我要件衣服有什么用？

第二回，衣服变成了人头，但不是林凤祥本人的人头，据他们说是林凤祥亲近手下的人头。这回僧格林沁发火了：“什么亲近手下，我知道林凤祥的部下到底长啥样？你们不是故意来蒙我吗？”

林凤祥被逼得没有办法，第三回时便把自己的印绶取出，让诈降者带去。僧格林沁见到后点点头，说这东西还值点钱。随后，他却忽然问了诈降者们一个问题：“我知道太平军的军纪非常严明，那么请告诉我，你们上次是怎么样拿着人头穿梭来去的呢？”

接下来的疑问当然还有很多。比如在杀了林凤祥的部下后，要再把他的印绶偷出来，几乎是绝无可能的事，要么林凤祥和他的太平军将士都变成了白痴，要么就是在演戏。

僧格林沁将诈降者一律斩首，只留一人回去报告林凤祥：“鬼蜮伎俩，吾尽识破也。”凭你那点小零小碎，还想来糊弄我，省省吧。

诈降之计失败，林凤祥郁闷不已，这时突然有做过义勇的将领求见。

凡是加入义勇的降兵降将，几乎每个人双手都沾满兄弟同僚之血，就恨不得将你生擒活拿，你还敢主动现身？

这位降将倒很镇定，说我做了错事，现在是来补过的。他提供了一个重要信息：李开芳已带着援军来了，正在包围圈外与官军交战。

据降将说，他就是李开芳派来的，李开芳让他来告知林凤祥，赶紧里应外合，好一举击败僧格林沁。这个信息正是林凤祥和被围困在连镇的太平军所苦苦企盼的，不过林凤祥也留了个心眼，他必须看到联络信号才会行动。

当初李开芳南下时，两人曾做出约定，如果仍被官军分隔，彼此以喷火弹为号。林凤祥令降将返回，然后便开始等待。

到了预定时间，果然看到了喷火弹，林凤祥大喜过望，立即率兵出击。他不知道，这其实是僧格林沁布的一个局。正所谓戏从对手中来，你骗我，我套你，无非是看谁的演技更逼真而已。

至于联络信号，林凤祥以为是他和李开芳两个人之间的秘密，天知地知你知我知，孰料隔墙有耳，那个降将其实也偷听到了，火弹根本就是官军所施放。

林凤祥没有遇到李开芳和援军，所部却陷入了官军的埋伏之中，被打死四五百人。僧格林沁立马拿出官帽顶戴，赏给引诱太平军的降将——在这个世俗社会里，忠心和义气常常不是卑鄙和背叛的对手。

关键是看时机和成效

中伏不仅让林凤祥受到打击，也断绝了他待援的最后一点希望。不久，连黑豆都没得吃了。林凤祥下令杀骡马，骡马有限，杀完了开始煮皮箱刀鞘，带皮的也煮完了，又从地上挖掘马齿苋、当归这些野菜为食，还有人则剥开榆树，取皮研末，做成面条。等到连这些东西都吃得差不多的时候，甚至俘获的官兵和逃兵也被杀掉，取人肉以食，尽显战场上最黑暗和悲惨的一面。

漫无边际的逃亡开始了。经过这次逃亡，太平军的兵力变得严重不足，只剩下两千多名死也不投降的广西老兵。考虑到兼顾两镇也变成了不可能，林凤祥遂放弃西连镇，率部进入了东连镇。

在此之前，僧格林沁曾经开壕筑堤，为的是蓄积雨水。等到堤坝建成，蓄水已达到房顶那么高，这时便掘堤放水，对太平军阵地进行围灌，之后又用大炮进行连续轰击。

看到太平军阵营出现混乱，僧格林沁才正式发起总攻。林凤祥往来督战，身受两处枪伤，他身边的两千勇者或战死沙场，或投水自杀，再没有一个肯屈膝投降。

1855 年 3 月 7 日，东连镇被僧格林沁所攻破，林凤祥也在躲藏的地窖内被俘。尽管地窖内还储有可供他一月食用的粮食，可这已经无济于事了。

两天后，也就是 3 月 9 日，咸丰收到了僧格林沁从前线发来的捷报。这段时间正是曾国藩在九江和湖口遭遇大败，石达开发起全面反攻的时候，咸丰太需要一个战场上的好消息来冲冲喜了。尽管僧格林沁拖了这么长时间才解决问题，但毕竟是解决了，而且僧格林沁身为皇亲国戚，统率的是八旗官军，不同于曾国藩的湘军。换句话说，僧格林沁才是纯粹的家里人，他赢了，就是在给皇家长脸。

咸丰加封僧格林沁为博多勒噶台亲王。在清代，一般只有皇帝的儿子才能被封为亲王，僧格林沁以一个蒙古郡王，皇帝的表兄（还不是正宗的）就被封亲王，这在当时非常少见。自此以后，僧格林沁的故乡科尔沁左翼后旗就被称为“博多勒噶台亲王旗”，简称“博王旗”，这一称谓一直沿袭至今。

僧格林沁的同伴就没这么好运了。胜保还未到山东之前，天京发来的援兵已被沿路消耗得差不多了，再给他倾力一攻，连山东都立不住脚，只剩得一千余人拼死突围后南返回京。

援兵余部刚走，李开芳来了。李开芳此行本为接应援军，但由于消息滞后，等他到的时候，北援早已失败，他自己也被胜保包围于高唐。不过随后遭到霉运的不是李开芳，而是胜保。由于胜保在损兵折将的情况下，仍迟迟无法攻破高唐，咸丰下令将其逮京问责，攻克高唐的任务也同时移交给僧格林沁。

高唐州是《水浒传》中梁山好汉救柴进的地方，似乎天生对造反者有利，对官军不利。到了高唐之后，僧格林沁发现，不是胜保无能，实在是高唐州太难攻了。

高唐以前是存储军火之处，当地盛产制造火药所必需的硝石、硫黄，粮草也很充裕，要打仗，李开芳几乎没一样缺的。他从连镇出发时虽只带了六百轻骑兵，但这六百余人“皆百战精锐”，都是打仗打出来的能战之士。

在此基础上，李开芳在城外挖掘三道深壕，三壕相通，壕内藏有太平军。官军从壕上穿过，不是被长矛挑个对穿过，就是被鸟枪打死，加上城内能够居高临下，以明击暗，所以每次官军都要碰得头破血流，伤亡十余人算是少的，多的时候一次就要损失百余人。

胜保攻城时，十八般武艺全都使上了，参加攻城的骑兵有满洲骑兵、蒙古骑兵，步兵更是五花八门，除了北方官军外，还包括南方来的川勇，可是无一例外地都遭到败绩。

如果僧格林沁也像胜保一样采取大兵强攻的办法，显然效果不会好到哪里去。

高唐很难攻，那么换个地方呢？僧格林沁将胜保的四面包围改为网开一面——

网开一面不是说都不对，关键是看时机和成效。

在主动闪出空当的同时，他像在连镇时一样加紧围城，能断的粮道全部断掉。胜保在时，太平军有时晚上还能到城外村庄里去征粮，随着僧格林沁越围越紧，连这种机会也没有了。

眼见得城中粮草不断地少下去，李开芳心里打起了鼓。这时他又得知了连镇太平军覆灭的消息，越发感到高唐非久留之所，于是开始计划突围。

1855 年 3 月 17 日，李开芳扔掉所有马匹辎重，带着余下的三百人趁夜步行突围。僧格林沁那鹰隼般的眼睛始终紧盯着太平军突围的方向，如果他愿意，完全可以将李开芳挡住，把太平军重新堵回高唐州，但这并不是他想要的。

他想要的，恰恰是李开芳正在做的。在北伐以来的所有突围中，高唐州突围可以说是太平军最为失算的一次军事行动，它为李开芳最终的失败埋下了伏笔。

将计就计

在太平军完全脱离高唐州后，僧格林沁才发力猛追，所以李开芳并不能跑多远。确切地说，是在离高唐州四十多里，一个叫冯官屯的地方。

冯官屯在区划上并没离开高唐州，此处皆为富户，有的人家光名下田地就有数千亩，而且都住在土城堡里面，周围砌以砖石墙垣，十分坚固。屯里还有护屯家丁，可家丁哪是太平军这样正规军的对手，三下五下，便被灭了个精光。

就在太平军占据冯官屯的同时，一前一后，蒙古骑兵也滚滚而来，李开芳立即派人用大木头将所有出口堵住，然后排列枪炮，做好防御。

僧格林沁到达冯官屯后，第一个举措是派骑兵将冯官屯围成圈，之后筑堤造楼进行围困。在他的计划里，高唐州终于如愿以偿地变成了冯官屯，可是要攻克这座庄子也并不轻松。

由于无法接近，僧格林沁从高唐州运来大炮，一排排轰过去，“村内房屋，皆被击塌”。李开芳见屋内待不住，就在屯内挖掘可以自由通行的壕沟。沟内建有地窖，既能躲避枪炮，也可以用来住宿，窖外另挖各种小孔，官军来进攻时，可以向上开枪射击。

这是一种足以傲视后世的地道，其开掘时间之短，构造之机巧，均令人叹为观止。凭借地道战，李开芳多次击退官军的进攻，僧格林沁依倚的大炮像拳头打在棉花上，听不到一点动静。

僧格林沁始终攻不破冯官屯。与围困连镇不同，这次他的时间十分紧迫。你想，对付一座小村落，又是不足三百人的守军，若再要耗上个大半年，别说咸丰无法容忍，恐怕他自己都接受不了。

僧格林沁再次想到水淹之策，临时蓄水是来不及了，他上奏朝廷，请求引运河水来灌屯。得到批准后，他便忙开了。在地势上，运河低，冯官屯高，挖渠的工程量很大，因此足足花了一个月时间，才修成一条百里长渠。

对于官军的行动，李开芳看得清清楚楚，他决计迅速组织突围。1855 年 4 月 15 日，太平军乘夜从早已挖好的地道中潜出，全军扑向官军的炮台。官军毫无防备，被这些突然从地里钻出的“土行孙”给整蒙了圈，顿时死的死，逃的逃。

太平军将炮台上的炮眼封死，接着继续向外冲。僧格林沁闻讯赶来指挥堵截。在激烈的交锋中，他的亲兵被杀，自己的坐骑也被打死，拼了老命，才迫使太平军退回冯官屯。

这次险情让僧格林沁意识到，要灌得赶紧灌，不然一个不小心让太平军溜走，百里长渠就算白修了。

冯官屯比长渠高，僧格林沁就把水车搬来，指挥兵勇连轴儿转，像农民灌田一样把水从低处抽上来，而且“昼夜不息”，一刻也不敢停工。经过十几天的浸灌，加上连降两天大雨，雨水和运河水交相灌入，低洼之处的水深已达一米以上，连地窖里也浸入了水。

冯官屯的情况更趋严重，屯内遍地都是水，仅剩下巴掌大小的干燥地面，除李开芳尚可坐在床上外，其余太平军官兵大多不是陷身泥淖，就是只能跑到楼上。堆在仓库里的火药粮食也都被浸湿，以致无法使用。

僧格林沁一边用水来继续挤压守军的活动空间，一边集中枪炮对太平军群聚的楼房进行射击。他还想了一个毒招，将收购的大量青蛙投放于冯官屯的水中，让官军支着耳朵听声音，哪里青蛙不叫，就说明哪里是太平军的潜藏之处，也便是他的重点打击目标，太平军因此伤亡很大。

冯官屯里的水越涨越凶，低洼处的水已快升至两米，地窖内进水也接近一米，李开芳和余下的太平军被迫做好了鱼死网破的准备。对僧格林沁来说，鱼是早晚要死的，网破就不好了，最乐见的是鱼变成乖宝宝，自动送上门来，那他连网都用不着撒了。

在太平军山穷水尽的情况下，他决定继续采用诱降术。不过李开芳可不是个乖宝宝，连同依旧跟在他身边的太平军官兵，个个都是哪怕只剩最后一口气，也一定会掉头咬你一口的“老广西”，绝不可能成为官军中的“义勇”。

僧格林沁对此心知肚明，他所谓的诱降，其实是假诱降，说穿了不过是哄和骗而已。1855 年 5 月 26 日，他亲自写了封信，对李开芳说，你这人很有才，我欣赏你，现在只要你在三天之内率部归降，就可以算作投诚免罪。

哄骗能不能奏效，僧格林沁也并无完全把握，他暗地里调来小船，为的是一旦李开芳不上钩，便不惜用水战的方式攻入屯内。

没想到李开芳一收到劝降书，便立马答应下来，只不过他的答应是将计就计——僧格林沁要使假诱降，他则想来一个假投降。

敢情大家都是假的，没一个真的。李开芳所设计的戏路是，先派一部分人去诈降，等诈降者进入官军大营后，他再亲率余下官兵开炮突围。大家约定的信号是炮声，诈降者以炮声为号，立即反戈一击，这样里应外合，即可突出重围。

李开芳和僧格林沁都是俗称的老戏骨，知道如何掌握火候。即便到这种关头，李开芳仍是不急不躁，一天天地倒数着日子。

以诈应诈

一天，两天，到第三天，即 5 月 28 日，僧格林沁远远看见一百多名太平军官兵招手出降。

眼睛唰唰地扫过去，僧格林沁就发现这批人不是真的归降，而是诈降，但是他丝毫未露声色。此时的冯官屯已成水城，无舟可渡，他让人拿出两根特粗的绳子，一上一下，两端各系牢在树上，做成一个简易版的水上浮桥：凡归降者，可以脚踩一根绳，手抓一根绳，不用沾水便能过来。

这样的“浮桥”，对一般老百姓来说难度着实不小，但对于常年涉水过河的太平军官兵来说却很简单。大家都觉得这个设计不错，刀枪背在身上，不用害怕受潮。不仅如此，僧格林沁接待得也很周到，每名太平军从绳子上下来，都会有五个官军把他们迎往大营。

眼见僧格林沁“中计”，李开芳马上传令放炮，准备在一片喊杀声中涉水杀出，但让他感到纳闷的是，诈降者并没有随着炮声起而响应。

不是诈降者不响应，而是早就身不由己。在众人进入官军大营后，才走出十步，背上的刀枪就被收掉了，走出三十步，双手也被捆了起来。

官军大营平静如初，李开芳意识到，他的诈降计露馅了，里应外合的行动只能流产。

这一轮的以诈应诈，僧格林沁又赢了，得意是免不了的。可高兴劲儿还没结束，官军大营中就发生了一件让他心惊肉跳的事。

诈降计失败的当晚，诈降的百名太平军便被予以处斩。就在押赴刑场前，有一个负责押送的官军骑兵眼睛突然放起了光，原因是他发现被他押着的一名太平军士兵手里戴着一只金镯。

如果金镯在处斩时被众人发现，就是集体战利品，这名骑兵贪心不足，想独占财物，于是便给被押者说好话：“反正你都是要死的人了，金镯落谁手里不是落啊，看在我陪你这大半天的分儿上，就留给我吧。”

士兵满口答应，但要他先解开绳索，说否则没法把镯子取下来。骑兵想想也对，利令智昏之下，就动手把对方的绳子给解开了。士兵果不食言，把胳膊伸了过去——不是要给金镯，却是要取性命！

说时迟，那时快，骑兵腰里的佩刀已被拔了过去。士兵握着刀反手挥过，将骑兵断为两截，接着他夺过马匹，突围而出，上前阻挡的其他官军兵勇被砍伤了十几个。

僧格林沁闻讯大惊，急忙下令用桌椅堵塞街道，使得马匹不能奔跑，而后通过前后堵截，靠人多优势才把太平军士兵给杀死。

这次意外让僧格林沁对“老广西”作战意志之顽强有了更深体会，他绝对不相信李开芳会真的投降，但问题是他要想攻破太平军防线，乃至启动水战，仍然不是一件简单的事，所付出的人员伤亡也少不了。

恰在这时，李开芳却派人游泳过来，给僧格林沁送来一份“降表”，“降表”上说，只要官军能让开一条道，让他逃往南方，以后将永不再犯。

不知道李开芳写“降表”前，是不是受了戏曲的影响，戏曲中经常有这样的桥段：某某打不过了，就说我这就回去，今后再不来招惹你云云。

僧格林沁可不是舞台上矫揉造作的小生，胜券在握的情况下，他才不会理这个茬。李开芳写“降表”只是让他看到了另外一种可能，那就是还可以继续哄和骗。给李开芳的回复是：让路不可能，但只要你肯降，我仍可不杀。

1855 年 5 月 31 日，李开芳再递降表，宣布投降。当天太平军缴出武器，李开芳亲自到官军大帐中来见僧格林沁。入帐后，他仅向僧格林沁及其几个主要将领弯了弯膝盖，算是敬礼，对其他人则熟视无睹。

都落到这地步了，还敢如此狂傲，帐中将官皆持刀怒视，但李开芳仰面四顾，毫无惧色，尽显悍将本色。他对僧格林沁说：“你们不还要南下吗？要是硬打的话，损失可就大了。这样吧，如果能放了我，我就替你们去做说客，劝他们来降。”

接着，李开芳又说我肚子饿了，得吃点东西。僧格林沁传令上饭，李开芳开怀大嚼，谈笑如常，甚至说他可以到天京去劝降。

僧格林沁在一旁看明白了。江南或者天京的那些天罡地煞，有谁是凭几句话就可以说转过来的，我放你回去，还不是放虎归山？

原来又是演戏，又是诈降。吃完饭，他一刻不敢耽搁，赶紧派数百骑兵，将李开芳押往京师处决。

这一天，标志着北伐军的全军覆没。

第二章 平乱专家

对咸丰而言，历时两年的北伐，几乎就是一个长达两年的噩梦。在这两年中，他时时梦见自己和前朝的末代皇帝一样，蓬头垢面地走上断头台。

“国君死社稷”，口号是不错，可有哪个皇帝真心想走这条路呢？现在噩梦总算结束了，而这些都应该感谢一个叫僧格林沁的人，此君实有再造大清国之功。

不知道咸丰还记不记得另一个梦，那是祖母孝和皇太后所做：玉石绵羊从东北方带来亮光，将作为贵人来保大清天下。

现在这个梦应验了。咸丰立即特许僧格林沁以亲王身份“世袭罔替”。

明代有亲王，清代也有亲王。明代亲王是老子传儿子，儿子再传孙子，子子孙孙传下去，传到后来亲王遍天下，形成了尾大不掉的痼疾。

前车之鉴，后车之覆，清代吸取教训，便搞了一个降袭制度，即每传一次就降一级，这样亲王自然越来越少。唯一的例外就是八位“铁帽子王”，其先辈分别是多尔衮、多铎等人，皆为开国功臣。他们的子孙里面可有一人享受“世袭罔替”，把亲王宝座继承下去。

如今的僧格林沁也挤进了“世袭罔替”的行列，意味着他的地位已相当或接近于“铁帽子王”。

五色鸟

在惠亲王绵愉、僧格林沁班师回朝时，咸丰还为他们举行了隆重的庆典。这是僧格林沁最风光的时候，史书上说他自此“威名震于海内”。的确，其时其地，面对北伐军这样精锐中的精锐，即便换曾国藩过来，也未必就能阻挡其锋，更不必说予以全部歼灭了。这个从草原上一路走来的“玉石绵羊”，毫无疑问就是咸丰必须倚重的最大功臣兼守护神。

不过咸丰还是不能歇下来的。北方虽定，但南方未平，特别是自石达开在长江流域组织大反攻后，武昌至今还控制在太平军手中，他亟须派得力大将去改变南方战局。

最合适的人选当然是僧格林沁，可是如果太平军再度北上，发起第二次北伐，那时候该依靠谁呢？僧格林沁不能走，得留在京师，只能派他的手下大将。1855年6月14日，西凌阿被任命为钦差大臣，南下督办湖北军务。

西凌阿原先并不是僧格林沁的人，他是胜保的部下，胜保被逮京后，归入僧格林沁帐下。此人打仗非常卖力，无论是在胜保手下还是僧格林沁手下，其部都是先锋。

西凌阿一到湖北，便向太平军发起攻势，但是他似乎也就只能给别人做做先锋，一旦单干便现出原形，被太平军打得落花流水，溃不成军。

以为跟过僧格林沁，可以多少沾上一点“仙气”，没料到竟是这样一副德行。咸丰大失所望，只得将西凌阿革职，另外委任其他人做钦差大臣。

新来的并不比西凌阿强到哪里去，西凌阿率北方得胜之师来战，都一败如斯，他还能再变出什么戏法？

可是戏法还真就让继任者变出来了，当然他实际上是借了胡林翼的光。

曾国藩说过，胡林翼之才要胜他十倍，这并非完全的过谦之词。胡林翼的名字有个来由。说是他母亲怀孕时做过一个梦，梦见一只五色鸟张开双翼，飞到了屋后从林之中，用嘴去叼啄林中的灵芝仙草，且一边啁啾鸣啭，一边徘徊不去。醒来之后家里人一合计，这梦非常吉利，因此就给他取名为林翼，字咏芝。

这样的梦，跟胡家的背景和期望很是契合。胡林翼的父亲在嘉庆年间考中了一甲第三名，也就是探花，剩下来的事，就是希望能再出一个续香火的文曲星。

与大家期待的完全一致，甚至还更出乎意料，胡林翼很早就显露出了神童的潜质。据说他在四岁时，已经跟同龄人拉开了差距，走路稳稳当当，说话不急不慢，很有未来做大官的气象。再大一些学习认字，更是过目不忘。

当他八岁时，一代名臣陶澍来拜访他的祖父，见到随侍的胡林翼，一时“惊为伟器”，认为这孩子以后的成就将不得了。好机会不容错过，陶澍当即与胡家订下娃娃亲，将女儿许配给了胡林翼。

陶澍不是相面算命的，这个孩子所能打动他的东西，可以从五年后胡林翼听老师讲解《论语》时说的一句话中看出端倪。当时，胡林翼说：“今天下之乱不在盗贼，而在人心！”

说出此言的胡林翼不过才十三岁，他的这句话是很多成年人都说不出也想不到的。胡林翼的老师像陶澍一样感到震惊，在日记中清清楚楚地记录下了这一幕。

一个惊世之才即将冉冉升空，正像他母亲梦中所见，这是只五色鸟，胡林翼身上并非只有一种颜色，概而言之，他的个性太强烈了。

有人说，曾国藩是因圣贤而入豪杰，胡林翼是因豪杰而入圣贤。古往今来，凡豪杰之士，大多有其落拓不羁的一面，与江忠源一样，胡林翼也有过“人不轻狂枉少年”的经历。

没有办法，他的家境实在是好，既然给设置了《红楼梦》中贾宝玉那样的条件和本钱，你要一个真性情的人不轻狂一下，就太委屈自己了。

未应试科举之前，这个纨绔少年“恣意声伎”，一放下书本就往花街柳巷钻，中科举进翰林之后，好的还是这口，即便在京城困难重重。

瑚琏之器

清代跟明代相比，最“存天理灭人欲”的地方，无过于禁止官员狎妓。一如现在的西方国家，老百姓花心一点无人追究，当官的被发现纵情声色可是要被打屁股的，尤其是道光那种正经八百的皇帝当政，他自个连“黄书”都不看，更别说付诸行动了。于是，京城的娱乐业也跟着萧条无聊，所谓“八大胡同”，赛金花都是后来的事。

更有那假道学的“马屁精”，竟然也顺着皇帝的心思来，干脆上道奏折，把唱戏的女旦都给禁了。这下好了，舞台上跳来舞去，一水儿的男演员，没劲到让你都想往台上扔板砖。

有点身份和资历的官员有办法，他们可以缩回自家院子，左一个右一个地娶妾迎小，反正往着不违纪不丢官的区域使劲就是了。可是翰林的官员大多是刚刚科举进来的年轻人，一方面，有着当年杜牧“十年一觉扬州梦，赢得青楼薄幸名”般的豪情壮志，另一方面，又无钱去讨小老婆，青春期的过剩精力无处施展，漂在京城的滋味着实难熬啊！

恨死了这帮假道学、伪君子！明着不行，色胆超过理智的翰林们便私下约好，集体出游——这种事情太需要胆量了，一个人根本不敢独自行动。

此类活动，胡林翼每次都是积极分子。有一天晚上，他与一个叫周寿昌的好友一起去逛妓院。玩得好好的，突然就有负责治安的“坊卒”来检查了。

这真是惊魂一刻，周寿昌为人机灵，闪电般跑进厨房，套了件衣服扮伙夫立着。坊卒进来一看，哦，厨师，就走开了。

胡林翼等人反应没那么快，全给坊卒堵在那里，并且被抓回问讯。审问时，可怜他们还不敢吐露真实身份，只说自己是老百姓。

既然是小老百姓，人家“坊卒”就有得拿你们开心了，自然是什么都问，什么还都得老实交代，脸面丢了，罪也受得不轻。

被释放后，胡林翼看到毫发无损的周寿昌，不由得又羞又愤：“朋友要临难相救，你却临难相弃，算什么朋友，绝交！”

其实还真不能怪人家周寿昌，那种时候都是自顾不暇，总不至于大家伙全钻厨房里，让“坊卒”相信这是妓院里的“厨师特训班”吧。

说是京城，其实忒没劲，有劲的还是南方。

未入翰林之前，胡林翼曾在湖南省城举办的乡试中落榜，没能中举。那时他已迎娶新嫁娘，时任两江总督的陶澍就将小夫妻召到南京散心，顺便让女婿跟着自己做做幕僚，长长见识。

胡林翼舒服日子过惯了，花费很大，据说即使他后来加入湘军，仍保留着公子少爷的饮食习惯，一定要吃好的喝好的，且“无三日不小宴”，隔三岔五地都要开个小灶什么的，与曾国藩、罗泽南这样天天粗茶淡饭的苦行僧截然不同。

到了南京，所有额外开销都得由老丈人出，胡林翼毫不忌讳，要钱的时候连眼睛都不眨一下，而陶澍也是要多少给多少，从不打折扣。大家对此都很惊疑，因为陶澍平时生活俭朴，没有大手大脚的习惯，他对自己如此，对身边的人也是一样。有人问起为什么单单对女婿网开一面，陶澍回答：“这孩子是横海之鳞，一个纵横四海的金鳞啊，出手当然不一样，区区一勺子水，哪里够他办事的。”

花点钱倒也罢了，胡公子又看上了金陵有名的秦淮风月，经常扔下老婆，一个人跑去风流快活。

按照陶澍的规定，幕僚八小时内外都不许离开衙署，更不用说去秦淮了。其他幕僚们看着胡林翼潇洒来去，那个羡慕嫉妒恨，有人便以此为例，希望陶公解除严规。陶澍却说胡林翼去得，你们去不得。为什么呢，因为胡林翼以后要为国操劳，最后是要鞠躬尽瘁，死而后已的，你们谁能做到？

“都做不到吧，好，那就暂时让他玩乐一下。反正他以后要担当天下事，估计也没空去娱乐了，现在就算提前支取报酬吧。”

众人真是敢怒不敢言。你是大吏，又不是预言家，怎么就知道这小胡今后会为国家操劳累死呢？说得瞎人搞怪的，不过还是偏袒你女婿罢了！

眼看女儿独守空房，陶夫人也不乐意了，埋怨老头子当了一辈子大官，连人都看不准：“（胡林翼）读书读不出，考试考不好，做人又如此差劲，女儿一生都要毁在你手里了。”

陶澍有些招架不住，不过他仍坚信自己当初的选择和判断：“我这个女婿非同常人，他是瑚琏之器，有治国安邦之才。他现在这个样子，只是还不清楚今后的努力方向罢了，给他时间，就一定能走出迷雾。”

精神殊为一变

就在老丈人帮他左支右挡的时候，不知轻重的胡林翼还在金陵花丛中流连忘返哩。

明灭晕眩的灯光下，黑夜在燃烧，舞步在放纵，美酒、丽人，都足以吸引住一个思维活跃且性情洒脱的年轻人。

也许有人会以为陶澍属于骑虎难下，身为大吏，即便看走眼，认错人也不敢承认，只能犟着脖子硬挺，其实他一直在暗暗对胡林翼进行观察。

就在胡林翼来南京之前，这位年仅二十岁的青年已经做了一件足以让陶澍刮目相看的大事。

胡林翼的家乡湖南益阳遭了灾，饥民把道路都给堵住了。正在读书的胡林翼求见知县，提出了一个让富人出钱赈灾的方案。可是十几天过去了，一帮目光短浅、爱钱如命的富人没一个肯出血的。胡林翼急了，就动员自己的老岳丈先捐两千两银子做榜样，有了这个打底，他再挨个前去动员。

要动员富人出钱，比要他们的命还难。陶澍的办法是看人说话，能讲道理则讲道理，有的讲道理不听，只好“恐吓”：饥民没有东西吃，就会变成乱民，你觉得是主动施舍好呢，还是被人家抢爽呢？

还有的人既听不进道理，也不在乎恐吓，他看中实际的，就是得给他个顶戴什么的。胡林翼便投其所好，根据其出钱多少，劝知县按规格赏个虚名。

如此皆大欢喜，最后益阳共筹集到了数万两银子的捐款用于购米赈灾。

有了银子，还得看怎么用，好钢要花在刀刃上。按照胡林翼的方案，益阳知县将遭灾区域划块，分成上、中、下三等，上等的经济能力尚可维持，不享受赈济，中等的提供低价米，只有下等的，实在一无所有了，这才在一个月内免费提供米粮。

为了防止保甲村长这些人从中舞弊，同时也为了确保各地治安，益阳知县又采纳胡林翼的建议，挑选士绅协同办理和监督。

这次赈灾救活了很多灾民，在当地影响很大。就是通过这件事，陶澍看到了胡林翼身上的过人之处：有担当，有气魄，有智慧，有能力。

如果继续这样发展下去，胡林翼的前程不可限量，所需要的只是点他一点。陶澍把胡林翼召到南京，就是希望能起到画龙点睛的作用，所以他不在乎别人对胡林翼的各种非议，看人要看本质，其他随着时间的推移，都会逐渐淡去。

为了让女婿能够像坐禅一样得到顿悟，陶澍可谓费尽心机。每天下班，一定要找时间与胡林翼促膝谈心。

作为道光年间的首席名吏，清末实学最早的领军人物，陶澍不仅学问渊博，而且在数十年宦场生涯中，积累了极其丰富的阅历，可以说上下古今，皆能融会贯通。有这样一位青年导师进行辅导，胡林翼进益神速，仿佛自己也在和陶澍一起盘算和权衡兴利除弊的种种措施，乃至“精神殊为一变”。

黑暗隧道中已经透出了光亮，陶澍越来越有信心。有一天，他特地摆了一桌好吃的招待胡林翼，除了翁婿二人，坐无旁客。席间，聊起了曾在修身治国方面可载入史书的前辈，两人越聊越有味道。

犹如心灵感应一般，胡林翼忽然发现自己与前辈们有了交会点，觉得要做这样的人，才不枉此生。自此，他开始“折节读书”，在学业上更加勤勉。

受陶澍的影响，胡林翼在阅读方面非常广泛，除科举考试中不能不攻的课业外，还特别喜欢读《史记》《汉书》《左氏春秋》《资治通鉴》等历史书，同时他对中外地理、军事用兵等“经世之术”也进行过深入的钻研。

虽然胡林翼对八股章句兴趣不大，用功也不多，但他为人聪明，加上博览群书，拥有了开阔的视野，所谓一通百通，寻常考试已成小技，没有什么能难得住和难得倒他了。几年之后，胡林翼即高榜得中，进入翰林院任编修。这时候的胡林翼似乎和以前没有什么不同，花起钱来一样随便，对眠花宿柳的兴趣也始终如一，不过这只是暂时的，因为他的方向已经越来越清晰了。

凭借这种状态，让胡林翼进入短跑比赛的前几名根本不在话下，可是老天需要他完成的，不光是短跑，还有长跑，不光是单项优胜，还得是十项全能。

绊马坑

胡林翼自己说，他在三十岁以前，一直都觉得自己才高盖世，而世人皆无才。那时候的他无论走到哪里，都是一个不折不扣的狂生，并且因狂而生傲，变得目中无人。

在最考验耐力和意志的马拉松跑道上，过分狂傲乃为人生之大敌，毫无疑问会限制水平的发挥。不过我们不要着急，因为前方已经准备了一座坑，专门用于对症下药。这座坑，叫作绊马坑。

胡林翼比曾国藩小一岁，但早一届成为进士，而且在翰林院混得也很是得意，和曾国藩一样，他们都是所谓的“红翰林”。

在清代的翰林院中，有红黑说法。黑翰林最可怜，没有外放出差的机会，只能靠一点微薄的收入苦熬日子，红翰林则上可见到皇帝，下可外放学官，后者除能合理合法地得到“贽敬银”，以补贴日常用度外，还可以收到一批门生弟子。

胡林翼奉旨出任江南乡试的副主考，这本来是个人人称羡的好差使，光“贽敬银”得个三四万两就不成问题。可偏偏主考官犯了错误，先是将安徽当成江苏，致使安徽的录取名额多出一个，后又私自带外人进入阅卷房，这在当时都是不得了的事。东窗事发后，胡林翼也因失察之责，被降一级调用（这可真够冤枉的，大概就比因狎妓而挨处分好上那么一点吧）。

祸不单行，胡父因此忧愁病倒。胡林翼的父亲胡达源在科举场上也曾是春风得意，探花嘛，全国第三名，岂是随随便便就能考到的。可是前途一片光明的胡达源，竟然也是跌倒在同一座绊马坑里：他在任科举主考时，因失察而被贬职，从此仕途黯淡。

父子俩的经历竟然有着如此惊人的相似，不由人不感慨人生的诡异无常，这就好像家族遗传的致命基因，不管你如何挣扎，都无法摆脱它悲剧的宿命。

胡达源躺倒后就再也没有坐起来。胡林翼侍奉汤药，早晚不离左右，他自恨自悔，但仍期盼着父亲能发生康复的奇迹。

奇迹并没发生，两个月后，父亲便去世了。从这时候起，胡林翼就像变了个人一样，再不敢狂，傲气亦大大收敛。因为他看到了一座叫作命运的大山，在这座大山面前，再高大的人都显得那么渺小。

接下来，绊马坑的效果却似乎有些矫枉过正了。胡林翼举家扶柩回乡，但即便在三年守孝期满后，他也并没有去京师销假，而是基本上闭门不出，在家里写写画画，聊以自娱。有朋友来了才相携出行，亦无非是看看附近的山水而已。

偶尔碰到天高气爽的季节，胡林翼也会带一个家仆出来散散步，或者跟庙里的和尚谈谈禅，或者与乡间的农民聊聊庄稼，看上去倒也闲适自在。

可是这一切都只是表象。他才三十多岁，正是精力充沛，可以做出一番事业的时候，难道就这样一天天闲荡下去，让曾经的期许一一落空吗？

胡林翼自己暗自嗟叹，为他感到惋惜的人也有不少。座师们纷纷来信促其复出，还有一位不是座师，但名气如雷贯耳，此人就是他岳父的同事兼好友、刚刚从新疆获释起用的林则徐。

除了父辈级的长者，本地乡绅故旧、族人朋友也都劝他，既然“才堪济世”，就不应荒废。见大家都期待着他重新振作起来，胡林翼遂下定决心，打点行装，走出家门。

如果不是遭到意外降级，作为红翰林的胡林翼本来仕途会一帆风顺，有可能飞得比曾国藩还高，但就因为这么一来，仕途又黯淡起来。重回京城，官是有得做的，是他降级后的职务，即内阁中书，一个负责抄抄写写的办事员。在内阁，这样的小京官多的是，有百余名，若要一步步升上去，还不知要熬到哪个年头。况且，清代内阁自军机处出现后，就开始变得无足轻重，别说小官，大官都没什么要紧的事可做，显然这与胡林翼做一番大事业的理想相去甚远，他不想重蹈父亲终生郁郁不得志的覆辙。

另外，父亲去世后，全家人都得靠胡林翼一人养活。内阁中书是个从七品的小京官，待遇方面也就比翰林稍好一点，那点儿俸禄甚至连老母亲都难以赡养，这算做的什么官？

胡林翼思来想去，打起了捐纳的主意。

捐纳实际上是一种买官，但它是一种公开透明的买官，并非暗箱操作，规定也很严格，秀才以上的才有资格。如果还是红翰林，胡林翼绝不屑为，可眼下不是没法子吗？其实就算他愿意屈就内阁中书，因为守孝结束后长时间没有销假，也是要交捐纳的，只是数目相对少，仅需五百两到一千两银子就可以了。那么何不多交一些，去弄一个有实权、能做事的地方官呢？

时任陕西巡抚的林则徐愿意保举胡林翼出任知府，这是捐纳中地方官可达到的最高级别，而且有林则徐的声名作为保障，胡林翼到任何地方都会受到重视，不必因捐纳而感到羞羞答答。

问题是知府所需捐纳太吓人了，统共需银一万两以上，约为内阁中书的十倍！

胡林翼砸锅卖铁也拿不出这么多钱。消息传出，师友们马上行动，不需胡林翼掏一个子儿，就把这笔巨款给募集齐了。当时曾国藩尚在翰林院，胡林翼的超高人气和超好人缘，也让他啧啧称奇。

人品五五开

按照规定，捐纳人可以自主择地，想去哪里就去哪里。一般而言，投入与产出得成比例，其他人都是抢着往富裕一些的地方去，独有“人气王”胡林翼与众不同，他选择的是以偏僻穷困著称的贵州。

朋友不理解，认为他太傻了，即便不挑个肥差使，也不能专挑最瘦的呀。胡林翼说：“我这个官，都是师友们资助的，我又是正途出身，跟靠捐官发财的人完全不同，所以我宁愿到那些老少边穷的地方去，在那些地方，官场陋习会少很多，我只要一门心思做出成绩即可，也就不会辜负大家的期望了。”

胡林翼之所以选择去贵州，还有一个深藏的理由，那就是他的父亲曾任贵州学政。既然父子俩都是在考官这个位置上意外跌下马的，他就有义务在父亲任职过的地方，重新捡拾起家族失落的声誉，以告慰九泉之下的亡父。

赴任贵州之前，胡林翼在父亲坟茔前做了最后一次告别。他郑重发誓，出仕后绝不会取一钱以自肥，要做一个彻彻底底的清官和好官。

自此以后，一切花边新闻皆从胡林翼身边绝迹。正如陶澍所言，他再无精力旁顾，他全部的智慧和能量都将用于事业之中。

贵州，古之所谓夜郎国，在中华版图中属于比较偏僻的省份，但这并不妨碍百年不遇的治乱奇才从这里起步，前朝的例子是王阳明，他在贵州的“龙场悟道”，开启了光耀其一生的基业。

几百年后，又一个巨星驾临，不过他的当务之急，不是悟道，而是剿匪。

胡林翼的官职是安顺知府。安顺地理位置很重要，有“滇之喉、黔之腹”的说法，商业之盛甲于全省。这个地方商旅多，土匪也多，盗匪们甚至有时大白天都在城里进行抢劫，财物一旦到手，便打马出城，等官兵赶到时，盗匪们早已不知去向。

凡为安顺地方官，无不为之头疼，但又全都无计可施，安顺的治安状况因此很成问题。新官上任三把火，众人都眼巴巴地等着林则徐保举的知府出新招。

胡林翼上任后，果然对剿匪很重视，他到处找人唠嗑，唠来唠去，唠的都是盗匪，比如，盗匪的姓名，长什么样子，以及经常在哪里出没，等等。可是他所做的也仅此而已，剿匪没有了下文，从不见他督促着官兵去搜索捕拿。

老百姓很失望，没想到林则徐的招牌也不顶用，这又是一个外表亮堂，内心怯懦，还带着一点婉约的家伙，看来除非林则徐亲自来，否则仍然没戏。

盗匪们打听到后，既高兴又得意。同样出于对新官上任规律的了解，他们本来已经做好准备，要到深山里去躲上几天，以便避避风头。现在既然官府如此窝囊，还怕什么？哥几个愿意怎么兜风就怎么兜风好了。

转眼便是除夕夜，盗匪们辛辛苦苦忙了一年，当然也要出来聚会。特别是经过这段时间的“和平共处”，他们自认为早就把新任知府给看穿了，这家伙不是无能无用，就是捐了官想捞一票走路，完全没有什么威胁性。

与他们设想的完全一样，胡林翼正在府里宴请同僚下属：又是一年春来到，家家户户放鞭炮，开心重要，别的都不必管。

就在大伙吃吃喝喝，其乐融融之际，胡林翼却悄悄地退出宴席，将他早已精心挑选的巡捕集合起来。当夜他便飞马疾驰，率部赶到盗匪们聚集之所，将其一网打尽。

被抓住时，这些盗匪就像在做梦，根本搞不清楚胡林翼是从哪里钻出来，又是如何知道他们的藏身之所的。

不好意思的人变成了胡林翼：请不要用这么迷离的眼光瞪着我，我只不过不像你们想象的那么老实罢了。

曾经的绊马坑在关键时候发挥了作用，促成了胡林翼能屈能伸、能左能右的权变特性。与曾国藩类的理学家相比，他最大的不同点在于，其人品五五开——在好人面前就是好人，在坏人面前，他会表现得比坏人更坏，心机权谋这一套你是玩不过他的。

由于父亲的任职经历，胡林翼知道很多关于贵州的风俗人情，他自己也在贵州住过一年多，对这里不算陌生，所以一来就想好了从哪里着手。就在每个人都以为他无所作为的那段时间里，胡林翼已经像在老家那样，穿着短衣麻鞋，去按图索骥，探寻盗匪们的出没之所了。

寻常官员出行，莫不是前呼后拥，胡林翼却是单行独骑，至多身边带一个同样化了装的巡捕，加上他熟悉乡间的各种事物，能够做到对答如流，所以没有人会想到，他是堂堂知府大人。

为什么要这么干？因为盗匪往往在官府都布有眼线，稍有不慎，便会打草惊蛇，把事情搞得如此机密，可以出其不意。胡林翼由此得出的经验是，“与其用捕，不如用民”，巡捕再多也不济事，了解和体察民情才能掌握绝对的主动权。

胡林翼任职一年，前后逮捕巨盗两百余名，整个安顺的治安环境为之一清。

标本兼治之法

安顺这个地方，原先除了盗匪猖獗，民间诉讼也是一大害。

安顺人爱打官司，芝麻绿豆的事情都要拿来争，而且好胜心强，哪怕是弄到倾家荡产，也非把官司打赢不可。知府面前的积案堆到山高，哪里处理得完，因此不胜其烦，大多数都推给底下的差吏。

差吏对案件的是非曲直没有丝毫兴趣，他们只对“靠山吃山靠水吃水”和“吃完原告吃被告”有兴趣，结果使得案件再次成为悬案，又积压下来。

就是一些能结的案子，也往往让老百姓怨声载道。原因是官差不够用，只能用社会编外人员，叫作“白役”。能够被派作“白役”的，大多是些无赖之徒，属于对社会有害无益的人。一旦奉命办差，便狐假虎威，竭尽吆三喝四、敲诈勒索之能事。

差吏和“白役”，一文一武，导致“一人投状，十家破产”，百姓畏之如蛇蝎一般。胡林翼的解决之道是无论案件多么琐碎，知府都要亲自审案，不给差吏从中插手的机会。

官府中的差吏称得上是“潜规则”中的宠儿，个顶个的是职业人精。知府要亲自审案，那好，我们就另想辙儿。

老百姓胆子小，对案件程序不熟悉，差吏便钻这个漏洞，对原被告收取陋规。这是要玩智商了。胡知府别的没有，有的是智商。他把办案的程序和规则，缩减到最明白，然后一五一十地全写在传票上，执行傻瓜式的一站操作，让想从中渔利的人全喝西北风去。

别的知府见到案子多，心里便发怵，胡林翼的主意用不完，又不能全烂肚子里，摆弄这些案子简直易如反掌。在搞定盗匪的同时，所有积案、现案全部料理清楚，其中仅积案就有三百余起，而“人自以为不冤”，即使输了官司的人也个个心服口服。

胡林翼深悉标本兼治之法。正如他十三岁时说过的，“今天下之乱不在盗贼，而在人心”，社会的风气和道德水准很重要，这是治本之举。他在安顺倡导修建义学十余所，这些义学由乡里集资，用于供贫困家庭的儿童读书。此外，还组织搜集编写节烈与孝行的事迹，汇总表彰的相关人员多达八百人次。

安顺本为化外之地，文教不兴。自明朝戍边置郡以来，两百年了，地方政府从来没人想到过要报告节孝，这是第一次。后来曾国藩就称赞胡林翼为政的最大功劳就是移风易俗，在他看来，这比胡林翼在“荡平疆土”，建立战功方面的业绩还要可贵。

胡林翼在安顺，屁股还没坐热乎，省里一纸调令便来了。要调他走，不是因为他干得不好，而是干得太好了，尤其胡林翼在平定盗匪方面的举重若轻，真是让省府大员们开了眼界。

比安顺更乱，盗匪更多的地方，在贵州有的是，快让他去。

新的去处名为镇远。原镇远知府是个年逾花甲的老头儿，家中还有老母，以及不听话的儿子。他纯粹是为了生计，才不远千里跑到镇远来做个官，可是谁知道一来就掉进了火坑。

安顺明代置郡，与安顺相比，镇远直到清代才真正归于中央政府的统辖之中。由于教育开化得晚，此地的社会治安十分混乱，抢掠、烧杀、拒捕每天都有，可谓是司空见惯。老爷子这么大岁数，哪里承受得了这么重的压力，来了之后没一件案子破得了。上司大怒，便将他给撤了职。

见到胡林翼，老头儿哭哭啼啼，一把眼泪一把鼻涕，说撤我是应该的，也不敢有什么怨言，可今后的生活该如何维持呢。胡林翼很同情这位可怜的前任，不过他首先要应付的还是对方留下的一个烂摊子。

对抓捕盗匪，胡林翼早就驾轻就熟，上任半个月，便解决了原来两个月都无法破获的杀人大案。除去大盗，还剩下当地的一些地痞流氓。这些人公然讹诈商户，收取“保护费”，搅得地方上不得安宁。以前的官府差役本身与之就有勾结，自然听之任之。

胡林翼知道被他称为“贪而滑”的差役用不得，他决定独辟蹊径，弃“役”用“士”。

士者，读书人也，也就是镇远的举人秀才。书读得多的人，一般脑筋都轴，爱认死理，不会像差役那么油滑。胡林翼把访查到的痞棍名单，按所在区域不同，分别交给这些读书人，让他们回去联系乡里宗族，设计将痞棍予以诱擒，然后交给官府。

胡林翼还笑眯眯地做出承诺，每抓住一个痞棍，便赏银五两，再发大银牌一面。举人秀才们有些为难，说要是宗族里的族长或乡民不配合，该怎么办呢？胡林翼拉下了脸：“要是他们不起劲，你们就来报告我，我马上将他们全抓起来。理由嘛，包庇罪！”

一边是政府的奖惩，另一边是乡间的除恶，大家的积极性马上被调动起来。尽管让乡民们动手抓这些往常连根手指头也不敢碰的痞棍，多多少少都有些后怕，但胡大人不是说了吗，不把他们送进去，就得治我的罪，那就不如先送他们了。

地痞流氓一批批地被捆着送往官府，原先神气活现的这帮人至此威风扫地，眼见得是“苍孙无限好，只是近黄昏”。

万金油

镇远给予胡林翼的真正考验，还是僻远山区里的生苗。

苗人有生苗熟苗的区分，称得上是懂事的比谁都懂事，浑蛋的比谁都浑蛋。所谓熟苗，就是懂事一些的苗人，这拨人由土司管理，懂汉语，纳粮当差一个不少。生苗与之相反，无组织、无纪律、无法令，而且动不动就要出来盗劫一番，对镇远地方的安宁构成了严重威胁。

过去镇远官府曾多次组织入山清剿，但生苗平时居住于深山幽涧，他们行动敏捷，飞梭来去，官军浩浩荡荡开进山里，却只能像猴一样被耍得团团乱转，次数多了，便失去了再次进山的劲头。

省里把胡林翼调到镇远，一个重要目的就是寄望于他率安顺绿营过来平乱。可是胡林翼对绿营兵的能力心中有数，安顺绿营与镇远绿营都没什么区别，完全可以用三个字来形容，叫作“悍而惰”。这个悍可不是战斗力强悍的悍，而是骄悍的悍，此辈也就是见到老百姓比较牛，见到稍微强一些的对手，你就是告诉他杀人不犯法，他也下不去手，整个一群豆腐渣子。

兵不可用，胡林翼弃“兵”用“民”，具体来说就是官出钱，民出力，组织团练进山清剿。

有人说，当兵的都不肯进山，老百姓怎么肯去？这是因为双方利益息息相关，生苗下山，剽掠盗劫，苦的都是居于镇远的百姓，有政府号召，又不增加额外负担，当然会挺身而出，这叫“以民卫民”。

生在富裕家庭，胡林翼从小就知道钱的好处，舍得花钱，也会花钱，他的账算得极其精明。比如说，你要用绿营兵的话，每一千个兵，每月耗费不下六千两银子，如果用团练，只需用一千两多一点的银子，而且效果更好，花钱更少，何乐而不为。

打仗的人有了，至于主帅，用不着再花钱请别人，胡林翼自己就行。

胡林翼读书时的兴趣就是研究地理和兵法，这次找到了实践的机会。他并不贸然进兵，而是先用几个月的时间对苗人的情况进行明察暗访，光地图就画了百幅之多。

知己知彼后，便是抓住重点。胡林翼发现即便在生苗里面，也有好些是良民，并不从事盗掠，要打的话，只须拣最刺头的开刀就可以了。确定名单后，他亲自率团练出击，一举击破盗风最烈的一座苗寨。这一仗打赢，打出了团练的自信，也把绿营的脸给打红了。

绿营虽然很㞞，但毕竟是正规军，再这样下去，如何在本地抬头立足，于是纷纷向胡林翼请战。此时与政府和汉人相处融洽的熟苗也凑了过来，他们表示愿意派苗兵参与平乱，以与窝里的这些害群之马划清界限。

胡林翼一一欣然笑纳，人多力量大嘛。他组织团练，绿营兵、苗兵共计三万多人，按照所绘地图，将仍然旧业不改，从事抢掠的苗寨全部包围起来，所有山口要隘一律封堵，使其插翅难逃。

在一个月内，胡林翼连破苗寨十余处，擒获有案底的巨盗近三百人。在杀鸡给猴看的威慑中，六十座生苗苗寨主动投案，表示今后寨中若再有人从事盗掠，即自愿捆献。

至此，困扰镇远地区数十年的匪患得以平息。胡林翼捐纳得来的知府原先只是候补，立此大功，很快得以转正，并授花翎。他终于为自己，也为父亲正名了：我们胡家要么不做官，要做就做好官！

仅仅两年时间，胡林翼已经声名大噪，不仅在西南地区，就连京城的皇上都知道有这么一个超人。早在道光时期，只要是云贵各级官吏、封疆大吏赴京觐见，道光就会提到胡林翼，并且还想从他们身上找到答案："胡林翼的官声怎么会如此之好？"

到咸丰继位，发起求言求贤运动，要各省大吏推举人才。在云贵督抚的保举名单上，无一例外都有胡林翼的名字。咸丰下旨传胡林翼进京，云贵方面急了，坚决不放胡林翼："我们老实荐才，却不是要他走，他走了，我们这边的摊子该怎么办？"

胡林翼没能走成，省里又把这个总能出奇效的万金油调到了黎平。

雕剿法

需要胡林翼出现的地方，都有一个共同特点，即没有最乱，只有更乱，总之都是别人摆不平的所在。

黎平的情形跟镇远差不多，但这里生苗的凶悍程度是镇远的许多倍，他们不光抢活人的钱，还盗墓抢死人的钱，不光抢掠偷盗，还玩绑票，总之是花样百出，想怎么来就怎么来。

黎平与广西交界，此时广西大乱已露出征兆，受此影响，以生苗为主的盗匪更为猖獗。胡林翼继续沿用"镇远经验"，用团练来对付盗匪，同时他将自己"剿匪"的实际经验与史书结合起来，验证了自明代以来就总结出的一个有效战术，即"雕剿法”。

所谓“雕剿”，就是轻易不行动，只有在准确掌握情报之后，才向重点目标发动闪电出击，得手后便马上撤离，如同大雕搏兔一般，以此起到擒贼擒王的效果。

在短短半年时间里，胡林翼捕获巨盗三百余人，生苗及盗匪之患均被一举剪除，开黎平二十年未有之气象。

自太平军发起金田起义后，黎平附近州县一个比一个紧张，盗匪跟着闻风而起，四处乱窜，但再怎么窜，他们都不敢踏进黎平半步。这个离战争动乱如此之近的小县城，一时间却仿佛成了世外桃源。当地百姓感恩戴德，每次胡林翼带队巡查，进入村落时，周围都有数百至上千人自发跪伏于地表示感谢。

在云贵官场，没有人不知道胡林翼是平乱专家、剿匪高手，有他在，大家伙都特有安全感。朝廷将云南巡抚张亮基调为湖南巡抚，以便在湖南堵截太平军，张亮基接到调令后的第一个反应，就是要将胡林翼带走。

剩下的布政使、按察使一听不干了：您老人家被调走也就算了，但伤了人心不能再破人财啊，胡林翼不在，我们靠谁去?

新任巡抚一到府衙，便被众人围住。听说胡林翼如此重要，他赶紧把胡林翼拉了回来。

为了胡林翼的去留，前后两任巡抚打起架来，两人都上奏皇帝，申述胡林翼跟着自己的必要性。新巡抚的理由是，如果胡林翼一走，势必“士民失望，关系非轻，事关全省大局”。

在巨大的挽留声浪下，胡林翼又被留了下来。这次省里交给他的不再是一城一地，而是一个广大区域——黔东南六府一厅的防剿，全由其一人总理。

这些地方的治安个个棘手异常，除为盗为匪的生苗以外，胡林翼还碰到了一个新鲜名词：“榔会”。

榔会起自于道光年间出现的“榔约”。西南民间盗贼纷杂，官府要么处理不过来，要么就是不作为，不受理。各个村庄为了防盗，就自行创立了这种榔约，做法是合建村公所，并在村公所前面树一根杆子，上面挂一只硕大的竹篮，竹篮下又悬一木牌，凡村规合约都写在木牌之上。

碰到官府久拖未决的盗窃事件，村民们就齐集于村公所，自行破案。一旦抓住小偷强盗，也不送交官府，而是对照榔约，一看，上面说要沉河，就直接装到竹篮里，沉猪笼！

时间一长，村民都觉得多快好省，既如此，我们干吗要费劲巴拉地跑城里去，还要看人脸色？榔约于是俨然成了民间法律，没人报案，所有事务均自行了结。官府多一事不如少一事，既然你们自己能够处理，便乐得做个清闲人。

渐渐地，榔约的影响力越来越大。一些别有用心的人成为能控制榔约的首领，称为“榔首”。有了盗窃或民事纠纷，也不用破案了，榔首一边请巫师“作法降神”，一边让事主光着身子在经文上打滚。用这种办法，竟然就能判断是非曲直，说穿了，不过是由榔首在幕后进行操纵裁断而已。一个乡村自治的临时约定，渐渐地就变成了被人操纵和利用的工具。

道光晚年，湖湘一带连年发生旱灾，全靠从贵州运入粮食，米价于是大涨。当地官府也借此生利，向运粮入湘的农民征收利税。反正米价昂贵，有的是赚头，所以当时大家也不以为意，交就是了。可是市场这东西是在不断变化的，到了道咸之交，湖湘喜获丰收，粮食反输入贵州，造成米价大跌。

跌了你就得把额外利税给取消，然而自从增加这项利税后，官府一个萝卜一个坑，早就有了用途，一个子儿都没能减下来。农民操劳一年，几无所成，自然怨声四起。榔首以此为由，牵头成立榔会，进行抗粮抗官。这样的举动，本来很得一般民众的支持和拥护，但实际上为首者大多居心叵测。

此时太平军已建都南京，民间到处流传着改朝换代的说法，中国人心中固有的皇帝梦一个个都跳了出来。这些胆大包天的榔首与其说是在替老百姓讨公道，倒不如说是在借乱生事，浑水摸鱼更恰当。他们不允许任何一个士民不入会，不入会的话，就把你田地占了，房子烧了。更有甚者，断绝内外交通，围攻朝廷命官，并拒绝交涉。

决不能走

榔会已成事实上的民间帮会，其规模比生苗都吓人，往往聚众上万，远远看去尘土弥漫，同时借助于巫师的“作法”，他们整天狂呼欢饮，一副刀枪不入的样子，哪里把寻常官兵放在眼里。

官员们对此束手无策，就连少数嚷嚷着要举兵“进剿”的，也是嘴上起劲，真要点名让他去，恨不得即刻卸职回家。

料理这些都得靠胡林翼。胡林翼有多年带兵打仗的经验，要击败榔会完全不成问题，但他认为榔会事件的起因，还在于官府怠于职守，且与民争利，如果能解开这个结，便可以化干戈为玉帛。

胡林翼没有首先派兵，而是委托当地秀才举人，拿着自己的名片去见榔首，表明商谈诚意。可是不管商谈中好说歹说，摆事实讲道理，榔首们就是听不进去，胡林翼的名片也被一摔老远，清官好官的名头起不到任何作用。

胡林翼明白了，榔首就是存心要作对，对老百姓有利没利他们不管。看来又得用“雕剿法”了，他立即调集部队，向事发地点开进。

榔会只是起哄有一套，没见识过真刀真枪，猛不丁听到枪炮声，早就惊溃四散。胡林翼除了抓捕并处决了一些仍在蛊惑民众、闹事作乱的榔首外，余皆不问，同时根据实情核减粮税，安定人心。

真正安分守己的老百姓，没有几个愿意跟着榔首一条道走到黑，榔会风波很快就平息了。胡林翼在西南的声望达到顶点，但他本人却有了换个地方做官的想法，原因是他在经济上入不敷出，快维持不下去了。

知府一级的地方官本来是不穷的，每年仅养廉银就有一千多两，加上其他收入，日子应该很好过，然而胡林翼立志做清官，不仅从不拿来路不正的钱，还常常要自己掏腰包。比如，他在担任镇远知府时，用士用民，没有钱是玩不转的，政府财政有限，出现缺口，胡林翼就只得把自己的俸禄倒贴进去，不然没法把账抹平。

胡林翼入黔八年，年年都要如此操作，养廉银几乎全垫了进去。由于没有钱贴补家用，跟着他的家丁啧有烦言，耐不住清贫的率先脚底抹油走人了，就是几个忠厚老实的，也已流露去意。

入黔时，胡林翼把老母带在身边，以便随时照料。老太太年纪大了，还患有白内障，没有人在旁服侍肯定不行。无奈之下，胡林翼只得靠借债度日，但贵州不是京城，熟人朋友很少，也难以借到钱。

胡林翼没有求财之心，可人总得过日子，母亲也必须赡养，与此同时，人一走红，就必然会招惹红眼病。那些什么事也不干，什么事也干不了的家伙，经常在背后叨叨咕咕，指指点点，说胡林翼“贪功擅杀”。虽然上头并不会理睬这些闲言碎语，但是这些官场流言听多了，人心里总不是个滋味。

在平息榔会风波后，胡林翼便咨请进京，以寻求他调。因为当年的求言求贤运动，他早就被列入了赴京名单，只是前几任督抚一直不肯放人，才没有走成。

申请打上去，省府原样退还：决不能走！

你是不是嫌官职和俸禄低？的确是我们欠考虑，这就给你升，由从四品的知府升正四品的贵东道（辖贵州东部府县的主官）。

说实话，如果是太平年月，他姓胡的就算能力再强，水平再高，政绩再突出，也不至于如此炙手可热。只能说是时势造英雄，你不靠胡林翼，难道靠那些酒囊饭袋们去做事吗？所以一定得求着哄着，哪怕是上司反过来拍下属的马屁。

连官都升了，胡林翼就不好意思再提进京的事了。

云贵方面刚刚松了一口气，又有人跟他们抢人才了，这回要人的依旧是两湖地区。太平军发起西征后，两湖频频告急。新任湖广总督吴文镕曾任云贵总督，对胡林翼印象深刻，上任伊时即奏请朝廷调拨胡林翼援鄂。

这次不比求言求贤时期，咸丰一脑门子都是湖北，扑火要紧，其他都在其次，因此立即准奏。皇上说了话，而且态度坚决，云贵方面就是再舍不得，也只好放人。

离开贵州时，胡林翼带走黔勇六百人，还有他积八年时间汇聚而成的用兵之道，后编成《胡氏兵法》一书。

气可鼓不可泄

胡林翼本来是要到吴文镕帐下效力的，可是他刚到湖北地界，吴文镕就已经战死了。湖北巡抚崇纶是吴文镕政坛上的死敌，胡林翼又是吴文镕要来的，吴文镕一死，胡林翼的处境可想而知，那就是要军火没军火，要粮饷没粮饷。

跟着胡林翼的这六百黔勇远离贵州，在衣食无着、粮弹不继的情况下，纵算胡林翼是战神下凡，也不是数万太平军的对手。

胡林翼进退不得，陷入了窘境之中。无奈之下，他只得向翰林院时的好友曾国藩求救。曾国藩虽比胡林翼大一岁，但胡林翼比他早一年考中进士，见了面，他还得喊胡林翼为前辈。早在京城时，曾国藩就为这位“胡前辈”的人望和才能所折服，两人可谓惺惺相惜，接到信便马上伸出了援手。

此时太平军已经渗入湖南，曾国藩答应解送的军火和粮饷无法北运，胡林翼遂率部撤往湖南，自此便实际归入了湘军，也就是曾国藩的指挥系统。

湘军从衡阳誓师出征后，曾国藩率主力在长沙正面与太平军交战，胡林翼则负责长沙侧翼，在平江进行防卫。虽是侧翼，其实在某种程度上比正面还来得紧要，一旦太平军从侧翼打开缺口，不仅可直接兵临长沙，还能抄袭湘军后路。曾国藩派胡林翼防守平江，也是把自己的身家性命放在了对方手里。

驻守平江的不是正规军，只是平江勇。他们是平江本地的团练，从未经历过大战，听到太平军要来，都不知如何是好，直到胡林翼率黔勇到来，才稍稍稳住军心。

大战将至，胡氏兵法又要派用场了。

太平军也很重视这次侧翼包抄战，来犯兵马分十余股万余人。眼看敌人黑压压地开过来，众人心慌气短，问胡林翼是否要赶紧出击，胡林翼摇摇头，露出了神秘莫测的表情：“不用着急，老天爷会赏饭吃，我预料敌军马上就会后退，到时再追杀不迟。”

官兵们从上至下都半信半疑。依胡林翼的名气，不至于说大话谎话，可是平白无故地，你怎么知道太平军会后退呢，莫非用你那犀利的眼神吓退他们？

可是说来也怪，一个时辰不到，太平军真的退了，而且还是惊慌失措的溃退。跟着胡林翼打仗的平江勇起先都很紧张，不知道即将到来的正面厮杀会有多么凶险，万万没想到需要他们做的，真的只是一场无惊无险的追杀，当下都来了精神，大呼小叫地跃出战壕，向溃退中的太平军冲去。

原来胡林翼早就让黔勇主力抄击太平军后路。他的黔勇人数虽少，但跟随胡林翼在贵州征战多年，有丰富的实战经验，而太平军的出征序列是先锋强，后卫弱，自然吃不消黔勇的突然攻击。后军一乱，前军不知究竟，只会跟着乱，最后导致全军溃退。

胡林翼不让平江勇直接参战，是考虑到气可鼓不可泄，像平江勇这样从未经过历练的团练武装，只能打顺风仗，不能打逆风仗，所以只派他们参与追击战。

经过这一战，平江勇夺得很多旗帜枪炮，由此士气大增，后来成了湘军中极为重要的一支兵源。

在进入湖北之前，胡林翼的任务，或是在湘军的侧翼进行防护，或是在湘军的后方进行平乱，很少出现在正面，但正是因这位后防大将的坐镇，才保证了曾国藩无后顾之忧。

再优秀的后卫，都不可能像前锋那么耀眼。湘军自湘潭一役后，陆师中数得着的是塔齐布、罗泽南，水师中常提到的是彭玉麟、杨岳斌，很少有说到胡林翼的，这种情况一直持续到曾国藩兵败江西，石达开对湖北后方发起全面大反攻。

此前胡林翼已被任命为湖北按察使。在出省随曾国藩出征江西之前，他曾忠告湖北巡抚陶恩培："省城不可守，宜迁治他郡。"武昌是不能守的，还是暂时把省会迁到别的地方去吧。

胡林翼多年平乱，对攻守形势有着一种近乎本能的直觉。武昌虽被官军再次攻占，但这座城市历经兵火，城防早已是残破不堪，而且武昌周边从未能够完全肃清太平军，太平军一转眼工夫就可能杀来回马枪。

不料陶恩培不仅听不进去，还骂了胡林翼几句，认为胡林翼不过是一个副省级官员，迁移省会这样的大事是你能随便插嘴的吗？

陶巡抚如此自以为是，是他没有在西南任职的经历，不知道胡林翼这个平乱专家的名号不是白捡的。

胡林翼说了那句话后没多长时间，他的担忧便得到验证：太平军卷土重来，一直攻到武昌城下，陶恩培守着一座危城，果然是守又守不住，退又退不得。

连升四级

太平军杀到武昌时，城里百姓早就逃散一空，能用于守城的只有千余兵卒。武昌周遭却有十九里路那么长，这一千多人撒开来，平均一个城垛只能勉强安一个兵，就这还不够分配。

陶恩培后悔莫及，可身为巡抚，他有守城之责，没有皇帝的准许，擅自逃走是要被问责乃至杀头的。这时幸好曾国藩已派胡林翼等人回援，然而让胡林翼意想不到的是，等他好不容易，快马加鞭地赶到武昌后，陶恩培却不让他进城。

陶恩培这么做，是因为他发现太平军并没有马上进攻武昌，而只是据武昌对面的汉口、汉阳以守。在这种情况下，他觉得没必要让胡林翼进城：你直接进攻太平军吧，此谓“以攻为守”。

胡林翼等人所率援军加一块儿，仅三千余人，武昌城外的太平军接近万人，而且士气旺盛，如何能够轻易击退太平军？更主要的是，陶恩培又一次错误估计了形势，他以为太平军一样在守，其实人家只是蓄势待发而已。

太平军能够不断进行无根据地的流动作战，在于他们可以“打先锋”（或称“打掳”）。所谓“打先锋”，不是军事上的派先锋出来打仗，而是四处征集粮草，夺取船只，包括扩充军队。这是太平军自金田起事后最常用的战略战术，其好处是打到哪里就可以把饭锅端到哪里，这个地方空了，再跑别的地方去，一城一城这样打过来，便不愁没有粮饷。太平军不急于攻取武昌，除了等待后续援军外，一个重要目的就是“打先锋”。

相比之下，官军很难做到这一点。他们的粮饷主要依赖朝廷和地方政府供给，虽然在缺饷的情况下，很多官军的军纪也一塌糊涂，但带兵官随时可能因此遭到地方官员的参劾，他们也不敢像“打先锋”那样把当地给席卷一空。湘军则更特殊，曾国藩在建军时就以“不扰民”为宗旨，粮饷除由政府调拨一部分外，都由地方上募集劝捐，过着有一搭没一搭的日子，一直比较困难。

胡林翼所部到武昌，既不能进城，又得不到其他方面的补给，兵单饷绝，别说打仗，就是不打仗，肚子还饿得咕咕叫呢。此时的胡林翼已升任湖南布政使一职，湖南布政使负责民政及钱粮赋税，可是战争期间，并没有一毛一厘的钱粮可供他调配或使用，而且布政使也好，按察使也罢，都没有巡抚大，人家是省长，得听他的。

上司再愚蠢，还是上司，不能不服从命令，攻是肯定要攻的，哪怕是注定失败。第一次，胡林翼感到前途茫茫，悲观至极。他在家书中留下了遗言，说自出黔以来，才一年的时间里，自己已由从四品（知府）升正四品（贵东道），又由正四品升正三品（按察使），再从正三品升从二品（布政使）。“我不过是一个迂腐书生，才四十多岁，就得以连升三级，位居大吏，就算死了也够本了，你们不用为我伤心。”

寄出家书，胡林翼操起家伙就向太平军发起进攻。这种进攻跟预料的差不多，属于搔痒类型，根本难以撼动太平军阵营，所幸只是他还留着一条性命。

很快太平军转守为攻，朝他的大营杀了过来，胡林翼顿时只剩招架之力，而太平军之所以可以开始投入进攻，是因为他们的粮饷已经筹足，后续援军也陆续赶到了。

虽然胡林翼拼尽九牛二虎之力，总算守住了自己的大营，但他只能眼睁睁地看着武昌失守，陶恩培也以自杀了局。

协防武昌失去了意义，胡林翼被迫移师武昌以西的金口。谕令传来，他接替陶恩培，署理湖北巡抚一职。胡林翼曾经感慨其职务升迁之快，孰料没有最快，只有更快，转眼之间，不是连升三级，而是连升四级，特别是湖北巡抚一职，那是几个月前曾国藩得而复失的职位，这意味着胡林翼以湘军将领的身份，第一个跨入了封疆大吏的行列。

胡林翼能有如此好运，除了湖北军情紧急，咸丰客观上不能不赋以重任外，与恭亲王奕䜣入主军机处也不无关系。

道光给咸丰留下的军机处班底，首辅是穆彰阿，但咸丰基本上不听他的，只听从老师杜受田。在穆彰阿被罢黜后，从未进入军机的杜受田更是在咸丰背后呼风唤雨，成了事实上的首辅。

杜受田虽没有大的才识，但他为人谨慎，机敏好学，尤其是非常爱惜人才，曾上疏荐举林则徐、周天爵，又曾保全向荣，做了不少实事。不幸的是，杜受田没过几年就累死了，在咸丰耳边絮絮叨叨的变成了新首辅祁寯藻。

祁寯藻号称道咸年间的“儒宗”，老夫子学问广博，动辄引经据典，滔滔不绝，兴致来了，有时能讲得忘了时间。每到这个时候，咸丰为了表示敬师重贤之意，都不得不装出精神抖擞，越听越爱听的表情，只苦了那些站立听讲的其他军机大臣，个个叫苦不迭。

祁寯藻有学问倒是有学问，但在处理实务方面却非常迂腐无能。他认为湘军兴起不利于清室，因而时时排挤曾国藩。当初在咸丰面前说曾国藩坏话，导致曾国藩丢掉湖北巡抚，乃至在七八年时间里都有责无权的人，有的史料说是彭蕴章，还有的则说是祁寯藻。反正不管是谁干的，这两人对曾国藩和湘军的态度基本相同，属于一丘之貉，不分彼此。

和道光年间一样，若是和平年代，这类老爷子几乎是众望所归，连皇帝都得把他们抬出来充门面，然而到了战争或者形势复杂的时期，就明显不如原来那么吃香了。

到北伐的太平军即将逼近北京，咸丰可以明显感觉到军机处的不得力，乃至于不得不委任奕䜣为军机大臣，帮自己掌管政务。

号令不出三十里

以皇弟来协理朝政，涉及危及皇权这一敏感的话题，所以在清代极少先例，在军机处设立后，也鲜有亲王能入值军机。咸丰不惜逾越常规，既是时势所迫，同时也是出于对奕䜣的高度信任。

皇兄信任是好事，但如果你不知轻重，妄自尊大，就叫“给脸不要脸”了。奕䜣不是那种没有觉悟的人，加上他资历浅，所以刚进军机处时始终小心翼翼，夹着尾巴做人。

彭蕴章在咸丰面前叨咕曾国藩时，奕䜣已在军机处，尽管他比祁寯藻、彭蕴章等人要务实得多，也清楚地知道曾国藩和湘军的分量，却还不便插嘴。不过这种情形到一年后就得到了改变。

奕䜣一开始没有显山露水，最主要的还是因为对军机要务尚不熟悉，等到立住脚后，他那别人无法比拟的特殊光环就不是祁老爷子所能罩得住的了。于是祁寯藻只好称病求退，咸丰连慰留这样的面子活都没高兴做，当即予以批准。

奕䜣代替祁寯藻成为首辅，替皇帝哥哥打理各种政务军务，而以他为主的军机处对湘军也少了流言，多了支持，胡林翼正好赶上这趟便车。

不过对于胡林翼来说，这个湖北巡抚的职务又来得实在太迟了一些，在太平军反攻进入武昌后，它的实际职权范围和按察使、布政使差不多，几乎就是一张空白委任状。

在金口，胡林翼的“号令不出三十里”，命令最多在三十里范围内有效，出了这三十里，对不起，就是人家太平军的地盘了。

胡林翼能做的只有赶紧夺回武昌，并把太平军逐出湖北，如此才能真正履行他作为巡抚的职责，也才能重新获得一个稳定的后方基地。

他所能实际指挥和调用的军队，仍是湘军，其中包括由湖南赶来的水陆援兵，与原来相比，总计增兵六千多人。打仗当然是人越多越好，然而人多了，所需粮饷和军火也就相应多了。

这时朝廷已经发不出粮饷，前线打仗完全靠自筹，或者各省之间相互调拨。胡林翼在湖北“号令不出三十里”，自然是什么都弄不到，只能寄望于湖南。可是湖南由于久历兵祸，同样清汤寡水，根本拿不出来。胡林翼又请求从川陕等地解运粮饷，但兵荒马乱的，运个粮饷并不是件容易的事。

这样一来，不要说军火，就是必需的口粮都常常出现缺口。如果大家伙都待在营地里不打仗，或许还可以将三顿减为两顿，吃饭改为喝粥，打仗就不行了，卖力气的活，少吃几顿饭，当兵的连刀枪都拿不动。为了让兵勇们不饿肚子，胡林翼不得不四处求援，恨不得上天入地，最后把老家的口粮都运到金口来救急了。

时间对胡林翼来说显得越来越重要，早一日进入武昌，他就能早一日卸掉粮饷不继这个大包袱。

从数量上看，防守武昌的太平军是湘军的好几倍，起先也都是太平军占于上风，但是胡林翼凭借高超的军事指挥能力，很快就扭转了战局。比如，他的陆师吃了败仗，水师却发动登陆战，从太平军的身后冒了出来，结果两相夹击，反而把太平军给杀得大败。又如，他会将陆师也分兵几路，纵使一路吃亏，另一路也会以奇兵的形式，从侧后发动突然袭击，使太平军防不胜防。

胡林翼通常还留有足量的预备队，随时投入作战，这都是即使在现代战争中也不过时的战术原则。几个回合一过，太平军遭到很大损失，守卫武汉的主将韦俊也着实尝到了胡林翼这位平乱专家的厉害。

韦俊是北王韦昌辉的亲弟弟，因为北王的关系，颇受太平天国看重，但他又不是纯粹靠裙带关系上位的人，很有些真材实料。自随兄长参加金田起义后，太平军三次攻克武昌城，韦俊都在前线效力，所以湖北当地有“韦俊三打武昌城”的说法。

曾国藩当初能在短时间内一举攻破武昌，除了投入本钱比较大以外，不得不说，很大程度上还有赖于作为守将的石凤魁、黄再兴的“帮忙”。韦俊可不是这样的笨伯，他深晓用兵之道，在失利后，即马上进行收缩，并且不再轻易出战。

胡林翼不怕与太平军作战，怕的就是太平军不跟他战，因为太平军耗得起，他耗不起，没有粮饷啊。韦俊也看穿了这一点，不管胡林翼在城下如何讨敌骂阵，大白天就是不出来。反正城墙坚固，胡部要硬攻，他就拿火炮招呼，到了晚上再大股出城，迂回到胡部后面实施袭击。

一山难容二虎

几天时间就这样白白地流了过去，原来的粮饷在慢慢少下去，新来的则望眼欲穿也见不到踪影。胡林翼看在眼里，堵在心头，一个劲儿地做噩梦。

既然开不了源，他就只能先节流，把打仗不够卖力的兵勇拣出来，开掉了一千多人。这样虽然节省了粮饷，但兵力也单薄起来，没法形成声势。

一边是可用之兵少了，另一边太平军高挂免战牌，胡林翼碰到了当年孔明对阵司马懿时所遇到的那个著名困局，他得找到破局之法。

孔明的办法，概括起来就是一个字：诱。

太平军白天不出来，但他们晚上会出来。胡林翼将兵力分为六路，三路诱敌深入，三路进行埋伏，几仗下来，歼灭太平军近五千多人，解散胁从千余人，取得了连战连捷。

可是孔明接下来的尴尬，也同样落到了胡林翼身上——仗是打赢了，然而韦俊正因为吃了苦头，得了教训，自此任你再怎么诱，就算是把女人衣服送进城去，他也不予搭理了。

武昌周遭有十九里路长，太平军围城时也得用上万人，湘军就这么可怜巴巴的几千人，还给裁掉了一千多，哪里围得住。若是硬行攻城，伤的又都是精锐，胡林翼由此苦不堪言。

湘军缺粮缺饷，韦俊看得真真的，并且紧紧抓住对手这一软肋不放：你缺粮，我还要再断你的粮。

胡林翼为了接应来自川陕的粮饷，在北岸距汉阳西南七十里处的奓山建立了陆师大营，韦俊便指挥驻汉阳的太平军多次对奓山大营发起主动攻击，以便完全彻底地切断这条粮道。眼见奓山危急，胡林翼被迫调整部署，亲率陆师主力渡江北上。

战事随即移至汉阳。在胡林翼到达之时，正好奓山守军吃了败仗，幸亏主力前来救急，才保住了运粮的命根子。

鉴于汉阳对奓山的威胁，胡林翼决心先夺回汉阳，但是韦俊采取了同样的固守之法，打不过就缩到城里，你攻城我放炮，胡林翼能得到的除了伤亡还是伤亡，双方再次处于僵持阶段。

唯一让胡林翼感到宽慰的是，水师有了不小的进展。

湘军水师自湖口之战被分割后，就一拆为二，困于鄱阳湖内的称为内湖水师，长江上的称为外江水师。外江水师随彭玉麟退到湖北时，能看得过去的战船仅余七十多艘，战斗力大不如前。

彭玉麟在金口建造船厂，一边修复旧船，一边赶造新船，同时从湖南招募水勇，渐渐地开始恢复元气。一个月后，杨岳斌率在湖南重建的水师赶到金口，与彭玉麟合兵一处，整个湘军水师基本达到了湖口战前的规模。

就在胡林翼兵援奓山的同时，水师也奉命配合行动，并在江上取得了胜绩，但他们在返回时却做错了一道选择题。

要回归北岸的水军大营，当时共有两条归途可选，一条近路，但要从武昌和汉阳城下经过，容易遭到城上的炮火攻袭，另一条稍远，不过可以避开太平军的炮火。

大部分水军将领都主张走远路。说是远路，其实也远不了多少，安全第一，为什么一定要往对方枪口上撞呢？杨岳斌却把脖子一梗："我偏不绕着走，就要从太平军眼皮子底下过，看能把我怎的。"

杨岳斌要硬闯，彭玉麟亦不肯露怯，出发时还走在杨岳斌前面。大家都看出来了，这两人坚持的已全不是意见，中间还带了不少的意气。

在湘军水师中，彭杨组合犹如陆师里的塔罗组合，一文一武，双峰并峙，但正所谓一山难容二虎，双方的隔阂和矛盾早在湖口之战时就已初显端倪——杨岳斌回后方养病，彭玉麟就指挥不动其部属，还非得他老人家自己来带队不可。

这次在湖北，终于又别起了苗头，而且别着别着，就别出了祸。太平军发现对手要闯关，立即以长龙快蟹横截中流，迫使湘军船只只能贴岸行驶，城上则万炮齐发，湘军被击沉多艘战船，战死两三百人。

在炮火声中，彭玉麟的坐船也中了招，桅杆被轰折，船只无法前进。这时他看到杨岳斌的坐船驶近，赶紧招手呼救，但是让彭玉麟心寒的情景出现了，杨岳斌竟然充耳不闻，一转眼的工夫就自顾自地飞驶而去。

万幸的是，随后又驶来一只舢板，彭玉麟纵身跳入，才免于一死。回到军营，大家知道这件事后都很气愤。湘军内部最重情义，比如，哨官如果有了积攒下来的薪水，会存放在营官那里，而不识字的哨官甚至普通士兵，也会请营官帮他们写家信，大家相处得犹如一家人，像这种败不相救的情况以往极为罕见，更不用说是堂堂水军将领了。毕竟，意气跟义气不是一码事，你们再怎么要见高低，上了战场也得像亲兄弟一样团结互助。

彭玉麟的心里虽不好受，但只淡淡地说了一句："风大水急，很可能他没听见吧。"

反过来杨岳斌为此所要承受的压力也很大。两人由争强好胜变成了暗生芥蒂，尽管仍在一起共事，但自此却如同坐一辆马车的陌生乘客，对彼此的存在视而不见，无论是表情还是语言，都没有任何交流。

最难熬的时期

彭杨不合的消息在军营里传得沸沸扬扬。胡林翼听到后很是着急，他给彭杨分别传话，以会商要事的名义把两人一齐请过来。

彭杨并不知道胡林翼同时请了他们，二人一前一后，杨岳斌先到，来了之后，宾主谈得很是开心。过了一会儿，彭玉麟也来了。杨岳斌一问，说谁来了，彭玉麟？啊，那我要跟您告退了。

胡林翼一把将他拉住："是彭玉麟，又不是彭老虎，你怕什么？"杨岳斌只好勉强坐下。

彭玉麟进门突然看到杨岳斌在座，愣了一下之后，也转身就要离开。胡林翼又跑上去，连拖带拽地将他留住。

彭杨相对而坐，谁也不说话，场面极其尴尬。胡林翼见状，就令从人摆上酒席，并亲自给二人斟上酒。

接下来的一幕把彭杨都给惊倒了：胡林翼竟然端着酒杯跪在了地上。

敬个酒也不用来这么大的礼啊！彭杨手足无措，不知所以。

胡林翼说："天下糜烂到这种地步，全靠你们几位协力同心，才能迎来转机，现在你们却又生出罅隙，那么国家的中兴还能有什么盼头呢？"

说到动情处，胡林翼禁不住泪流满面。

他在贵州八年，平了无数的乱，可是与两湖一比，贵州的乱只能叫作"小乱"，两湖才是"大乱"。要对付云诡波谲的"大乱"已不容易，这使他隐隐然已有了才枯力竭的感觉，若再给添上一个"内乱"，确实是要了他的命。

眼看眼泪已经打湿了巡抚的衣衫，彭杨羞惭万分，都对胡林翼说："我们真是不识大体，辜负了您的期望。如果以后再有参差，上无以对皇上，下无颜再见您。"

在胡林翼的苦心调和下，彭杨终于冰释前嫌，和好如初，一场可能影响全局的风波结束了。

刚刚解决内部矛盾，胡林翼就听到了一个让他顿足的消息：金口大营危急。

在胡林翼转守为攻时，湖北境内的太平军就已向武昌附近大举增援。趁湘军主力渡江北上，韦俊集合援军及武昌守军，对金口大营发起猛攻。

金口与胡部大营不过一水之隔，但胡林翼却不知如何去救。他的兵力本身已极其单薄，统共七千陆师，留了三千在金口，带了四千主力北渡。要再返回去援救的话，这四千人分少了无济于事，分多了就等于全军赴援，北岸又得被太平军所据，前面算是白忙活了。

就是这么一犹豫的工夫，韦俊就占领了金口。失去金口，意味着北岸湘军将腹背受敌，胡林翼审时度势，赶紧从汉阳城下撤军，一直退到奓山，以护住粮道。

这是胡林翼一生中最难熬的时期，守着粮道，可是眼巴巴地就是看不到粮饷在哪里。路途遥远当然是首因，另外一个因素，则是有的饷银早已被沿途官军给提前截去了。

湘军的军饷断了五个月，到退守奓山时，连米缸子都空了，此后整整断了一个月的粮，官兵们吃着上顿没下顿，实在撑不下去了。1855 年 9 月 18 日，太平军大举进攻奓山。平时就怕太平军窝在家里不出来，现在好歹出来了，胡林翼赶紧下令整兵出击，可是命令传下去就没了声响，面黄肌瘦的兵勇们没人动弹。

胡林翼还没回过味来，又硬拖着把他们给拉出来，但未等正式交锋，众人就大叫着狂奔逃回。

震惊了！自出仕贵州，胡林翼打过数不清的仗，但未战先溃对他来说还是破天荒的第一次，这使他的自尊心受到了强烈刺激。

湖口战败后，作为主帅的曾国藩激愤到要骑着马去做自杀式冲锋，现在胡林翼也想这么做。他牵过一匹战马，就准备单人独骑去与太平军拼命。

马夫见他神色不对，急忙将马旋转了四五圈，然后朝空中挥响马鞭，将马向相反方向赶去。马已经晕头转向，一跑起来就无法停顿，当下嗒嗒嗒地就奔到江边。江边正好有水师战船，听说胡林翼在此，众营官赶紧帮着收拢残部，并用船运来援兵，才总算让他稳住了阵脚。

三天后，从荆州转来的川饷押解来营，标志着胡林翼终于从苦海中得以脱身。

第三章

用时间来熬

自在金口建立大营，并升任巡抚，因为与太平军交战从未落于下风，兼之有“平乱专家”的余威，胡林翼一直保持着不错的自我感觉，即便调和彭杨时流泪，实际上也没真正把韦俊这些人放在眼里，总以为只要再发动一次进攻，就可以把对手彻底摧垮。

奓山溃败是坏事，也是好事，因为它给胡林翼上了非常生动的一课：太平军绝非从前的生苗或者“榔会”可比，如果你想继续一个人单挑下去，在部队已疲困不堪的情况下，只有崩溃一途。

现实迫使胡林翼抛弃了最后一点侥幸和自傲，他决定伸手向远在江西的湘军主力求援。

胡林翼在湖北固然艰难，其实曾国藩在江西的日子也不好过，而且他的很多难处跟胡林翼还差不多。

各人都有各人看问题的角度和侧重点。咸丰比较重视湖北，而曾国藩更关注江西，认为此处不仅可作为威慑南京的桥头堡，还能防卫两湖。这也是他在石达开猛攻湖北时，没有全师回援的重要原因。

除此之外，使曾国藩不能脱离江西的因素还有很多。比如，内湖水师仍被困在鄱阳湖内，若无强有力的陆师进行配合，孤掌难鸣尚在其次，被太平军一举歼灭才最为可怕。又如，胡林翼只带了一部分湘军去湖北，却已出现了粮饷不继的危机，若是大部队再开过去，供应无疑会更成问题。

没错，曾国藩肯留在江西，在很大程度上是希望当地政府能给他提供给养。可是他没想到的是，江西官场对他的态度，竟然与当初的湖南官场如出一辙。

谁给谁添堵

江西巡抚陈启迈是曾国藩的湖南老乡，而且两人还是“同年”，也就是同科录取的进士。在清代的科举制度中，“同年”关系也意味着一种无形的情感纽带，之后两人又同在翰林院供职，私交虽谈不上很好，但亦无个人积怨。

在江西，这对同乡兼同年的矛盾却激化到了水火不容的地步。陈启迈是一个目光短浅的庸碌之辈，他看到曾国藩既无地方大员的身份，又不是钦差大臣，便有心相欺，用得着的时候就不顾死活地让湘军去拼命，当曾国藩开口要粮饷时却百般刁难。

遇到这样的铁公鸡，曾国藩就算是磕头作揖都没用，而没有粮饷，就什么都干不了，尤其是当时内湖水师新败，如不出钱修理和重新打造战船，很难走出萎靡的状态。

湘军原有的粮饷，主要是依靠士绅捐资。士绅的钱也是钱，不是光靠一个口号，人家就愿意把真金白银给捧出来，实际操作过程中往往是一手交钱一手交货——你拿了钱，必须按捐资多少奉送一个相应的虚衔。

饶是如此，劝捐仍收效有限。毕竟在兵荒马乱、穷字当头的岁月里，谁兜里的钱都不见多，这是再怎么劝也没用的。早在衡阳练兵时，曾国藩就叫苦连天，慨叹“劝捐之难，难于登天”，为此他甚至不得不改“劝捐”为“勒捐”，也就是向湘中大户进行强制摊派，你不捐也得捐。

在江西，劝捐是完全不好使的，因为湘军开出的虚衔白条，当地官府不承认。官府不认账，多大的官帽都变得一钱不值，久而久之，再也无人肯对湘军进行捐纳。至于勒捐，湘军属于客军，当然也做不出来。

曾国藩只能从湖南得到一点粮饷，但与胡林翼的情况类似，这点接济少得可怜，根本就不够用。

辞职不行，要钱没有，曾国藩就像被吊在半空之中，上不着天，下不着地，几乎到了无路可走的地步。直到好友郭嵩焘献厘金之策，才给曾国藩开辟了一条新路。

郭嵩焘随湘军赴援江西，路上遇到贩盐的，便跟他们攀谈起来。在盐贩子那里，郭嵩焘看到一份太平军发给的税单，原来太平军也对商人设卡征税，这使得郭嵩焘受到了很大启发。

战争对农业而言，完全是破坏性的，但它也同时给敢于铤而走险的商人带来了发财机会。特别是盐这种东西，谁都少不了，而由于战争期间交通堵塞，战乱地区的盐可能比黄金还贵。

郭嵩焘因而设计了厘金，厘金相当于一种商业税，税额一般在百分之一，故以此名。对于冒险牟取暴利的商人来说，这点税不过是九牛一毛，肯交也愿意交。

按照郭嵩焘的建议，曾国藩在湖南和江西设立厘局，对过往商人设卡抽税，由此大大缓解了窘境，但如此一来，又得罪了陈启迈。陈启迈认为江西是他的地盘，要设卡也得由他来设，你招呼都不打一个，就把这么肥的活儿给抢去，不是给人心里添堵吗?

陈启迈一面上奏朝廷告御状，一面把替曾国藩维持厘局的江西举人彭寿颐给抓了起来。等曾国藩闻讯施救时，可怜彭寿颐已死在庸官的重刑之下。

彭寿颐曾举办团练，并代替弃城而逃的知县抗击太平军，被曾国藩视为难得的人才，本来是要放在湘军大营中予以重用的，他的死于非命，令曾国藩“深为愤痛”。

曾国藩客居异乡，又有当年避走衡阳的前例，纵使江西官府拒发粮饷，且多次找他别扭，也“雅度无怒容”，拼命克制自己的情绪，但这次再也控制不住了。

什么同乡同年，现在甭说翻脸，我连杀你的心都有！正好曾国藩得知了陈启迈暗中从走私鸦片中获利的事实，便一并上奏咸丰，弹劾陈启迈。

两份状纸先后送到。陈启迈那份等于白告，咸丰自己发不出粮饷，要靠前线将帅自筹，当然不会怪罪于湘军所设的厘金。倒是曾国藩的弹劾有根有据，一下子就摘掉了陈启迈头上的乌纱帽。

血途程征

开掉陈启迈，手上也有了点钱，曾国藩的处境终于有所改善。他在江西建立了火药厂和造船厂，内湖水师也逐渐恢复战斗力。在此后的鄱阳湖战役中，湘军水师一举击败太平军水营，并烧毁太平军船只一百多艘。

曾国藩开心了一下，但很快他就又笑不出来了，因为塔齐布死了。

塔齐布负责进攻九江，然而他在九江鏖战七月之久，始终被阻于城外，心情变得越来越郁闷，有一天返回军营便突然昏倒，不省人事，而后不治身亡，时年四十岁不到。

曾国藩在陆师中依恃的一直是塔罗组合，这是他的左膀右臂，塔齐布一去，便只剩下了罗泽南。

胡林翼向曾国藩请援的时候，正是曾国藩痛失大将，伤心不已的时候，而让胡林翼更想不到的是，在他发出请援奉折之前，罗泽南其实已经走在前往武昌的路上了。

主动回援武昌是罗泽南的主意，他知道胡林翼已经卡在那里了，他要是不去帮忙，就还得继续卡。

曾国藩起初并不愿意放罗泽南走。塔齐布去世后，所辖部队的战斗力也打上了问号，罗泽南及其湘勇成了唯一能让人放心的劲旅，从曾国藩的角度考虑，当然希望将罗泽南留在身边。

但是罗泽南说的，曾国藩又反驳不了。罗泽南说，湘军现在困守江西，就好像坐在瓮罐中一样，天天打仗，还是看不到外面的太阳，抓不到主动权。武昌则不一样，一旦得手，即可坐控江西、安徽两省，并进而切断南京的补给线。

罗泽南的方略是，陆师方面放弃进攻九江，转而集中力量回援武昌，水师方面则合力攻下湖口，以拦截太平军上下的船只。

曾国藩和罗泽南都是有大局观的人。认识到罗泽南言之有理，曾国藩不仅不再强留，还从塔齐布军中抽调精兵强将，与罗泽南原有的湘勇合并，组成了一支拥有五千多精锐的远征兵团。

幕僚劝谏曾国藩，说您赖以转战的主将，一共就塔、罗两个人，现在塔齐布不在了，罗泽南又要远征湖北，江西兵力异常单薄，万一出现差错，将出现无人可用的窘境。

曾国藩点点头：“我当然知道了。可是为东南大局着想，也只能如此。罗泽南说的是对的，假使我们都困守江西的话，长久下去不可能有出路，而只要把武昌攻下来，则天下大势犹可为，那样我虽困犹荣。”

也有人跟罗泽南讲，曾国藩势单力孤，你忍心抛下他这么走掉吗？

罗泽南的回答是：“如果老天不亡本朝，曾公必不会死！”

说虽是这么说，但罗泽南其实也担着很多心思。走之前，他对曾国藩千叮咛万嘱咐，让曾国藩不要贸然进攻，一定要等他攻克武昌，率军东下时再发动反击。

自湖口之战后，太平军到处渗透，湘军在湖北和江西已无法联成一线。罗泽南回援武昌，就必须通过太平军的控制区。在控制区内，集结的太平军有几万人，但都属于地方部队，战斗力一般，而且带兵将领的指挥能力也不强，与能征惯战的罗泽南站一起，马上就嗖嗖地被比了下去。

闻知罗泽南西进，石达开赶紧率三万人马追了过来。这三万人都是常年征战的野战部队，非普通地方军可比，石达开本人的军事才能也与罗泽南不相上下，两人早在湖口时就打得难分难解，当新的较量到来时，自然也是一场血雨腥风。

石达开利用数量优势，不停顿地使用包抄合击等战术，将罗泽南的侧翼部队几百几百地包围起来进行歼灭。湘军虽勇，但面对太平军的精锐，最后也就只能以一当十，没法以一当百，随罗泽南出征的塔齐布部属由于过于突前，首当其冲遭到围困，从战将到士兵几乎全部损失掉了。

继石达开追来后，韦俊也正率大批援军赶来，假使两军会合，将达五万之众，而湘军只有五千，且落败之后，士气大挫。如此一看，西征军不要说到达武昌的机会十分渺茫，就算是想安然撤回江西都变成了没有把握的事。

眼前是血途征程，罗泽南的处境变得异常险恶。关键时候，石达开却突然脱离湖北战场，掉头往江西去了。

重新找回了自信

此前广东爆发了洪兵起义，天地会出身的洪兵正取道江西北上。洪兵跟太平军是一拨的，毫无疑问会成为太平军的重要兵源，石达开去江西就是为了接应洪兵。同时，翼王还有一个计谋，那就是他发现罗泽南的西征军是湘军的主力精锐，短时间内要想予以击败并不容易，但是反过来说，既然主力出来了，留在江西的湘军大本营必然空虚，那我何不乘虚而入，将其一举摧毁？

听上去是不错，可是与对手相比，石达开的计谋只能算是一个中等水平的计谋。他没有看到更高更远的地方，没有好好想一想，思维那么周密的曾国藩为什么肯将主力尽数派出，以至于暴露出这么一个明显的破绽。

因为与江西相比，湖北更重要，与九江相比，武昌更重要！

石达开一走，千载难逢的战机也就此丧失。归根结底，翼王或许是一个完美的战术家，但却不是一个完美的战略家，尽管他的战术无懈可击，可能还略高于罗泽南，但战事犹如博弈，一兵一卒的损伤往往无关紧要，最重要最关键的还是如何布局。

好像交接班一样，石达开刚走，韦俊就来了。韦俊所率兵马只比石达开少一点，统共两万多人，但是就指挥水平而言，他又比石达开低一个档次，相应地，罗泽南也要比他老到得多。

罗泽南登高观察，发现太平军兵分两路：一路吹号放枪，摇旗呐喊，把声势整得很大；另一路却很淡定，什么动静都没有，只是悄没声息地在山林中穿行。他马上做出判断，大张旗鼓的是“正兵”，闷嘴葫芦一样的是“奇兵”，也就是伏兵。

吸取与石达开遭遇时硬碰硬的教训，罗泽南转而收缩防守，并祭起他的看家绝活：以静制动。

“以静制动”说说简单，真正实践起来并不容易。常见的情况是敌不动我不动，敌一动我就动得乱七八糟——看到敌军乌泱乌泱地扑过来，能不怕吗？

湘勇随罗泽南征战多年，对这一战术早就谙熟于心，能够做到令行禁止，不动如山。在太平军“正兵”逼近时，罗泽南始终不动声色，直到“正兵”与“奇兵”拉开长长的距离，你看不到我，我看不到你时，他才下令猛击。

韦俊用的是诱敌深入、中途设伏之计，给“正兵”设定好的桥段是要见机撤退，但没想到罗泽南出手如此突然，结果反而弄假成真，真的败了下来。

奇正二兵互相隔膜，那边“正兵”已败，这边隐蔽于山林中的“奇兵”还不知道，仍然在兴致勃勃地等对方进入他们的埋伏圈，可是等着等着，自己也被绕道进山的湘军给包围起来。

这一仗，湘军追杀十余里，歼灭太平军近千人。得此一胜，湘军士气大振，罗泽南在韦俊身上重新找回了自信。

紧接着，韦俊卷土重来。双方二度交手，不过就采取的战术而言，几乎就是第一轮的复制：韦俊主动进攻，罗泽南"以静制动"，毙俘太平军两千余人，一名太平军战将重伤而死。

据抓到的太平军俘虏供称，石达开与韦俊曾有约定，不管他们谁出手堵截罗泽南，都要找机会攻入湖南。可事实是，在两人均遭挫败后，这个对湘军来说非常致命的作战计划已被迫流产。

第三方紧接着加入战团：胡林翼。

得到了罗泽南来援的消息，胡林翼当即决定亲自率兵接应。幕僚纷纷劝阻，说我们的兵力太少了，看家都很吃力，眼下不宜提前出击，还是坐等援军为好。

胡林翼当然知道自己兵力单薄，但他更清楚罗泽南一路上可能遇到的困境，无论是石达开还是韦俊，都是硬骨头，怎么放心交给罗泽南一个人去啃呢？"援军是来援助我们的，而我们却装作没事人一样，还有廉耻吗？我一定要去接应，不管是胜是败。"

幕僚们倒没说假话，胡林翼的第一次接应就碰到太平军阻拦，在众寡悬殊的情况下，果然败了，只得撤回来。

几天之后，胡林翼再次集合部众出战。这一次，终于得以从蒲圻旁边穿过，实现了两军会师。

虽然湘军已兵合一处，但北上武汉的道路并未能完全畅通，其中最大一颗钉子正是蒲圻。

蒲圻即今天的湖北省赤壁市。三国赤壁有文赤壁、武赤壁的说法，文赤壁是指湖北黄冈，本来跟三国时的赤壁之战没什么关系，因为东坡先生上去怀了一下古，才声名鹊起。蒲圻才是真正的赤壁古战场，又称武赤壁。

兵家选择战场不是小孩子过家家，随便指定，所择之处基本上都是兵家必争之地，这一点无论哪朝哪代，没人敢予以忽略。比如，田家镇和半壁山，清末时湘军和太平军争得你死我活，到了抗日战争时期，中日两军同样是谁都不肯轻易相让。

蒲圻也是如此，它被称为湖北的南大门。韦俊退到这里后，又会集了三万人马，同时在蒲圻外围设置营垒木城，从而断绝了湘军再次从边上溜过去的可能。

要想顺顺当当北进，非得把这道门砸开不可。于是，在“樯橹灰飞烟灭”一千多年后，武赤壁又重燃战火。

转危为安

会师后的湘军已达八千余人，但数量仍远不及太平军，加上太平军防守的地形十分险要，因此正面突破的难度很大。

如果有侧面捷径就好了。

这条捷径是蒲圻当地的一个举人提供的。胡林翼按照他的指引，率兵抄小路进军，出其不意地占据了蒲圻城西北的铁山，使太平军的正面营垒尽失其险。

尽管如此，麻烦并未能完全消除，毕竟蒲圻城仍在韦俊掌握之中。你不打下这座城，仍然无法前行。

罗泽南的看家本领为“以静制动”，其前提条件是对方要来攻，可是韦俊两度战败后，也变乖了，他偏偏就不主动进攻。罗泽南又施诱敌之法，韦俊仍不上当，看到湘军退却，追还是要追的，但没追多远，就会及时收兵回营。

这是胡林翼在武汉就遇到的老大难问题，当哥俩儿碰到一块儿，两个聪明绝顶的脑袋加在一起，仍然想不出什么更好的招，最后只能是一个字：攻。

湘军一攻，太平军就掌握了主动。韦俊在蒲圻城下扎有五座营垒、四道木栅。守垒的大多选用“长发兵”，作战经验相当丰富。两军在营垒前反复搏杀，湘军付出很大伤亡，连军官都阵亡多名，还是一座营垒都拿不下来。

罗泽南十分焦虑。他担心如果一直冲不破营垒，太平军固城死守的意志将会更加坚决，而蒲圻也可能变成另一个九江。他决定采用火攻，并召集诸将，动员全军：“蒲圻不下，武汉必不能攻，今天大家一定要死磕下去，不然‘九江故事’便会继续上演。”

“九江故事”对湘军来说是一个惨痛的记忆，因为从那时候开始，他们就像中了霉运一样，不是损兵折将，就是败绩连连。罗泽南统带的部队，皆为荣誉感极强的精锐之师。伤疤一旦揭开，众人连眼泪都流出来了，嗷嗷叫着便抱着稻草向太平军营垒扑去。

太平军不断放炮阻击，但湘军不顾伤亡，前仆后继。木栅前的稻草越堆越高，烈焰突起，四道木栅被焚毁一尽，五道营垒也跟着着了火。

罗泽南一举克复蒲圻，太平军被毙俘者达五千余人，几乎是和罗泽南西征军的总数一样多，这一仗也成为官军自失守武昌以来所取得的最大一次胜利。

蒲圻一战结束后，韦俊退守武昌，而且再也无法阻挡罗泽南的前进。1855 年 12 月 25 日，罗泽南到达武汉，此前胡林翼已水陆并进，收复了包括金口在内的南岸前沿阵地。

第二年年初，罗泽南和胡林翼分路进兵武昌，并在城下与太平军进行野战。韦俊一败再败，老兵伤亡很大，他的现存部队实际上是个大杂烩，即由少数老兵带领多数未经训练的新兵，所以数量虽众，但其实野战能力极差，只要湘军朝后一包抄，便争相溃退。

经过短兵相接，太平军战死三千余人，湘军却只死伤了十几个，战场之势几乎可以用秋风扫落叶来形容。在不到一个月的时间里，武昌外围的太平军据点就被全部扫清。

罗泽南的到来，终于使胡林翼转危为安，从而告别了他生平最为艰难的一段日子。

外围战失利后，韦俊再施故技，开始归拢部众，坚守待援。太平军野战不行，守城还行，一个老兵看住几个新兵，守住城垛绰绰有余。韦俊本身也是防守战高手，城池布防很有一套，经过他的部署，武昌城下插满竹签木桩，城上除密布炮眼外，还堆积有滚木巨石。

罗泽南和胡林翼对此都很头大。胡林翼调来大炮，在山上架炮轰城，但由于相距太远，只够击毁有限的几处地方，远不足以对守军形成威慑。

炮击无效，若是单纯的仰攻，架着长梯登城，伤亡又实在太大，可以说得不偿失。罗胡经过商议，决定改变强攻战术，转而分兵于武汉下游，以截断太平军增援武汉的水陆通道，从而促使城内不战自乱。自此，攻坚便变成了围困。

攻坚的好处是可以速战速决，坏处是伤亡吃不消，围困的好处则是能够最大限度地减少伤亡，坏处却是时间可能会拖得很长，而时间的延长，对罗泽南来说，无疑是一种煎熬，因为他将无法在短期内挥师东下，自然也就没有办法兑现当初对曾国藩所做出的承诺。

再坚持一下

自罗泽南走后，曾国藩遵照他的嘱咐，指挥水师发起湖口战役。在石达开缺席的情况下，湘军一举占领湖口，并夺回了曾被太平军缴获的特大型拖罟船。

但湖口战役也有得有失，统领内湖水师的萧捷三被炮弹击中，当即阵亡。一支水师不能没有统兵将领，曾国藩急召在湖南衡阳的彭玉麟。

经过胡林翼的调和，彭玉麟与杨岳斌的关系虽已缓和，但大家低头不见抬头见，短期内总是觉得尴尬，于是彭玉麟就以养病为由，选择了请假回家。

接到曾国藩的信函时，湖南到南昌的水陆通道都已被太平军阻断，如果安全起见，就得从广东福建绕路，但这样至少得走一百天才能到达南昌。

一百天，就是三个多月，哪里来得及，彭玉麟便化装易服，“芒鞋徒步”，大着胆子从太平军的封锁线穿越。他整整走了七百里路，竟然得以蒙混过关，安然到达南昌大营。

彭玉麟的仗义相助，让曾国藩的一颗心暂时落了地，但这只是就水上而言，陆上则越来越糟。

塔罗不在，曾国藩靠塔齐布的接班人周凤山打仗。要说曾国藩一向看人都很准，可这回选择周凤山显然是看走了眼。

周凤山出身绿营行伍，对治军条令背得很熟，然而他并非一个能独当一面的将才，同时还有着绿营军官通常都有的一个致命缺陷，即平时不像塔齐布那样平易近人，能与士卒打成一片，尤其用人方面喜欢论资排辈，导致真正勇敢善战的人上不去，这样一来，部队的战斗力便大打折扣。

周凤山完全没了塔齐布在时的风采，他很少能打胜仗。仓促之下，曾国藩又没有其他大将可恃，只好伸长脖子，眼巴巴地等罗泽南攻下武昌后赶快回援。

问题是武昌一时半会又攻不下来，曾国藩怕这时候召罗泽南回来会贻误大局，正好湖南方面计划再派六千湘勇到江西，他也就强自忍性，不提这茬了。

可是仅仅一个月过后，曾国藩就再也憋不住了，原因是江西战局已恶化到极其严重的程度，石达开大破周凤山所部，并一度迫近南昌省城。

曾国藩再也顾不得许多，他上奏咸丰请调罗泽南，说我先前让罗泽南回援武昌，其中的一个重要原因是九江迟迟难以攻下，而现在遥遥无期的却变成了武昌。既然武昌也打不下来，那就不如先让罗泽南来挽救垂危中的江西。

曾国藩考虑得倒也周全："武汉两岸有三万余官军，想想缺一个罗泽南也能凑合。江西不行，他再不来，这边就挺不住了。"

其实就算曾国藩不上奏，鉴于江西局势的岌岌可危，朝廷上下也已议论纷纷，很多朝臣都主张尽快将罗泽南部回调，但咸丰俯瞰全局，认为武昌攻守正进入关键阶段，这个时候不能抽走主力。

在上奏的同时，曾国藩又先后五次派人或去函，敦促罗泽南回师。湘军的这些将帅，是真正有着共同理想和追求的一群人，所谓"呼吸相顾，痛痒相关，赴火同行，蹈汤同往"，上了战场，也是胜则举酒让功，败则拼死相救。尤其罗泽南和曾国藩之间，更有很深的私人情谊，绝不可能置对方安危于不顾，因此在接到曾国藩的信函后，罗泽南很是为难，但他又实在不甘心功败垂成。

了解到湖南方面又派了四千湘勇去江西，罗泽南最后还是决定继续围攻武昌。他告诉曾国藩，今年攻武昌，跟去年攻九江完全不同。去年攻九江时，九江的周边全是太平军，就算是攻下九江，也不过是守着一座空城。今年攻武昌，不仅周边太平军的据点都给扫荡一空，而且武昌城也已被围得跟个铁桶差不多了。

罗泽南预计武昌不久就可攻下，到时他再与曾国藩会师九江，在此之前，他只能勉励对方再坚持一下："事在人为，你决不可以因为一时的挫折而灰心丧气。"

话说得有多洒脱，人心里就有多难受。罗泽南念及"曾公艰危，义同生死"，几乎每一天都想着要赶紧把武昌打下来，好抽身增援江西。明明围困需要的是时间，他的优势和特长也是"以静制动"，但他又不得不打破这一规律，不断想办法怎样尽快攻城。

遗　书

1856年4月5日，罗泽南设计将部分太平军诱出武昌城，然后一路追杀，想乘势冲进城去。他太想抓住这个机会，忘记了自己已经进入太平军枪炮的射程之内。

太平军紧急关住城门后，城头枪炮如雨一样倾泻。一马当先的罗泽南头部中弹，顿时血染衣襟，但他仍坚持力战，直到实在看不到入城的希望才收兵回营。

胡林翼听到罗泽南受重伤的消息后大惊失色，急忙赶来探视。罗泽南当时的官衔是宁绍台道，只比知府高一点，位列正四品，而胡林翼已经是从二品的巡抚，但胡林翼对罗泽南十分尊敬，见了面执弟子礼，言行举止恭恭敬敬，俨然把他当成自己的先生。

胡林翼这么做，不是表面功夫，他确实对罗泽南的学识人品和能力都非常钦佩，即使私下与幕僚谈到罗泽南时，都要称罗山先生（罗山是罗泽南的号）。平时事无巨细，胡林翼均要向罗泽南进行咨询，彼此意见统一后才会施行，因此虽然相处时间并不长，但两人已经结下了很深的友谊。

当胡林翼到达时，罗泽南还能坐在营外，跟他商讨作战方略。尽管如此，胡林翼仍清楚地知道对方的伤势有多重，除了延请名医诊治外，还亲自驻其营中，以便日夜看视。

可这次罗泽南中的是致命创伤，伤口深达两寸，子弹无法取出，再好的医生都回天无力了。几天后，罗泽南伤情加重，已不能坐，只能躺，他睁大眼睛，作势索要纸笔，并仰卧床头写下了遗书。

这是非常少见的遗书，一共就两条：一条是“愿天再生几个好人，补偏救弊”。另一条是“乱极时站得定，才是有用之学”。

有人说，罗泽南是一个迂腐的书呆子，即便在军营里也不肯放下书本，一睡醒便谈学问，但他留下的遗书却分明昭示出，这个人有着怎样的赤子之心，又有着怎样融会贯通的真学问。说他迂腐的人，恰恰自己太过精明，而在中国的现实社会，从古至今都充斥着这样的“精明人”，唯独缺少“迂腐的书呆子”。

在接下来的两天里，罗泽南“神散气喘，汗出如洗”，已经到了弥留一刻。胡林翼见状，痛哭失声。罗泽南握着他的手，挣扎着留下遗言，但仍无一字及私。

罗泽南说，武汉自古就是兵家必争之地，太平军肯定要死守，我们如果不拼命死战的话，不仅武汉保不住，恐怕今后两湖的其他地区也将“均无净土”。

在这最后的时刻，罗泽南还想到了在江西苦苦支撑的曾国藩，他再不能够去会师九江，救朋友危急了。他对胡林翼说：“现在武汉攻不下来，江西又危在旦夕，而我们力薄兵单，没法兼顾。我这个人是不怕死的，感到遗憾的是不能为此做什么了，以后只能靠你和李续宾继续撑持……”

话没说完，一代儒将便停止了呼吸。

从出生直到死亡，罗泽南可以说没有过上一天好日子，命运累加在他身上的伤痛难以计数，但是在他心中，这些都不重要，重要的只是需要反反复复地不断追问，一个人活着，应该如何求学，如何救世，如何活出真正的人生价值。

罗泽南战死的消息传出，整个南方战场都为之震惊。曾国藩更是痛悔不已，他认为如果不是自己三番五次的催促，罗泽南也不至于铤而走险，而胡林翼除了悲痛之外，还从中得到一个最大的教训，就是对攻城战术的再认识。

改攻坚为围困，本来是胡林翼和罗泽南共同商定的策略，但因为各种原因，两人仍然不同程度地存在着急于求成的思想，都想乘守军一个不注意，发动登城仰攻，以便一劳永逸。

登城仰攻固然爽快，但太伤元气，对于讲究身先士卒的湘军而言，战死在城下的往往都是军中最勇敢、最精锐的将士。罗泽南的死，让胡林翼猛然醒悟过来：“今后谁也不准提仰攻，谁提我跟谁急！”

胡林翼在“围困”旁边又加两个字“长久”，合起来就是长围久困。他要像僧格林沁对付北伐的太平军那样，慢慢地熬下去，直到用时间来熬出战果。

长围久困，要想围得实，围得紧，关键还是要把所有进出口一个不漏地全部堵住。对于武昌来说，则是要控制江面，以截断太平军的增援水道。

围绕这一条生命线，湘军水师和太平军水营展开了殊死角斗。

太平军水营曾经被打到灰飞烟灭，它的复振，是从翼王石达开执掌前线指挥大权开始的。所有太平军将帅中，石达开是发现水营弊端，并主动矫正其缺陷的第一人。

水营弊端在哪里，首先是船只。太平军多用民船，掳获民船固然省事，一下子就可能弄到成百上千，可是面对湘军的正规战船和洋炮，改造版的民船往往就跟纸糊的一样，一打就破，一破就沉，损失之后又无法补充，即便上万船只也很快就消耗一空。随着船只越来越少，水营的战斗力也就相应越来越弱。

其次是训练。由于原先忽视训练，水营将士的军事素养普遍很差，以至于“水战诸法，茫然不解”。打仗的时候，都是呼啦啦一道上，有一个地方受挫失利，便轰隆隆地全队赶过去，结果常常顾此失彼，被各个击破。

石达开从这两处入手，仿照湘军的模式，在安庆和九江分别督造战船，同时加强水战训练，从而打造出了一支以“湘式”大战船为基干，以改造民船和小划相配合，具有一定作战能力的新水营。

好钢用在刀刃上

湖口一战，便是新水营的初试啼声。此后，在湘军水师被分割且遭击溃的情况下，水营在长江之上重新取得优势。从九江到武昌，几乎处处都有太平军的战船。胡林翼的号令出不了三十里，在很大程度上也是水上交通断绝的缘故。

石达开重建水营，曾国藩和胡林翼也要再铸水师，双方在造船和训练方面展开了全面竞赛，但是新水营的一招一式其实都是根据湘军模仿而来，有时架子看着是够了，内功却还是不足，所以很快就被湘军水师反超上来。

在前期的江上作战中，太平军水营已多次遭到败绩。为保存实力，韦俊便采取了一种游击战打法，即先将船只收缩到岸边，依托于城上的炮火掩护，使得湘军战船难以靠近，然后再乘隙突出，跟对方绕上个两三圈。

这种捉迷藏的游戏，太平军玩得起，胡林翼玩不起，他把杨岳斌找来，定下了火攻之策。

杨岳斌军人出身，有心眼偏狭的一面，特别在不肯援救彭玉麟这件事上，曾广受诟病，但胡林翼并没有因此对杨岳斌产生看法，而是继续大加重用，并保举他署理湖北提督。

杨岳斌的短处是争胜，长处也是争胜，好钢用在刀刃上，胡林翼就激励他到战场上去获胜。

被胡林翼重用的杨岳斌果然积极性高涨。他采办了五十艘大船用于火攻，船上装满硝黄和芦苇，堆起来高达两丈。

接下来还有两个要素。一是需要江水大涨。太平军为防止湘军战船靠近，在江上打有木桩，如果水面不涨，火船便无法越过。二是需要顺风。跟作战时最好逆风不同，火攻要的是顺风，这样可以缩短时间，因为反正是同归于尽，又不打算原路返回。

1856 年 5 月 31 日，两个要素都等到了，杨岳斌率敢死队架火船向太平军水营大寨扑去。临行前，他特地告诫众人："必须靠近大寨才能点火。"

杨岳斌这么做，是要把火攻的效能发挥到极致，以免太平军提前防范，远远避让，但也无形中增加了危险——每只大船只附一只舢板，在火药点起的瞬间，船员必须全部跳上舢板自救。

敢死队在砍断太平军施放的木牌、铁链后，火船也离大寨越来越近，杨岳斌下令点火。此时还是深夜，太平军发现时，火船已经迫近。匆促之下，他们急忙开炮，不料火船上已没有人，而且被炮击后船上的火还烧得更旺了。

当天太平军水营遭受了再建以来从未有过的沉重打击，两百多艘能战之船被焚，其中包括很多长龙快蟹。从这以后，太平军水营便一蹶不振，再难有所作为。

杨岳斌仍不肯善罢甘休，又沿着长江一路捣过去。十天之内，转战千里，九江以上江面被其扫荡一空，从而彻底切断了太平军增援武汉的水上通道。

要说胡林翼已经做得挺不错了，可是咸丰并不满意。这种情绪就跟当初僧格林沁包围连镇时一样，你有耐心他没耐心。

胡林翼报告说打了胜仗，咸丰都不愿意看："也不知道你说的到底是真是假，朕所知道的，是你至今对攻克武昌都毫无把握！"

他怀疑胡林翼是在"空言搪塞"，实质是"无计可施"，因此要胡林翼限期攻下武昌，否则就要予以治罪。

胡林翼被皇帝给弄急了。自他回援武昌起，为了早点将这座城池攻下，湘军已伤亡了三千余人，光军官就阵亡了百余人，"兵易募而将难求"，如果继续血拼下去，就算拿下武昌，湘军也完蛋了。

最让胡林翼感到痛心的是罗泽南的阵亡。在他看来，那是一位集学识、勇敢与廉正于一身的杰出将才，是今后常胜不败的保证，就这样白白战死，简直太冤枉了。

胡林翼从史书中请出了两个大腕来给自己做说客。这两个大腕，一个是韩信，另一个是韩信的谋士李左车。李左车似乎名气不大，但他的语录几乎人人皆知："智者千虑，必有一失；愚者千虑，必有一得。"

韩信是智者，不过他也曾经产生过要不计损失、一心攻城的"失"，李左车自谦为愚者，他给韩信贡献的"得"，就是千万不能这么做，因为这样只会越打越没信心。

胡林翼以秦末汉初的这段例子为引喻，直言：野战容易，攻城困难，两千年前就是如此，到现在还是这样，所以皇帝你应该跟韩信学习学习，欣然纳谏才是。

咸丰无语了。胡林翼不是僧格林沁，这是一个满腹经纶、能言善辩的人，再扯下去，不知道还要搬出多少个韩信和李左车来教训你。

算了，那你就继续磨吧。

狼来了

知道胡林翼要长围久困，但韦俊既不敢走，也不敢逃。须知太平军的刑法十分严酷，从前丢了城池的石凤魁、黄再兴归京后，都被杨秀清处以车裂之刑，其状惨不忍睹。

在水路被封死的情况下，要打破胡林翼的长围久困，必须依靠援兵，更准确地说，是陆路援兵。太平天国战将古隆贤奉命从江西出援，他先前与韦俊曾有约在先，某月某日，举火为号，到时武汉的太平军出来接应，以便里应外合，突破湘军的封锁。

孰料由于杨岳斌扫清江面，太平军不敢沿岸行军，只能绕道而行，这样时间便耽搁了。到了约定的日子，韦俊派兵出城，却没见到援军相应，结果又被胡林翼给赶回了城。

胡林翼觉得奇怪，平时诱你们都不露头，这时候出来瞎逛个什么劲？审问俘虏，才知道还有这么一出。他灵机一动，找到了新的诱敌之策。

几天之后，韦俊在城头上观察时，发现湘军大营后忽然人喊马嘶，乱成一团。

他意识到，可能是耽误行期的古隆贤到了，并且已经主动向湘军发起攻击。

太好了，这种情况下湘军肯定难以兼顾，正是前后夹击，有枣没枣都先打上一竿子的时候。韦俊派出大队人马，出城后向湘军营垒直扑。

起先营垒附近静悄悄的，给人印象似乎湘军都在后面应付援兵，但当太平军接近时，忽然枪炮声大作，湘军从四面八方涌了出来。

没有什么古隆贤，在营垒里等着韦俊的是胡林翼。韦俊所看到的所有东西，都是胡林翼为了诱敌设伏而编造出来的假象。

此次出城，太平军被歼一千多人。韦俊用于守城的兵力本就已不多，枣没打着，倒磕了自个儿门牙，把他给心疼得够呛。

胡林翼捉弄了一次韦俊后，似乎上了瘾，屡屡冒充援军，要骗韦俊上当。韦俊又不是小孩子，他能上一次当，还会老上当吗？于是以后不管胡林翼装得多像，他都不再出城，即便是古隆贤真的来了。

这是一个类似于“狼来了”的故事，只不过在老故事里面，倒霉的是说谎者，而在新的故事里面，吃亏的却是被谎话紧紧套牢的人。

古隆贤是金田起义时出来的广西老兄弟，仗打得多了，经验很丰富，既然约定日期已经错过，他就不再蒙着头朝武昌急赶，而是在离武昌东南约四十多里的地方选择了一个险要地形，之后掘壕筑垒，构筑野战阵地。

如果韦俊能及时出来接应，湘军可能腹背受敌，但此时此刻，韦俊正被吓得不敢出来，胡林翼就轻松多了，因为这意味着他只需针对一面。

古隆贤所筑营垒被湘军一举击破，太平军溃败二十里，古隆贤本人也中炮负伤，增援以失败告终。

击退援兵后，胡林翼即在武昌城外开挖长壕。这是僧格林沁在北方实施包围战时就被证明行之有效的战法，同时也表明了胡林翼将长围久困的策略进行到底的决心。

围困武昌期间，胡林翼见到了从湖南赶来的曾国华。曾国华是曾国藩的二弟，他来武昌，乃奉父命吊唁罗泽南，同时致辞勉励湘军子弟。

一通程序走完了，曾国华才提到此行最重要的一件事。原来曾家已经几个月都收不到曾国藩的信，曾父极其担心儿子的境况，希望胡林翼能够赶快分兵营救。

围城靠的就是人多，分兵必然单薄，但胡林翼能够理解为人父的心情，何况罗泽南临死都忘不了援救江西，他更不能只顾自己建功，而不顾曾国藩和江西的安危。

胡林翼当即从湘军挑选了四千能征善战的精锐，并委任曾国华为援军总指挥，率部向江西攻击前进。

翼王石达开此时已经离开江西，由北王韦昌辉接掌指挥权。尽管从军事才能到威望，韦昌辉都远不及石达开，但因曾国藩已无强有力的陆师部队护佑，所以仍被韦昌辉打得节节后退。

曾国华的率兵回援，不啻救了曾国藩一命。韦昌辉转回头与湖北援军较量，吃了个大败仗，连他的王轿绣伞都成了湘军的战利品，江西形势这才趋于缓和。

御将之术

石达开离开江西，是奉杨秀清之召，以解除江南江北大营对天京的威胁。

咸丰共在江南设立过两座军营，以长江划界，南京城外的叫作江南大营，扬州城外的称为江北大营。两座军营各司其职，分别用于围困城内的太平军。

奉命创建江北大营的钦差大臣是琦善。琦善时年已经六十多岁，小爵爷变成了老爵爷，早年鸦片战争中“主抚”的经历，无疑也给他的人生履历蒙上了一层阴影，但他恰恰又是那种能在蹉跎中练就一身生存技能的人，年纪一大，则更显老辣。

鉴于琦善没有直接指挥过军事，咸丰特意加派一位叫雷以諴的刑部官员，以帮办军务大臣的名义做琦善的助手。

雷以諴自谓熟读兵书，各种兵法如数家珍，都在肚子里装着。他在扬州城下扎营，军营里彻夜不停地敲梆子，燃火堆，防卫看上去非常严密。

反观琦善的军营，到了晚上静悄悄的，既无声音也无亮光，整个一幅死气沉沉的景象。雷先生乐了，都说这琦大人是连前朝道光皇帝都赏识的重臣，也不过如此嘛，若论军事，简直是个睁眼瞎，一窍不通。

最好跟琦善提个醒，可是限于地位和资历，雷以諴又觉得一时不便开口，也罢，我这里也算树个榜样了，你天天看见总会明白过来的。

琦善大概真的明白过来了。某天，他把雷以諴叫了过去，不过看雷以諴的眼神却跟刀子似的，随后冷不防地就来了一句："雷将军的军营里挺热闹啊。"

雷以诚以为琦善会夸赞他，可瞧这意思又不像，话里话外，隐约还有点嘲讽和责备他的味道。他嘴上不说，心里自然不会高兴：敢情你这不是在嫉贤妒能吧？

琦善见对方半天不开口，这才把话挑明："你这么做是不对的。晚上防守，一味乱敲梆子，就听不见敌人的动静，燃起火堆，对方可以把你上上下下，左左右右看得清清楚楚。若是太平军发起偷袭，岂不是很危险。"

雷以诚听得怔住了。他没想到琦善如此有见的，这都是正经八百的兵书上不会说的，但绝对是用兵打仗的要诀。

自此，他对琦善心服口服，再不敢班门弄斧。

江北大营兵力单薄，但任务并不轻，一边要阻截渡江北上的太平军，一边还要攻取重兵屯集的扬州，而这两方面的太平军又多为其精锐部队，个顶个全是"老长毛"，仗很不好打。

咸丰对前朝曾经"主抚"的大臣素有看法，见扬州迟迟不下，就常常语带讥刺地说琦善"老而无志"，一大把年纪了，已经不知道奋斗这两个字怎么写了。有一次他甚至还扬言，如果琦善再不把扬州城给攻下来，就要用曾赐给赛尚阿的遏必隆刀砍他脑袋。

有人提议，既然扬州城固难攻，不如引湖水以灌，但咸丰又顾虑扬州素为江南名城，水攻的话，可能会毁掉整座城市，所以始终不予批准。

这正是既要马儿好，又要马儿不吃草，琦善的压力非常之大。为此，他不惜亲自带兵，多次诱敌设伏，同时着力培养和提携将才，发挥部下的积极性。

琦善的御将之术也与众不同。野史中记载，他手下有个姓赛的将校，职位不高，但很有才气。琦善把他和另一位曾姓将领召到一块儿，各给五百兵丁，分攻两地。布置完了，又问他们带的兵够不够用。

赛某气盛，别说五百，你就给他五个人，他也不肯从嘴巴里冒出一个"不"字来。曾某则觉得不要白不要，要求多给点。琦善点点头，多给了他一倍兵丁。

赛、曾同时出击，赛胜曾败。两人回来复命，自然是大胜的赛某走在前面，灰溜溜的曾某落在后头。

在未入大帐之前，赛某就一路走一路笑，得意之色，溢于眉梢：也不知道琦大帅究竟会如何奖赏自己，反正那画面想起来就特别美。

不料真实的画面十分残酷，琦善见到他后，不由分说，就喝令亲兵拿下，要摁倒打屁股。赛某以为琦善认错了人，把自己当成了曾某，赶紧分辩，说我是谁谁谁。

琦善大喝一声："我知道你是谁，但恐怕你不知道我是谁，再啰唆，就把你屁股打烂。"

赛某不敢再多言。由于心里气不过，被打时纵使再痛，也忍住不出一声。打完之后，已不能走路，只好让人抬着出去。

曾某还在帐外候着，眼见赛某落此下场，差点被吓死过去：人家赛某都打了胜仗，还要受到如此重罚，我这个败军之将，不是更惨了吗，说不定今天就要人头落地了。

等到召见曾某时，这位差不多是连跪带爬地进去的，进去后就磕头如捣蒜，而且一句话都说不出来。与刚才的满面怒容不同，琦善还笑了，不过是不屑一顾地笑："你这老兄还有脸来见我，我倒没脸见你了。"

说完便离座而去，也并未对他做出什么明确处罚。

哪里是轻轻巧巧就能做到的

曾某暗自庆幸逃过一劫。赛某当然是倒了大霉，由于打得很重，好些天都躺在床上不能动弹。他满腹怨尤，自认是遇到了有史以来最不可思议的情节：人家说赏优罚劣，到我这，怎么就掉了个个？

看来根子还是出在上面对我有了看法，所以不管我怎么起劲儿，横竖都得给我小鞋穿，再高的战功换来的也不过是一顿暴打。

赛某打定主意，等伤一好就马上告退，回家种田，不干了。

这一天，忽然有琦善的亲兵拿着他的名片来到赛某帐外，隔着帐幕便问："请问赛大人在吗？"

赛某职位低卑，起初听到称"赛大人"，还不敢开口答应。亲兵便干脆指名道姓，告诉他琦善有请。

召变成了请，自己的称谓也变成了"赛大人"，小赛马上意识到其中有戏，赶紧穿好衣服前往。见面后，琦善出示了一叠奏折，赛某一一看过去，上面列举的全是他的战功。原来琦善已多次对其进行保举，并且保奏官衔，朝廷已经批下来了。

这下子，怨气都化成了感激，感激到不知道说什么才好。琦善还特地留赛某共同进餐。吃饭的时候，琦善忽然笑着问他："前些天我责罚你的事，老弟知道是什么意思吗？"

赛某老实承认不知道。

琦善解释说：一个人年少气盛有好处，也有坏处。好处是可以一往无前，建功立业，坏处是容易因功生骄，骄而误事。那天我看你已有骄气，如果我再纵容你，对你并无益处，因此才要"折弟之气"，让老弟你尝一些挫折。

琦善最后语重心长地对他说："只要你今后注意胜不骄，败不馁，以后前程将不可限量。"

赛某这才明白琦善作为一个老前辈的深谋远虑和良苦用心。之后他的个人发展果然越来越顺，逐渐成为江北大营中的得力战将。

曾某的遭遇则正好相反。尽管琦善没有当场责罚他，但终其任上，不仅再未予以任用，而且连对方的面都不愿意见——既然已经料定曾某是个废才，这样的人，你就是责罚又有什么用呢？

琦善的努力终于收到成效。在江北大营建立不到一年后，他即迫使扬州的太平军陷入绝境，在北上援军的救助下，这批太平军才得以突围而出。

至此，太平天国在江北的据点仅剩下一个小小瓜洲。

江北大营的捷报，无异于在把江南大营往狭道里逼。江南大营的统帅是向荣。江忠源曾经评价这位名重一时的两朝大将："心机太过，若不是在广西时卖弄小聪明，网开一面放跑了太平军，怎么会出现后来那种不可收拾的局面？"

因为这个错，向荣背了一辈子的包袱，甚至咸丰都忘不了经常拿这个把柄来敲打他。

咸丰对向荣说："你要是赶快把金陵打下来，我就给你记天下第一大功，以前犯的错误全部豁免，但要还是拿不下来，对不起，老账新账一起算，我一定会提刀杀了你。"

与已普遍趋向于庸碌的官军将领相比，向荣至少还有一个长处，那就是他比较自觉，不会回避责任，该他做的事，不会躺在地上耍赖，但打下太平天国的都城，哪里是轻轻巧巧就能做到的？

江南大营的兵力比江北大营略多，但也不过万余人，自太平天国发起北伐西征后，先后调出三千余人尾追，加上当时上海爆发了小刀会起义，又得分兵攻剿，剩下来的几千人根本就围不住一座偌大的南京城。

向荣曾一度想把南方战场上的江忠源和北方战场上的胜保调过来，可是江忠源半途被江西巡抚留住，对付西征军去了，而胜保也正跟北伐军来来回回兜着圈子，亦无可能南下。

无奈之下，向荣只好打琦善的主意，提出先从江北大营抽一千人的马队赴援。江北大营还嫌人不够呢，如何能调兵给你？接到向荣的请折，咸丰回了一句话："你要江北兵是吧？可以，先把你的脑袋寄给朕！"

红单船

在兵力不足的情况下，向荣很难从陆上对南京造成威胁，这时候他就想到了从水面发起攻势。

从当初沿江东下，追击太平军起，向荣便饱受缺乏水师之苦，一直计划打造战船，但他出身行伍，除了打仗，所知有限，根本不可能像曾国藩在衡阳时那样办船厂，造战船。

好不容易，朝廷从广东给他调派了五十只"红单船"。

红单船据传是广东顺德人发明的。顺德商人经常到南洋贩货，沿路不仅要经受惊涛骇浪的考验，还得跟穷凶极恶的海盗打交道，为了保护自己，他们就下功夫独立研发和制造船只。因私人造船需报海关批准，给予红单后才可开工，所以这种船只被外界称为"红单船"。

广东的红单船每艘可装2~30门炮，而在鸦片战争中，即便水师提督关天培坐的旗舰，也不过才装了十多门炮。此外，从船只的牢度、速度，到船员发炮的娴熟程度，一应指标都超过了当时的广东水师。更值得一提的是，红单船上的舵工和水手都是父子兄弟，一家人，作战时他们能够做到攻则合力向前，退则你帮我扶，没有通常水师官兵互相推诿溃散的情况。

得到红单船相助，向荣喜出望外，他赶快将红单船部署于南京附近江面，以切断南京与长江上游的联系。

红单船现身后果然不同凡响，尽管杨秀清使用了沿江设置铁链、派水营出击等各种办法，但无一能够奏效——上铁链，铁链被斩断，出水营，水营被击退。

向荣的这一招等于掐住了太平天国的脖子，时间一长，南京就出现了供给不足的情况，城内粮食也开始匮乏起来。趁此机会，向荣将江南大营不断扩展，占领了太平军在雨花台的各座壁垒，以至于在一段时间内，太平军都不敢出城了。

杨秀清再也无法忽视江南大营的存在，他决心从西征战场上抽调重兵，将江南大营予以彻底摧毁。

首批回援的是原在安徽战场的燕王秦日纲，杨秀清交给他的任务是打通南京与镇江之间的通道。镇江位于长江南岸，是南京的东南屏障，一如鸦片战争时，英军欲占南京，必先攻镇江，但此时向荣已将南京与镇江分隔开来。

为应对太平军的反击，向荣与江苏巡抚吉尔杭阿分工，向荣负责率江南大营阻击秦日纲东下，吉尔杭阿负责阻击镇江太平军西进。

秦日纲虽然曾在田家镇败于湘军手下，但他的部队长期在安徽一线鏖战，其战斗力十分强劲。经过一个多月的激烈拼杀，秦日纲终于突破防线，到达镇江，之后他马不停蹄，乘夜渡过长江，猛攻江北大营。

曾经统领江北大营的琦善早已病死在扬州。戎马倥偬的生活、高度紧张的环境，显然对他的健康造成了很大伤害，若是他能在京城或哪个安静一些的地方颐养天年，以爵爷的乐天，当不致如此短寿。

如果琦善还在，江北大营是能抵挡一下的，换成别人，就是另外一回事了。继任的托明阿有过很多次打仗的经历，但仅仅一个照面，他的江北大营便陷于崩溃，扬州也再度被太平军所占领。

江北大营如此软蛋，是向荣此前想不到的，他被迫抽调主力渡江北援，才稍稍稳住了北岸局面。刚把兵派出去，他就又得到了一个令他胆战心惊的消息，第二批西征军来了，从江西战场回援的翼王石达开即将赶到。

石达开的能力和战绩还远在秦日纲之上，向荣急忙再将北岸的主力撤回，以阻击石达开。左支右绌下，他已经完全失了方寸。

秦日纲得以再次南渡镇江，并趁向荣无暇顾及之际，与镇江守军合兵一处，猛攻城外的清军堡垒。

这些堡垒乃吉尔杭阿所设。吉尔杭阿是满洲八旗出身的官员，在任期间曾攻占上海，并击溃了小刀会，此后就一直卖力气围攻镇江。可是对付小刀会是一码事，和太平军作战又是另外一码事，论战斗力，太平军比小刀会那样还具有会党雏形的武装不知高了几个层次。

吉尔杭阿拿镇江不下，便也准备像胡林翼围武昌那样，来个长围久困，这些堡垒就是专门用来遮蔽镇江守军的粮道。

幕僚们劝吉尔杭阿说："现在太平军攻势如此旺盛，不如暂避其锋，放弃堡垒。"

吉尔杭阿不同意："太平军紧盯堡垒不放，就是知道堡垒对他们很致命，再坚持一下，说不定守军的粮食就会断绝，镇江就容易攻了。我们围攻了这么多天，不可轻易放弃。"

说罢，吉尔杭阿便率部进入了堡垒。

吉尔杭阿说得当然有道理，可问题是对镇江长围久困的条件早就不具备了。不光秦日纲已经屡进屡出，镇江还能从北岸的扬州获得粮食，在这种情况下，岂是你能困得住的？

秦日纲随即反过来将堡垒紧紧包围。吉尔杭阿激战五昼夜，亲自挥旗指挥，最后中炮而亡。堡垒守将要带着他的尸体冲出去，然而根本冲不出去，随之也血战而亡。

吉尔杭阿的一位八旗副都统侥幸突围，出来后痛哭着说："我很早起就跟随吉公（指吉尔杭阿）从军作战，现在他死了，连尸体也找不到，我怎么能一个人继续苟活下去呢。"随即投江自杀。

以父之名

吉尔杭阿死后，南京与镇江完全连成一气。向荣独木难支，陷入苦战之中。

1856 年 6 月 20 日，在杨秀清的亲自指挥下，云集天京郊外的各路太平军发起总攻，一举摧毁了江南大营。

向荣败退丹阳，因疲惫和郁闷而生了重病。惊恐不安的幕僚们劝他继续移营，撤往常州和苏州一带。向荣叹息着说："我的身体状况不好，再不能亲自去围困金陵，还有什么脸面再向南撤呢？就死在这里吧。"

8 月 9 日，这位道咸时代的名将，杨遇春手下的前锋，病死于丹阳。获知向荣的死讯，天京方面无不举杯相庆。尽管向荣从未有可能攻下天京，但他曾经一直是太平天国都城的肘腋之患，他活着一天，天京城里的天王和东王就睡不好觉。

终于可以做一个好梦了，对太平天国的领导层来说。恍惚之中，大家都变得飘飘然，没有人再去理会腋肘之患的深层含义——它可能在外，更可能在内。

太平天国领导层里有很多让外人摸不透的现象。比如说洪秀全是天王，又是教主，照例是老大，但军政大事却全由老二杨秀清说了算，而且有时老大在老二面前还得服服帖帖。

不是洪秀全喜欢这样，是不得不如此。若追根溯源，可称之为原罪。

作为从广东迁移到广西的客家人，杨秀清是一个孤儿，他读书不多，也识不得几个字，然而雄心和魄力却还在洪秀全等诸人之上。

杨秀清早年以烧炭为生，喜欢接触江湖人士，每次卖完炭，就用得来的钱买酒，回去和江湖朋友们一醉方休。时间一长，对江湖上的各种窍门都知之甚详。

仗着头脑灵活，反应敏捷，杨秀清自己也常常加以试验。某日，他突然告诉别人，说昨天梦见一个地方有金子，并且言之凿凿地说，只要他梦见有金子，就一定会有，如果没有的话就如何如何。

旁人抱着玩笑般的心态去杨秀清所说的地方找了一下，不找还好，一找差点把他给惊倒：那里竟然真的有金子！

当然跟做梦没任何相干，金子根本就是杨秀清事先藏好的。以后他即便偶尔窥见人家的隐私，也一定要公之于众。问他是怎么知道的，答曰："梦中看到的……"

在拜上帝会的高层中，杨秀清能力出众，吃亏就吃亏在他是后来入会的，而洪秀全已经是教主了，他只能屈居其后。

机会专门提供给有准备的人。在杨秀清加入拜上帝会后，有一段时间，洪秀全和冯云山都惹上了麻烦，足足有一年半无法待在教内，当然也无法主持会务。

这时候杨秀清便“生病”了，在两个月内，他变得不言不语，口哑耳聋，等到身体恢复正常，便被下凡的天父（即上帝）附了体。

通过杨秀清之口，天父说他之所以要从天宫下凡，是因为世人都不听洪秀全的话，本来他是要降瘟疫惩罚大家的，幸好杨秀清不错，“以一己之身，赎众人之病”。

最后天父还说，杨秀清病了两个月，众人都因此得救，这完全是杨秀清的功劳。

杨秀清借天父来树立自己的权威，他这一套被萧朝贵学到了，于是萧朝贵又成了天兄耶稣的代言人。萧朝贵也是个厉害角色，他是杨秀清的邻居，两人交情不错，他要来分一杯羹，杨秀清也没办法拒绝，只能与之“共享天父天兄”。

光一个萧朝贵也就罢了，问题是后面还有好多。此后，天父天兄便跟活闪婆一样，一会儿蹿你这里，一会儿跑他那里，到处发表宣言，有些言论甚至跟杨秀清和萧朝贵形成对立，摆明就是要另立山头。

洪秀全回来后，众人都找教主评判谁真谁假。洪秀全晕头转向，不明白为什么一下子会冒出这么多天父天兄，但你要说这些全都是假的，天父天兄是不是真的存在也就成了问题。

关系到拜上帝会的信仰根基，无论如何动摇不得，所以不管怎样，天父天兄附体的说法一定得认，但认谁不认谁，凭的不是真假，而是实力。杨秀清有头脑，所谓“谲诈有才”，萧朝贵有蛮力，所谓“性情猛悍”，二人身后还有不少追随者，对金田起义之前的洪秀全而言，利用价值颇高，轻易得罪不起。思量再三，洪秀全给出结论：杨萧为真，其他人为假。

定时炸弹

当洪秀全赋予杨萧“天父天兄代言人”的地位时，他不知道，自己已经埋下了一颗随时会引爆的定时炸弹。

当然，一开始洪秀全尝到的都是甜头。在太平天国起事之初，一遇到险境和过不去的坎，杨秀清就以天父的名义出来激励士气，而一听到天父发话，教徒及太平军将士无不豁出性命去打，杨秀清在军中的声望和权威也由此与日俱增。

洪秀全长于宗教（当然特指他所创的宗教），短于军政，很多方面都是因人成事。早期发展会众，靠的是冯云山，后期指挥作战，依赖的是杨秀清。依赖惯了，洪秀全也就索性一懒到底，将所有军政要务均交由杨秀清一手办理。

随着时间的延续，翅膀长硬了的东王逐渐凌驾于众人之上。

古时官员出行要坐所谓八抬大轿，也就是八个人抬的轿子，最多的是十六抬大轿，雇十六人抬。杨秀清坐的是三十二抬大轿，要么不出行，一出行便是前呼后拥，鼓乐齐鸣，光随从便有千人，俨然是一支行军部队。

与派头一道上去的是架子。当初洪秀全、冯云山、杨秀清、萧朝贵、韦昌辉、石达开曾结为异姓兄弟，因凭空弄了一个耶稣做上帝的大儿子，洪秀全便称为老二，依次老三、老四这么排下来，到石达开排老七。六人歃血为盟，今后要有福同享，有难同当。

"有难同当"是实践了，老三冯云山和老五萧朝贵还死在了创业途中，只是"有福同享"出了问题，到享福的时候，杨秀清率先变脸，韦昌辉和石达开在他眼里，不是什么王侯或一同出道的兄弟，而压根儿就是他帐下的两员部将。

石达开的日子还好过一些，毕竟常在前线，可以名正言顺地避开杨秀清，而且他的能力和战绩在那里摆着，打仗少不了他。与之相比，韦昌辉则要难过得多。

在以大老粗为主的太平军将领中，韦昌辉还算是个读书人，与洪秀全、冯云山、石达开基本处于一个档次，因此在冯云山、萧朝贵死后，就很少外出率兵打仗，而是"常居中枢"，犹如宰相一样在天京处理日常事务。韦昌辉一度权力很大，太平天国官员的证书，正面盖东王杨秀清的大印，骑缝处必盖他北王韦昌辉的一半印章。遇到有政事汇报，起初也先要禀报韦昌辉，他觉得可以实行，再报杨秀清，然后转奏洪秀全核准通过。

时间一长，韦昌辉便受到了杨秀清的猜忌，不仅权力被越分越少，立功受奖基本没他的份儿，而且动辄得咎，有一次还被不分青红皂白地摁倒在地，打了几百下屁股，最后站不起来，只好让人抬着回家。

韦昌辉不是普通将领，众目睽睽之下挨如此重责，痛尚在其处，羞辱更折磨人。可是俗话说得好，人在屋檐下，不得不低头，兄弟早成过去式，要斗的话，又不是对手，余下便只有曲意逢迎一途了。

知道杨秀清大字不识几个，也不喜欢读书人，韦昌辉每次见到杨秀清，都要说自个“肚肠嫩”，见识浅，总之是变着法作践自己，以讨好对方。

可就这么低姿态，杨秀清也没打算饶过他。韦昌辉的一个族兄因为一件微不足道的小事，得罪了杨秀清，先是遭到鞭打，接着竟然被处以五马分尸的酷刑。

韦昌辉既恨又怕，连在北王府议事时，也要时常左顾右盼，唯恐一句不慎，被杨秀清抓住把柄，落得个吃不了兜着走的下场。

韦昌辉位居北王，排行老六，尚且如此，其他人像燕王秦日纲之类的，就更不用说了。

人生好比在作秀

对位次排在他下面的兄弟，杨秀清又打又压，对位次在他之上的洪秀全，他也经常不给好脸色，使用的都是同一工具：天父附体。

附体这套把戏，原来属于双簧，杨秀清扮天父，萧朝贵扮天兄。既然是表演，总是需要点天分的，有时分寸很难拿捏到位，比如，萧朝贵有一次就差点演砸。

那还是在永安被围的时候，为了鼓舞军心士气，萧朝贵便来了个“天兄下凡”。当时萧某站在桌上，拿把刀跳来跳去，口里念念有词，说大家不要怕，本天兄已诛杀清妖，斩得赛尚阿人头云云。

就在他舞得正起劲的时候，一个不留神，脚下失了准头，从桌上滑到地上，把脖子给摔伤了。

战无不胜的天兄下凡除妖，却把脖子给摔了，这情节把围观的一众将士都惊得不知所措，本来要用来提精神，结果精神反而萎靡了。

萧朝贵只好自我解嘲，他引用了一句文绉绉的语言，称“成人不自在，自在不成人”——出来混总要经历点风雨，大家一定要相信天兄，天兄这个人就是“越受苦越威风”，管他什么妖魔鬼怪，任凭你再怎么飞怎么变，迟早都逃不脱天兄的手掌心。

与萧朝贵相比，杨秀清对于“天父附体”的演绎几乎达到炉火纯青的地步。同样是在军情紧急的情况下，他可以二话不说，扑通一声就倒在地上，即便被抬到床上也动都不动，而一旦“病愈”，立刻霍然跃起，指挥调度井井有条，跃马战场攻无不破。

渐渐地，萧朝贵明显落于下风，“附体”的次数也就随之越来越少，直到长沙城下他被一炮打死后，“附体”就成了杨秀清一个人独享的专利。

在天京，杨秀清“天父下凡”的次数越来越频繁，为了点琐屑小事，也要让天父不辞劳苦地跑下来指手画脚一番。看着杨秀清在上面张牙舞爪做癫狂状，大家跪在地上，连大气都不敢出一口，就怕从他的嘴里冒出天父发怒，要对尔予以惩戒之类的话——韦昌辉被打屁股，他的族兄被五马分尸，无一不是拜天父所赐。

众人之苦，却是一人之乐。人生好比在作秀，杨秀清已经深深地爱上了这种表演，因为在诚惶诚恐的人群中，不仅有诸王大臣，还有“虚君”洪秀全。

洪秀全号称天王，又是拜上帝会的教主，无论真实的人间还是虚拟的天上，都是唯我独尊，可在下凡的天父面前，他也只有俯首帖耳，老老实实听着的份儿。

据说有一次在行军扎营期间，洪秀全正跟一群妻妾卿卿我我，有人忍不住透过营帐偷窥了两眼，被他发现了。洪秀全对自己执行自由主义，对别人则是上纲上线，在太平军内，连夫妻都不能在一起，更不用说偷窥了，当即勃然大怒，要下令处决此人。

杨秀清不高兴了。倒不是说他对偷窥无所谓，这件事情若是发生在他本人身上，也是一百个脑袋都保不住，他之所以不高兴，是因为洪秀全在“擅自下令”前没先跟他打招呼。

只见他咣的一声倒地，等众人将他扶起时，听到的已是天父下凡的声音。天父以老子训儿子的口气教训洪秀全：“尔与兄弟打江山，杀人大事，何不与四弟（即杨秀清）商议，此须重罚！”

重罚，就是要像韦昌辉那样，掀倒在地打屁股。洪秀全目瞪口呆，但是又不敢反驳这个虚拟的天父老子，只好跪下乖乖认罚。

其他人见状不好，赶紧苦苦求情。堂堂天王，总是要给他留面子的，杨秀清并不是一定要打洪秀全的屁股，纯粹是为了要像整治韦昌辉一样，树立自己的权威。现在目的既已达到，也便见好就收，放了洪秀全一马。

表演结束，恢复正常的杨秀清居然还故作惊诧，问别人刚才究竟发生了什么。洪秀全哭笑不得，纵使他知道“杨四弟”在揣着明白装糊涂，可事已至此，“天父代言人”的交椅已经是撤不回来了。

在击破江南江北大营，向荣也一命呜呼后，杨秀清认为皆其一人之功，为人处世更加为所欲为，成天想着要挟制和架空洪秀全。洪秀全身为太平天国的领袖和元首，却老有一种兜里的钱不是自己的，是跟人借的感觉，自然苦不堪言。

自建都天京，洪秀全平时都待在天王府内寻欢作乐，足不出宫，除了东王，一般王侯要见到他都很难。1856年8月22日，杨秀清又假装生病，要洪秀全前去探望。此时洪秀全已听到风声，杨秀清正预谋以“禅位”的方式迫其下台，这使探病变成了一场犹如鸿门宴的局。

去，也许就出不来了，但如果不去，可能马上就会性命攸关，纠结半天，洪秀全还是决定去。

天无二日

进入东王府，果然防卫森严，隐隐然透出一股杀气。可这时候洪秀全想撤步回头已来不及了，只能硬着头皮继续往里走。到了杨秀清的卧室，他正仰卧在床上，由左右四个美女伺候着，对洪秀全不理不睬。

洪秀全低头一看，床边仅有一只小榻，是专门给他坐的。

坐下之后，洪秀全便有一搭没一搭地闲扯，无非是听到你东王病了，我多么地担心想念之类的套话。未料杨秀清这个“戏痴”还在装昏迷，而从他口里跑出来的“梦话”则让洪秀全大惊失色，心跳不已：“别人都说天无二日，秦朝时有两日相斗的典故，这是为什么啊？”

传说中的谋权篡位原来是真的！

这是杨秀清早就设计好的套路，主要是在清醒的状态下，“禅位”两个字很难说得出口，倒不如用梦话来试探：我说天无二日，接下来就是人无二主，识相的赶紧把位置让给我，否则今天你就不要想走出东王府。

洪秀全的反应是沉默。你不是在做梦吗，我就当你胡言乱语好了。

杨秀清一计不成，再施一计。他以天父的口吻问洪秀全：“四弟如此大的功劳，怎么才九千岁啊？”

这次再不可能装聋作哑，发现已没有退路，洪秀全赶紧回答：“对，九千岁不合适，应该是万岁。”

“那东王的儿子呢？”

洪秀全不敢怠慢：“也是万岁，东王万岁，东王儿子万岁，他们家世世代代都是万岁。”

怕杨秀清仍不满意，洪秀全又下令随从官行九叩首的大礼，并且三呼东王万岁。

见此情景，杨秀清反而愣住了，只好顺势来了一句“东王万岁，天王万万岁”，以敷衍场面，随后便开始打呼噜装睡。

洪秀全再也待不住了，趁杨秀清还在装睡，他向赴鸿门宴的刘邦学习，以上厕所为由，找机会溜之大吉。

洪秀全走后，杨秀清突然睁开眼睛，又恢复了正常人的样子，并像煞有介事地问洪秀全去哪儿了。左右据实以告，他得了便宜还卖乖，当着大伙叹息一会儿，意思无非是要表明，他跟“逼封万岁”这件事毫不搭界，一切皆为天父他老人家一手料理安排。

只要是原罪，有一天总会发酵，只要是定时炸弹，在某个时间也一定会引爆。杨秀清的“逼封”其实早有先例可循。

早在金田起义前，杨秀清和萧朝贵联袂搭档，动不动就以天父天兄的名义发号施令，那时两人就表现出了不安分的迹象，不过他们还不敢对洪秀全这个教主叫板，在地位上他们一心想要超越的是冯云山。

在拜上帝会里，冯云山堪称元老，很多骨干教徒包括韦昌辉都是由其一手发展出来的，要压过他就得一步步来。萧朝贵曾借“天兄下凡”，把自己、杨秀清、冯云山都列为洪秀全的军师，其中杨、冯为三星军师，他为二星军师，但在所谓的三星军师中，杨的位置已经排在了冯的前面。

尝到甜头后，在又一次“天兄下凡”中，萧朝贵就用天兄的口吻故意问洪秀全对杨、萧二人的看法。洪秀全干别的不行，在这方面倒是极其机敏，他马上猜出了萧朝贵的用意，遂投其所好：“要打天下，我有杨、萧辅佐，哪有什么做不到的事。”

因为这句话，萧朝贵也腾地一下排到了冯云山前头。那是洪秀全第一次受人摆布，但坏事也能变成好事，如果不是在这次遭遇战中吃了哑巴亏，有了一定的心理准备，或许他当天赴“鸿门宴”时就可能中杨秀清的圈套，纵使能够走出东王府，也得灰溜溜地下台让位。

当然，更多的还只能说是侥幸，要是杨秀清完全翻脸不认人，天王也许连上厕所的机会都不会有了。

洪秀全在东王府时还能强作镇定，回到家已是大汗淋漓，同时杨秀清“天无二日”和“逼封万岁”也深深地刺激到了他，让他意识到自己已命悬一刻，必须找人护驾。

在过去的六兄弟中，除已战死的冯云山外，只有韦昌辉和石达开是洪秀全能依靠的对象，这实际上也是他在吃了萧朝贵的暗亏后，提前为自己设好的两步棋。尤其是北王韦昌辉，既与杨秀清积怨很深，在杨秀清要以天父的名义杖击洪秀全时，又曾经声泪俱下，请求代其受罚，让洪秀全很是感动。可以说，在情感上，洪秀全和韦昌辉早已达成了一种默契。

洪秀全一边下令四门紧闭，加强天王府的防卫，一边连夜写下密诏，召韦昌辉、石达开和秦日纲入京勤王。此前，石达开已奉杨秀清之命，再赴湖北救急，所以离得很远。最近的就是韦昌辉和秦日纲。

韦昌辉在天京遭到杨秀清的排挤和打压，不得已来到江西战场指挥作战。他虽是书生，但在早期的太平军中也曾以善战闻名，本指望靠军功东山再起。可惜他的运气不好，刚好赶上曾国华率湘军精锐回援江西，劈面就吃了败仗，连随身的王轿绣伞都丢掉了。

联想到从前在杨秀清那里所受到的羞辱，韦昌辉感到不寒而栗，不知道该如何回京复命，而天王的密诏则好似柳暗花明，给他提供了另一种解决困扰的可能。

老账新账一齐算，不是你杨秀清对我，是我对你杨秀清。

全城大搜杀

1856 年 9 月 1 日，韦昌辉从江西赶回。他的到来，显然出乎杨秀清意料之外：你打了败仗，我正要打你屁股呢，你还敢自己冒出来？

杨秀清不让开门，要韦昌辉打了胜仗再来见他。韦昌辉只好拉下脸来再三恳求，好说歹说杨秀清才松口放行。

这时候的杨秀清无论如何不会想到韦昌辉要来杀他。在一本清末笔记中，虽然也记载守军最初不让韦昌辉进城，但上面说韦昌辉是以“奉东王密书”为借口混进城的。

这种说法经不起推敲之处在于，天京曾被江南大营围困多年，城防应该极其严密，加上太平军本身军纪严明，如果负责守城的杨秀清不答应或不知晓，很难相信韦昌辉可以靠编谎话过关，况且要是“东王密书”被当场拆穿，韦昌辉就无异于是搬起石头砸了自个儿的脚了。

同样是根据这本清末笔记的记述，韦昌辉进城后立刻对东王府发起攻击，最后把躲在水阁下面的杨秀清给生生地拖了出来。

且不论杨秀清身经百战，临场表现是否真的会这么㞞，只说韦昌辉攻击东王府，天京守军特别是遍布全城的所谓“东党”（杨秀清的亲信）不可能等闲视之，一定会群起援救。此类僵持战若打下去，未必对韦昌辉和秦日纲有利。

事实是，虽然进了天京城，但韦昌辉也并不能马上拿杨秀清怎样，尽管他要这么干的心情十分迫切。

在韦昌辉之前，近在江苏战场的秦日纲已经入了城。此君能被洪秀全列入勤王名单，除了也曾受过杨秀清的打骂外，肯听话，让他干什么就干什么是重要原因，但也正因为他没什么政治头脑，所以洪秀全又不太放心，不敢完全赋以重任。

洪秀全看中的还是韦昌辉，只有这个长期接触官场厚黑面的小文人型将领，才足以完成使命。

韦昌辉先去天王府拜见洪秀全。这是按照规矩来，前线将领回天京莫不如此，杨秀清并不起疑。

当着众人的面，洪秀全将韦昌辉假模假式地大骂了一通，让他赶紧到东王府去向杨秀清请罪，私下里却交给韦昌辉一条他早就想好的计策。

韦昌辉按计而行。在见到杨秀清时，先不说战败的事，而是道喜，祝贺东王成为“万岁”。

洪秀全可说是摸准了杨秀清的脉络。东王本来憋着劲要给韦昌辉一顿板子，但“万岁”正是他的痒处，巴不得别人提起和拥护，何况是韦昌辉这样重量级的王侯。

杨秀清立刻转怒为喜，还留韦昌辉吃饭。席间一个得意忘形，毫无芥蒂，一个正中下怀，居心叵测，喝酒的效果自然大为不同，到酒饭上到一半时，杨秀清已然完全解除了戒备。

见时机已到，韦昌辉出其不意地拔出佩刀，使足力气一刀刺穿了杨秀清的心脏。

杀死杨秀清后，韦昌辉又威吓住惊慌失措并正要上前围攻的王府侍卫："东王谋反，我受天王之命将其诛杀。"

随即出示洪秀全的密诏。众人一看，果然是天王的旨意，便再也不敢乱说乱动了。

接着，韦昌辉又和秦日纲一起，关闭城门，对"东党"进行全城大搜杀。在"东党"眼里，韦昌辉和秦日纲带来的人马就是"北党"，双方一场混战，"东党"因失去了杨秀清这个主心骨，又缺乏防备，所以在交战中不是"北党"的对手，非亡即逃。

当时的天京城里，还住着一些外国人。第二天拂晓，当他们出门时，发现街上到处都是尸体，其中大部分为杨秀清的部下亲信，甚至是仆役和随从。

"东党"虽然被杀得四散，但其中很多人还是得以逃脱并藏匿起来。不久，他们得到消息，洪秀全只想除去杨秀清一人，因此责怪韦昌辉等人过度滥杀，已下令每人杖责五百，且在天王府公开受刑。与此同时，天王还邀请"东党"前来参观，以示不再殃及他人。

洪秀全的这番话其实正是"东党"们想听到的。杨秀清谋反不管真假，总是他个人的事，而且就这么成天躲躲藏藏也不是个办法，既然天王亲自相召并豁免，岂有不去之理。

去了一看，果然一干人等都被按在天王府的大厅外面，马上板子就要敲下去了。大家放了心，按照规定，把武器放在门外，一批批地在大厅里面落座，准备观看行刑。

他们不知道，即将被行刑的正是他们自己。

送走神，来了魔

在上当的"东党"到齐后，门窗忽然一齐关闭，不管他们如何拼命叫嚷和敲打，都无济于事。第二天凌晨，门窗打开，不是要释放他们，而是为了朝里面扔火药。

在人们被炸得东倒西歪之后，全副武装的士兵才冲进来，犹如杀鸡斩鸭一般将“东党”予以全部处决。

一切都是早就策划好的。虽然成功刺杀杨秀清和打垮了“东党”，但逃跑者仍让洪秀全、韦昌辉等人放心不下，就怕除恶不尽，留下后患，而到了生死攸关的节骨眼上，洪秀全的头脑也总是特别好使，他很快就想出了这样一个请君入瓮的“妙计”。

在所谓的天京事变中，包括曾附属于杨秀清的亲信部众，太平天国的大批骨干和精锐损失殆尽，前后死者近三万人，据说秦淮河水都被鲜血给染红了。

1856 年 9 月中旬，从湖北战场匆匆赶回的石达开也到达了天京，眼前的景象令他大为惊骇，显然翼王没有想到杀戮会如此之惨。他对韦昌辉说：“天王的密诏里只是说杨秀清谋逆当诛，杀他一个人也就够了，如果株连过多，恐怕人人自危，动乱将不会停止，这正是我们的敌人所高兴看到的。”

石达开说得当然没错，可问题是韦昌辉已经停不下来了。杀人就是这样，杀一个是杀，杀一万个也是杀，再往后面去，真的跟杀鸡斩鸭没什么区别。尽管韦昌辉已用“请君入瓮”的办法，几乎尽歼“东党”，可保不准还有人会躲在城内的边边角角，所以为了防止对方日后报复，就还得继续杀下去。这就叫作“已蹈虎背，势不能下”。

疯狂的杀戮已令韦昌辉近乎失去理智，他杀红了眼。任何人挡路，或口出怨言，他能回应的就只有一个字：杀！

给予石达开的待遇，也是一样。

因为没有大开杀戒的准备，石达开从湖北返回时，并没有像韦昌辉一样带来大批兵马。韦昌辉要杀他，容易得很。石达开发现韦昌辉已经变成了一个疯子，而且对自己也动了杀机，他连夜用绳子滑下城墙，逃回他的老根据地安庆去了。

见石达开只身逃脱，韦昌辉一不做二不休，索性冲入翼王府，灭了石家满门。

曾经的同盟者变成了不共戴天的死敌。石达开召集部众，打着“靖难，清君侧”的旗帜准备进军天京。在诸王之中，石达开素以冷静沉着著称，连他都能被惹毛，到这一步，洪秀全也认为韦昌辉做得太过火，忍不住埋怨起来。

韦昌辉根本不予理睬：当初一个劲儿地求我的是你，现在一个劲儿地怪我的也是你，合着我总是做坏人，你总是扮好人，天底下有这样的事吗？

今天的韦昌辉早已不是昨天的韦昌辉，对不入耳的话一句都听不进去，哪怕说话的人是洪秀全。他成了升级残暴版的杨秀清，不仅继续杀人如麻，而且俨然把自己当成了天京城里的主宰，连进出天王府也是横冲直撞。

要问口令，要通报，要等候吗？我没这闲工夫，一个字，还是杀！洪秀全的几个侍卫都因此死在了韦昌辉的刀下。剩下的侍卫人人自危，都跑到洪秀全面前哭诉，说北王如此残暴，我们自己的小命都快保不住了，如何还能保护天王您？

洪秀全既恨又悔，出现这种送走神却来了魔的局面，是他始料未及的。

不过在关键时候，韦昌辉也犯了和杨秀清一样的错误——你连侍卫都杀了，还留着洪秀全本人，难道是在坐等对方先下手吗？

洪秀全召集数十个侍卫，在夜半时分潜入韦昌辉的住所。此时韦昌辉的卫士们都睡着了，防备不严，这些功夫高手一拥而入，将韦昌辉逮个正着。

接着，洪秀全又逮捕秦日纲，与韦昌辉一同处死，两人的首级都被送到石达开军中，供其验看。

仇家已死，石达开出了一口怨气，太平天国内部的大动乱这才得以收尾。

第四章
时间真是一把杀猪刀

天京事变之前，咸丰正陷入凄风苦雨之中而不能自拔。所谓一波方平一波又起，刚刚依靠僧格林沁消除太平军北伐的威胁，江南江北大营就被人家攻破了，加上湖北、江西也毫无进展，眼看着整个南方战场千疮百孔，进入了新一轮的混战。

旷日持久的战争极大地消耗了帝国的元气。从太平天国定都南京开始，大清国就已面临空前的财政危机，国库用到了空，当年户部的存银不足三十万两，不要说向前线输送粮饷，就连京旗的俸饷都发不出来了。

咸丰遇到了和他曾念叨的那位崇祯皇帝一样的难题。据说李自成即将兵入北京时，明朝户部存银也只剩四十万两，仅比咸丰这里多十万两，根本难以应付战争需要。

崇祯被逼得没法，只好动员皇亲国戚和大臣们捐款，但明末的那些货色正如《金瓶梅》中描写的西门庆，很多皆为不知理想正义为何物，只知疯狂捞钱玩女人的庸碌贪腐之辈，国破如此，犹目光短浅到不肯拔出一毛以救天下。

见下面不动弹，崇祯便派司礼监太监去通知国丈周奎，希望他老人家能起点带头作用。周奎拥有大量田产房宅，还有私家的歌伎班子，钱是肯定有的。不料奉旨太监苦劝半天，周奎竟然是一个子儿都不肯掏出来，而且还一个劲儿地哭诉，说什么我哪有钱捐啊，家里已经穷到只好买发霉的米了。

再劝，周奎仍是不为所动，没有就是没有。

危难时刻，太监比国丈都具又远见，此君愤怒地说："老皇亲如此吝啬，朝廷该何去何从呢？看来大事必不可为。可是替您老想想，即便坐拥万贯家产，一旦大厦崩塌，还能保得住这一切吗？"

财政危机

周奎的女儿周皇后倒是深明大义，但她长居皇宫，一者对父亲的实际经济状况已然生疏，二者即便知道，也并不能拿老头子怎样。左右为难之中，她只好瞒着崇祯，把自己的五千两积蓄交给周奎，让他拿去捐款。

周奎下作到连女儿的私房钱都要坑，给他五千两，只认捐了三千两，其余两千两都给他一个人吞没了。

崇祯一轮劝下来，只募到二十万两，都不够打一场仗的。

北京城陷后，李自成可不像崇祯这么客气，他采取刑讯逼供的办法，从百官手里一下子搜罗到了多达几千万两的银子，着实捡了一个大漏子。

周奎可以跟女婿耍无赖，却没法跟李自成捉迷藏。李自成的大将刘宗敏给他上夹棍，周奎哪受得了这个，被逼交出白银七十万两，后起义军又从他家里抄出五十多万两，合计共百万两，此后他便被李自成的另一位大将李岩赶出府第，变得无家可归。老铁公鸡这下算是爽了，真是早知如此，何必当初。

历史一直在不断重复。当北伐军接近北京时，咸丰同样拿不出这笔军费。王公大臣们赶快开会集议，按照家产分配捐额，以为皇帝分忧。

轮到户部尚书孙瑞珍时，大家分摊他捐银三万两，孙尚书脸色都变了，说我跟你们说老实话，我的全部家产合起来，不过七万两。三万两，差不多是家产的一半了，如果都捐出去，一家老小就只能喝西北风了。

清末的人比明末的人要脸。孙瑞珍说得也大抵不差，他长期在京城为官，官是做得很大，但对照曾国藩在京城当侍郎时的境况，他所能捞到的油水实在没别人想象得那么足，与崇祯的丈人更是不能相比。可孙瑞珍越是哭穷，众人越是不依，对立双方从口角甚至发展到举拳相向。孙瑞珍被迫脱口而出：“我真不骗你们，若是有半句虚言，便是乌龟王八蛋！”

孙尚书也是堂堂进士出身，儒学之臣，乌龟王八蛋这样的话都能说出来，是真被逼到无路可走了。

幸好还有个僧格林沁，没有让大臣们的募捐打了水漂。孙瑞珍老脸丧尽，见财政这项工作又如此棘手，于是很快就告老还乡，回家歇着去了。

让王公大臣们献爱心毕竟是被逼出来的主意，并非长久之计。明末的时候，崇祯除了动员官员集资外，就是不断地增加赋税，以补充军费所需。百姓不堪其苦，遂按照谐音，把崇祯叫作“重征”。崇祯的措施，咸丰什么都可以跟着学，唯独这一点他却学不得，因为不加赋税，乃是清代的祖制。

在历代皇朝中，清代皇帝是个非常特殊的群体。就勤政而言，这一群体堪为第一。从开国到末代，只要还能让他处理政事的，无不是兢兢业业、勤勤恳恳，除了节假日或患病等特殊情况，几乎没有哪一天会辍朝，其敬业程度，可以把明代的“怠政皇帝”“糊涂皇帝”“白痴皇帝”“木匠皇帝”甩几条街。

就是体恤民生方面，清代也数一数二。清代开国以来，赋税本来就不高，遇到灾年必须减免，甚至每逢节庆大典，皇帝还要把拖欠的赋税一笔勾销，算是取悦于老天爷和老百姓。

到康熙和雍正时期，这一做法达到了顶峰。赋税是田赋和人丁税的合称，康熙过六十岁生日时，公布了一项前无古人的旨意，规定今后人丁税按康熙五十年，也就是 1711 年的总量算，当年有多少人就按多少人收税，对今后再出生的人，永不加征。比如，一户农民家有三口人，后来变成了五口人、七口人乃至更多，但也只按三口人征税。

雍正比他父亲更为激进。执政初期即推行“摊丁入亩”，也就是把人丁税总额全部摊入田赋中一并征收，实际上完全取消了人丁税。在田赋方面，同样宣布“永不加增”，现在税率多少，将来还是多少。

古代中国是一个重农抑商的农业国家，在厘金出现之前，几乎没有商业税，就是有也很少，国家的财政收入主要依赖赋税，人丁税消失后，就单靠一个田赋。

朝廷每年收到的田赋总是那么多，所以国库收入也是固定的，大约为四千万两。如果丰年或者太平无事，做皇帝的再节俭精明一点，钱是够用的，有时还能略有盈余，所谓的“康乾盛世”便是如此，但最高时，户部存银也不过七八千万两。

这是好的情况，倘若不巧碰到水灾、旱灾、战争这些不可抗力轮着来，就得抓狂了，以至于把老本倒贴进去都不够。道光和咸丰的运气不好，什么糟心事儿都让他们给赶上了，道光之所以要那么刻薄自己，也实在是情非得已。

咸丰更倒霉，按照清代惯例，新君即位后都要免掉当年未交的赋税，刚上台的咸丰自然也不能破例。这么一免，一大笔可观收入就没了，可是紧接着却是用钱高峰的到来。

退一万步说，即便可以增加田赋，在造反者已经不绝于途的情况下，亦无异于饮鸩止渴——老百姓本来就生活艰难，你再“重征”，若是短时期内没法把各路造反的人马镇压下去，火就可能越燃越旺。明末就是这样，崇祯也实际上是被他自己的“重征”给压死了。

一摊又一摊

钱没法增，便只能减。爆发财政危机的那一年，从文官武将到一般士卒的俸禄饷银都被先后减了两成，以后又陆陆续续地扣减，但清代的俸禄饷银本来就不高，再怎么扣也得有个限度，你总不能让大家都赤条条地给朝廷打工吧？

一个钱字，困住了所有人。当曾国藩和胡林翼等人为此抓耳挠腮的时候，他们的皇帝也正四处寻觅着孔方兄的踪影。

不是没钱吗？那就造钱。咸丰年间的大钱，除了一枚可以当十枚用外，有的还能当百当千。大钱说到底还是金属，多少得消耗点成本，最划算的是户部印制的银票，上面只要印着面值多少就可以了，印一万两就值一万两，印一百万两就值一百万两，印一千万两就值一千万两。咸丰开了窍，干脆发饷银也用银票，京兵们收到的兵饷往往都是一半实银，一半银票。

这样的银票谁要？谁都不肯要！

咸丰开的不是山西票号，没有与银票相匹配的真金白银，大量印制银票的行为无异于是在抢钱，民间理所当然地视之如同废纸一般。

官员们领到银票，不过自认晦气，也就相当于俸禄又被扣减了，而前线不行，都眼巴巴地等米下锅呢，你送来一堆废纸，除了拿来烧火，还能派什么别的用处？

咸丰能想的都想了，实在没辙了，便只好令各省协饷或者自筹。

还好，所谓穷极思变，群众的智慧总是无穷的。早在曾国藩于江西开办厘局前，江北大营就已抽厘助饷，接着江南大营设厘局，湖南湖北也概莫能外，到了后来，几乎没有一家不靠着抽商业税赖以活命了。

这一摊刚刚可以甩手，咸丰又碰到了另一摊，这次的麻烦不是屋外，而是屋内。

咸丰即位后，感念养母静贵妃十年养育之恩，特尊其为康慈皇贵太妃，一切待遇均比照皇太后级别，但对于咸丰的孝顺，太妃显然不是十分领情。

当年太妃曾劝丈夫立咸丰为皇太子，但这并不完全出于她的真意，更多的还是一种以退为进的策略。等到咸丰真的继承大统后，她便开始懊悔起来。

要说道光的养母孝和皇太后也曾力挺自己的养子，可两人的情况不同，孝和的两个亲生儿子不成器啊，冷板烂泥扶不上壁，我的儿子奕䜣哪一点不比他那个走路一跛一跛的瘸子哥哥强？

在太妃看来，不仅奕䜣屈居人下，而且她也受到了牵连。你想，若是她的亲儿子当上皇帝，她现在还不早就是名正言顺的皇太后了？“比照皇太后”，毕竟不过是比照，哪能跟真的比。

有没有戴上凤冠，最大的差别不是生前，而是死后——如果是皇太后，可与丈夫合葬皇陵，而且灵牌还能进入太庙供祭祀，倘若不是，管你是贵妃太妃，一律靠边。

越到晚年，太妃的这种情绪和心结就越重，渐渐地就露在了脸上。咸丰天天去请安，渐渐也感觉到了。

其实太妃并不知道，如果当初不是咸丰对奕䜣加以保护，她的儿子别说当皇帝，可能连命都没了。那还是咸丰的生母全贵妃在世时候的事，全贵妃发现道光喜欢奕䜣，怕奕䜣被立为皇太子，竟有了借机毒杀奕䜣，以绝后患的念头。

咸丰很快察觉了全贵妃的阴谋，他不忍心谋害弟弟，于是赶紧暗暗地告诉奕䜣加以防范，这才使奕䜣逃过了一死。那时的咸丰尚年幼，也还没有被太妃收养，如果他也像全贵妃那样一心只有皇位，完全可以睁一只眼闭一只眼，假装根本没看见。

当然咸丰无论如何不可能把这件事告诉太妃。尽管他心里万分委屈，但脸上并没有表示出任何不满，相反，在对待太妃方面还更加殷勤，唯恐有哪一点做得不到位，会引得老太太不高兴。

知道太妃最疼奕䜣，咸丰把自己能给的都给了弟弟，除册封恭亲王外，还逐步培养其入主军机处，直至成为军机首辅。按照皇家制度，皇兄皇弟在成人后就不能再住在皇宫里了，而应分开别居，咸丰又另外赐给奕䜣两座精美园林，其中一座是当年和珅的宅第，也就是后来著名的恭王府。

同样是皇家规矩，亲王们与咸丰之间既是兄弟，更是君臣，如果没有咸丰的谕旨，谁也不能擅入皇宫，但咸丰专门给予奕䜣特权，准许他可在不奉谕旨的情况下，早晚入宫给太妃请安。咸丰的兄弟不止一个，除了奕䜣，没人能得到如此高的待遇。

道光并没有看错咸丰这个儿子，他的宽容，他的大度，他的平和，乃至于发自内心的"仁孝"都不是装出来的，是本性如此。

人心都是肉长的

就在消灭北伐军的那年夏天，太妃得了重病。咸丰焦虑不已，尽管南方战场仍然混沌不明，一大堆的军务政务需要处理，但他仍然每天抽空去探病，并在床边以皇帝之尊亲自端汤送药。说句实话，亲儿子也不过如此。

给太妃探病的还有奕䜣。兄弟俩商量好，轮班互值，上午你，下午他，反正不让太妃的身边缺了亲人。随着病情加剧，太妃时而清醒，时而糊涂，有时连人都认不清楚。有一天当咸丰陪侍在旁边时，太妃忽然握住他的手，絮絮叨叨地说了一段话。

太妃说，我这次的病可能好不了了，想想在宫中享了这么多年的福，也不觉得有什么遗憾，唯一抱恨的事，就是觉得对不起你。

咸丰一愣，接着心里又一动，他想母亲终于被自己感动了。可还没等他回过味儿来，接着泼来的却是兜头一盆冷水。

太妃说："当年你父亲本来是要立你做皇帝的，可惜我那时候太矫情，为了表现高姿态，当着面推辞了，以致铸成大错，使你现在只能在他人面前低着头做事……"

太妃一边说，一边哭，竟至哽咽。咸丰这才明白。“你”并不是指他咸丰，而是说的奕䜣，太妃昏昏沉沉中认错了人，把他当成奕䜣了。

再听下去，还不知道太妃要再胡说些什么，咸丰赶紧岔开话题，才避免了更多的尴尬。

过了一会儿，太妃清醒过来，才猛然发觉面前坐着的是咸丰，知道自己刚才说错了话，脸腾地就红了。咸丰则好像什么事都没发生一样，对待母亲和弟弟一切如常。

只是人心都是肉长的，在那一刻，皇帝的心不可能不疼。

原来再多的付出都没有用，在母亲眼里，我永远是那个“他人”，而不是儿子。可我究竟做错了什么，要让您这么嫌弃我？我这么看重和帮扶弟弟，难道是要他在我面前低头吗？

咸丰不可能去质问太妃，也无法找人排解，他只能一个人闷在肚子里。

太妃又羞又悔，但说出去的话如同泼出去的水，收是收不回来了。有一天当亲儿子奕䜣陪在身边的时候，太妃感到时日无多，便说出了自己最大的心愿：希望死前能被追封为皇太后。

奕䜣除身居军机处首辅外，还是宗人府宗令、正黄旗满洲都统，可算是一人之下，万人之上，身为朝中重臣，自认在皇帝哥哥面前也有了说话的地位和分量。他当然不知道太妃认错人和说错话的事，只觉得母亲既有这个心愿，做儿子的就有义务和责任帮他实现。

咸丰来探病，两人在门口交接班。咸丰问太妃的病情怎样了，有没有好转一些，奕䜣就“扑通”一声跪倒在地，流着眼泪说：“看来是不行了，她想得到一个封号，如此才可瞑目。”

对奕䜣的话，咸丰并没想到深里去，也不知道太妃想要的封号是皇太后，只是就事论事地“哦”“哦”了两声。

回头上朝，礼部却送上来一个奏折，上面请求尊康慈皇贵太妃为康慈皇太后，还说这是遵旨执行。原来那天咸丰“哦”“哦”之后，奕䜣就跑到军机处，以皇帝的口吻拟了谕旨，并下令由礼部出面具奏。

咸丰这才发现情况的严重性。他这么多年来之所以只给太妃享受皇太后待遇，不正式加封，不是因为小气，而是不能逾越祖制。

从顺治皇帝开始，所有皇帝都是尊生母为皇太后。当然在生母过世的情况下，也可尊先帝皇后为皇太后，但太妃既非咸丰的生母，又不是前朝皇后，只是一个嫔妃。

如果咸丰知道那天奕䜣说的“封号”，是指封皇太后，他是绝不会如此草率点头的。

这个奕䜣实在太过分，我不过是哦哦了两声，你就敢拿着鸡毛当令箭，以我的名义决定这么大的事，究竟谁是皇帝，是我还是你？

最令咸丰恼火的地方还在于，他已经被奕䜣逼到台上下不来了。若是再驳回礼部的奏折，轻者，人们会说你身为皇帝，金口玉言，却出尔反尔，明明谕旨都下了，还要耍赖。重者会说你不孝，因为不是生母，便另眼看待，相应也就坐实了太妃的话。

甚至咸丰都不能说自己那天的“哦哦”，不是同意封太妃为皇太后的意思，否则奕䜣便有矫旨之罪，不杀会被认为是法纪不严，而杀的话，便要伤害兄弟手足之情。老太太正在重病垂危之中，就是奕䜣少了一个手指头，也等于提前要了她的命。

咸丰憋屈半天，最后还是很无奈地批准了这封礼部奏折。奕䜣母子皆大欢喜，康慈皇贵太妃正式成为了康慈皇太后，一个星期后，她如愿以偿地闭上了眼睛。

选秀女

咸丰对皇太后的葬礼不敢马虎，亲自扶柩送灵，但他总觉得不能逾越祖制，所以在皇太后的谥号中又特地减掉了一个“成”字。

道光的谥号为“成皇帝”，太妃若不是“成皇后”，待遇就要打折扣，不光不能与道光合葬，也不能进入太庙。太妃忙活半天，只不过做了一个徒有虚名的空梦，最主要的是还为此连累了亲生儿子。

对被逼着加封这件事，咸丰越想越恼火，同时奕䜣如此不把他这个皇帝哥哥放在眼里，也让他意识到对方翅膀长硬后所造成的威胁，若是再不有所行动，没准儿就要给人架空了。

惩处是一定要惩处的，而且要严惩，关键是罪名，矫旨肯定不行，只能换个名目。在皇太后出殡的次日，咸丰即颁下谕旨，说奕䜣在丧仪上不尽心尽力，马马虎虎，因此将其所有职务，从军机大臣到宗人府宗令，乃至满洲都统一并革去。

被一撤到底的奕䜣干什么呢？到上书房读书，静心悔过！

这是一份别人猜不透奥妙，只有咸丰、奕䜣心知肚明的谕旨。什么叫不尽心尽力，就是奕䜣太过尽心尽力，才落此下场。

如果肯将心比心，咸丰实在有够悲哀。事业摇摇欲坠，从来就没有顺当的时候，亲情同样指望不上，太妃一直到死，都将他视同外人，而最友爱的兄弟也因逼封和处罚与之产生了隔阂。

他尽了所有努力去挽回这一切，可是仍然无济于事。没有人会站出来告诉他应该怎么办，他也不能向任何人倾诉自己的苦衷，这个才二十多岁的青年人，没有朋友，没有伙伴，甚至没有可以信得过的家人。在这个世界上，他是如此孤独，以至于外界的所有压力，内心的所有苦闷，都只能独自去承受和消磨。

也许他还有一个为人称羡的优势，比如民间所言：皇帝有很多漂亮的女人，如果他有心气的话，可以每天换一个，而且不用花钱，都是朝廷给他养着。

不过这些在普通老百姓眼里不得了的“福利”，咸丰一开始并不热衷。否则的话，想想看，在个人生活上那么严肃的道光又怎么会看好他呢？

清代定例，皇帝的嫔妃不从全国挑选，而必须来自于八旗家庭的子女，这叫选秀女。选出的秀女由于年龄还小，并不是马上就能成为嫔妃，而必须先放在宫内进行观察，到二十五岁以上时，如果皇帝看中，便正式留下做嫔妃，其余全部放出宫去，或给近支宗室作为妻室，或自行婚配。

未即位前咸丰就结了婚，但是夫人没有做皇后的命，早早便死了。即位后，选了一次秀女，后来的两宫皇太后包括叶赫那拉氏就是那时入选的秀女。

挑选秀女每三年进行一次，三年后又组织了一次。在这次选秀中出现了一个很戏剧性的场面。当天一群女孩儿站在宫前排队等候挑选，但是从早上等到中午，仍不见皇帝的身影。这些女孩儿都超不过十六岁年纪，最小的才十三岁，从未进过深宫，离开过父母。饥渴加上惶恐，有人便忍不住呜呜地哭了起来，一人哭，众人哭，整个选秀队伍一片混乱。

负责看管女孩儿的士兵着了急，不知道怎么办才好，只好恐吓说：“不许哭，再哭，小心皇帝来了发火抽你们鞭子。”

女孩儿们更害怕了。纷乱之中，忽然有一个女孩儿从队列中站了出来，对士兵们说了一番让他们目瞪口呆的话：“我们这些女孩子离开父母，远离骨肉，不入选还好，一入选的话，长在深宫，就跟坐牢差不多，这种时候谁能开心得起来！”

女孩儿说的是实话。如同《红楼梦》中的元春，大多数官宦人家并不愿意女儿嫁入皇宫，可这些话私底下讲讲没关系，在公开场合下揭出来，叫皇帝如何下台？士兵们害怕咸丰听见，赶紧对之大加恫吓，可对方却丝毫不感到畏惧，而且还越讲越离谱。

“我不怕死，难道还怕鞭子吗？现在广西太平军已入金陵，天下失了大半，他做皇帝的该选的不是秀女，而是将帅，以保住祖宗基业。如果这样贪恋女色，不顾正业，又算得上什么英明君主呢？”

听到后面这几句时，不光是士兵，就连同来的秀女们也快魂飞魄散了。这几乎是在对皇帝进行人身攻击啊，你还想不想活了？

皇帝的私生活

士兵们一拥而上，将女孩儿绑了起来。正好咸丰来了，士兵们便把被绑女孩儿推到咸丰跟前，让其下跪谢罪。女孩儿跪下后，却打死也不肯认罪。

咸丰感到奇怪，便笑着问怎么回事。女孩儿一五一十，把刚才的话又重复了一遍。咸丰听后感到十分惊异，因为他从没见过如此泼辣大胆的小女孩儿。再一询问，女孩出生于八旗军官家庭，从小就很懂事很能干，除精于女红针线外，还识得文字，能靠教别人认字来补贴家用。

“难怪呢，这真是一个奇女子！”咸丰不仅没有治罪，还依照女孩儿所说，将所有待选秀女都放出了宫，自然选秀也只好作废。至于这位勇敢的女孩儿，先被咸丰带去朝见皇后，之后正好一位亲王丧偶，就由咸丰做主，将其指婚给了亲王做王妃。

那时的咸丰一门心思都放在国事天下事上，正为如何对付太平天国绞尽脑汁呢，他的心思完全不在什么选秀女上面，所以才会有这一举动。

即便是对已配好的嫔妃，咸丰也并不上心。他跟嫔妃们的住所相隔两里，最固定的住所是办公室，吃饭睡觉都在里面，除了批阅奏章，接见官员外，就是读书，读前朝皇帝留下的《祖训》和《实录》，以便从中汲取治国理政的经验。

在皇宫里，咸丰就是个大宅男。他几乎是足不出户，最常去的地方是去太妃寝宫请安，或者是在室外主持祭祀活动。

可是自从太妃死后，咸丰的形象忽然变了。请安不用去了，读书没有兴趣，办公室成了最厌恶的地方，业余时间他宁愿跟嫔妃们厮混在一起，然后家里红旗不倒，外面彩旗飘飘……

在皇帝自我放纵的影响下，原有的禁锢逐渐打开，连京师娱乐业都出现了复兴的迹象，胡林翼他们当初偷偷摸摸的行为如今都已公开化和合法化，君臣真正开始了"与民同乐"。

想到曾经那么勤勉向上的好青年，一变而为终日沉溺于醇酒妇人之中的浪荡子，不由得让人感慨，时间真是一把杀猪刀，它会悄悄改变每一个人的模样。

关于皇帝的私生活，正史中很少记载，所以后人只能翻野史。野史就是八卦的历史，古代的狗仔队也是无孔不入，尤其是对皇帝的绯闻，恨不能予以一网打尽。

在所有的皇帝绯闻中，就数咸丰的最多，当然里面真真假假，亦多有夸大其词之处，但所谓无风不起浪，起码是你有线索或把柄被人家抓住了。

野史所载，到后来，寻常的嫔妃宫女已经勾不起皇帝的兴趣，因为选来选去都是北方旗人，日久天长便没了新鲜感。咸丰如今中意于传说中的南方佳丽，想象着她们的婀娜多姿，想象着她们的燕语莺声，甚至想象着她们的"三寸金莲"，那真是回味无穷。

按照皇室规矩，非旗女不能入宫。有清一代，只有乾隆朝的容妃（即传说中的香妃）属于例外，不过乾隆其实也不是为容妃姿色所迷，说到底，他娶这位维吾尔籍的贵族女子，实际上是出于与新疆上层实行政治联姻的需要。

从前咸丰这也不能做，那也不能为，可一旦放开，也就百无禁忌，什么都不顾了。更何况规矩是死的，人是活的，朝廷之上忠臣和能吏虽不多，争相献媚的马屁精却是不少。窥探出皇帝的隐秘心思后，都不要他说话，便有人出重金到苏杭繁华之地选购妙龄女子组队来京。

北方旗女是天足大脚，南方汉女都是小脚，一入宫就会露馅儿，但这难不倒咸丰，不能进紫禁城，不是还可以进圆明园吗？

圆明园原先是康熙赐给雍正的花园，经扩建后成为皇帝办公兼避暑的重要会所之一，好处就是可以避人耳目，少去了很多祖制规矩的约束。

居住圆明园的汉女仍不能以宫女的面目出现，她们的正式身份是“打更民妇”，给咸丰夜里打更的。每天晚上，有三个汉女在咸丰的寝宫前轮值打更，只要梆子一响，皇帝犹如听到接头暗号，马上“召幸”。

咸丰的口味十分独特，他喜欢“裙下双钩”，也就是小脚，而且不计汉女的身份出处。在他喜欢的汉女里面，有以前给人做小妾的，有唱戏扮青衣的，有丫鬟，有寡妇，甚至还有还俗的尼姑。

与此同时，咸丰开始酗酒，几乎是每饮必醉。喝醉了以后，很少疾言厉色的皇帝便失去常态，对内侍非打即骂，一旦酒醒，他又懊悔万分，会用加倍的赏赐来补偿自己的过失。只是过一段时间他又会再喝酒，再大醉，再大怒。为此，咸丰不得不关照内侍们，凡是看到他喝醉就躲开些，免得受到伤害。

问题是喝醉了的皇上也还是皇上，让你上来端个茶送个水，你敢不去？内侍们不堪其苦，只得另外想辙。

据说在所有汉女里面，有四位汉女最为受宠，被称为“四春”，其中一个叫“杏花春”的汉女，似乎对咸丰有着特殊的镇静剂作用。只要她在旁边，醉酒后的咸丰就会乖得像《红楼梦》里的贾宝玉，再无任何冲动之举。于是“杏花春”就成了内侍们的救星，碰到皇帝酗酒，大家都要请这个姑奶奶出来圆场陪侍。

大礼包

和来自民间的汉女们相处久了，咸丰也学会了很多市井语言，学会了开下里巴人式的玩笑，有时跟大臣们说话时也往往脱口而出。

咸丰是个戏迷，爱看昆曲，也爱捧角。男旦朱莲芬为著名的“同光十三绝”之一，当时年纪还小，但在旦角中已经是艳压群芳，同时他不仅歌喉动人，娇脆无比，还能作小诗，精于楷体书法。咸丰很宠幸他，不时传召。

御史陆懋宗也打着朱莲芬的主意，而且这位御史还很有种，当下便私事当公事干，给咸丰写去谏议书，引经据典，洋洋千言，无非是劝咸丰不要贪恋女色，要做个勤奋节欲的好皇帝，云云。

再强的人也有破绽，陆御史认为自己的这番“讽谏”定能直接击中目标——皇帝要么会恼羞成怒，大发雷霆，要么会不声不响，收摊了事，总之非得闹腾出个结果来不可。

未料，咸丰看完一点也没生气，反而哈哈大笑说：“陆老爷吃醋了！”随后他在奏折后面批道：“如狗啃骨，被人夺去，岂不恨哉？钦此。”如果一只狗想啃一根骨头，却半途被人夺去，难道它不会怀恨在心吗？理解，理解。

真是流氓会武术，谁也挡不住，皇帝我不在乎，你能奈我何?

咸丰无所谓了，他不在乎面子，不在乎声望，甚至不在乎别人在背后指指点点，说他已经堕落到和一个大臣争抢男宠。

然而当咸丰在追逐风月，酗酒看戏，甚至是开着各种不着边际的玩笑时，他的心里其实是很苦的。咸丰的御制诗里有一句“一杯冷酒千年泪”，他天天喝的不是美酒，是冷酒，端着酒杯的人有的也不是欢乐，而是滴不尽的眼泪。

咸丰不是一个平庸之人，他很有才华。在清代所有皇帝中，咸丰的文笔是最好的，即便“诗人皇帝”、皇曾祖父乾隆亦在其之下。公务之余，他还擅长画画，尤其擅画马，所画之马神采飞扬，雄壮中又含肃穆之气，据看过的人说，连唐宋名家都不能比拟。军机章京彭蕴章经常陪在咸丰身边，他就常常叹服于皇帝惊人的艺术才华。

可是艺术才华再高，对于一个皇帝来说，也只是“末技”，连师傅杜受田十多年教授的学问，都难以挽救时局，一篇文章写得再花团锦簇，一幅马画得再气宇轩昂，又能顶什么用呢？不但如此，倘若最后咸丰真落个国破家亡的下场，能文擅画还可能被作为一个昏君的罪状之一，这可是不乏先例的。

一边是“天下糜烂，几于不可收拾”，一边是做什么似乎都不能改变，在无法排遣忧闷，又无法摆脱责任的情况下，咸丰便唯有依靠麻醉来寻求解脱，哪怕那是一条通向地狱的不归之途。

他的沉溺酒色，其实是在自杀，不过是用另一种方式。

当人们把有关于咸丰的种种传闻作为茶余饭后的笑料和谈资的时候，很少有人在意嬉笑声中看到一个男人的彻骨悲凉，以及黑暗角落中那颤抖而又无助的身影。

无论痛苦还是幸福，都只能寄托于一刻的满足，无论清醒还是麻木，到头来你终究得向现实认输！

咸丰的“堕落”主要是指他八小时之外，八小时之内还是该干吗干吗，朝是一天不能辍，公务也是一件都不能不办。

就在他情绪坏到极点的时候，天京事变的消息传到了北京。外界其实很早就获知南京发生了内讧，不是从太平天国官方发言人之口，而是通过所见所闻中的蛛丝马迹。从 1856 年 9 月初开始，南京城顺江而下不断漂来尸体。他们身着黄衣黄褂，很多还被绳捆索绑，而且眼见的尸体越来越多，已经达到了触目惊心的程度。

在天京城固若金汤的情况下，这些人显然不是被官军所杀，只可能是自己人所为。

起初咸丰还不太敢相信这是事实，但心里又愿意这是真实发生的事，所以忍不住拈香祷告。后来随着各地奏报增多，天京事变得到确证，皇帝才难得地又开心起来。

天京事变相当于意外奉送给咸丰的大礼包。此后前线果然出现反馈，趁着太平军的前线将帅或部队不战后撤，从西到东的三大战场都相应获得了转机。

湖北战场，本来石达开已赴援武昌，洪秀全一个密诏又把他唤回了天京，而且他所率的援军大部分由来自两广的洪兵组成，战斗力和凝聚力都不强，主帅一走，便群龙无首，很快被胡林翼击破。

江西战场，太平军整体出现了缺席，韦昌辉回天京时，足足带走三千精锐。如若不然，即便曾国华难得地打了一次胜仗，曾国藩的日子也会很难过。

江南战场，由于秦日纲奉命回撤天京，曾经被打得狼狈不堪的官军得到了宝贵的喘息之机，江南江北大营也得以恢复重建。

咸丰的精神又振作起来，他敦促三大战场上的湘军和官军抓住这一有利时机，“次第削平”所在地区的太平军。

最佳拍档

看来尽快解决这场内乱已为时不远，咸丰快要熬出头了。在“胜利庶几有望”的这一刻，他要由衷地感谢一个人，这个人叫叶名琛。当时的外国观察家称其为除咸丰之外，“帝国的第二号人物”。

在几年前的广州反入城斗争中，徐广缙获得了巨大声誉，但是人们不应该忘记他的搭档。没有叶名琛的全力襄助和支持配合，徐广缙与英国人抗衡交涉的过程将会困难得多。

无论在哪一个省，督抚都最难相处，有的甚至会闹得死去活来。广东的徐叶配可以称得上是那个时代的先进典范，一个总督，一个巡抚，堪称最佳拍档。

因为个人特殊的经历，叶名琛曾被西方世界予以近距离观察。在他们眼中，这位大吏不抽鸦片，生活俭朴，身上穿的是一件已经穿了十年的旧袍褂，在私生活方面，是一位“极可敬的中国人”。

性格上，叶名琛给西方人留下的印象也很深，那就是“意志坚强，性情顽梗”，认准了目标，便会咬定青山不放松。

徐叶的合作融洽，正是因为他们都具有以上特点，属于志趣相投的同路人，这才能做到坦诚相见，毫无罅隙。

广州反入城期间，两人不仅在外交策略上达成了高度一致，而且时常一道暗中设计各种应对方案，连下属官员都说“督抚协调如此，实属前所未见”。

当初咸丰发现广西爆发大乱时，考虑平乱的第一人选本来是徐广缙，但当时离广西最近的粤西北也乱了起来，徐广缙只能留下来，和叶名琛一道控制广东局势。

两人轮流值班，今天我出去，你留守，明天你看家，我打仗，仍保持了以前那种密切无间的配合。尽管经常要分居两地，但徐叶每隔两到三天就要通一次信，以交流得失，磋商大计。

作为文臣，用兵作战对他们来说都是一个全新课题。徐广缙比叶名琛年长，又是总督，所以分工时尽可能亲自指挥规模较大一些的平乱战争，把较小容易对付一些的留给叶名琛，同时也尽可能将自己的实践经验拿出来与同伴分享。

有一次轮到叶名琛外出作战。他给徐广缙写信时，谈到两名部下不得力，不知道怎么办才好。徐广缙回信说，打仗说到底就是如何将将，你要学会给他们临阵打气，这样效果才会好。

徐广缙还特地拟了一段话，手把手地教叶名琛如何“打气”。

对徐广缙毫无保留的指点和帮助，叶名琛很是感动。徐广缙的家人生了病，他本人又正值在外督战，留守广州的叶名琛便两次亲往探视，还把医生开出的药方及家人病情好转的情况，写信告诉徐广缙，以让他宽心。

在所有粤西北的起义军中，数凌十八率领的一支最为厉害，徐广缙征讨一年都无结果，这时偏偏广西形势越加吃紧，咸丰欲以徐广缙替换赛尚阿。旨意下来，徐广缙必须走，只是谁来接替他就成了一个问题。

连徐广缙也奈何不了，可知难度有多高，何况是中途接手，一旦失败，必然会招致名利双失的严重后果。尽管有这么多顾虑和困难，叶名琛仍毅然决然地接过了这副担子，使得徐广缙可以在“莫名感激”中抽身而去。

没有金刚钻，不揽瓷器活，叶名琛此举，不光是出于义气，还在于他在军事上早非新手，对打仗也有了一定的把握。

叶名琛初次用兵，是为了应对粤北山区刚刚露出雏形的动乱。起初徐叶还以为是普通山贼，但在前去剿捕的队伍损兵折将后，他们才意识到这是与广西境内有千丝万缕联系的起义军。

与后来规模越来越大的义军相比，粤北义军体量还不算什么。徐叶商量了一下，决定由徐广缙留在广州主政，叶名琛亲自到粤北进行指挥。

叶名琛到达粤北后，首先封锁道路，切断了义军与广西方面的联系，然后再派主力部队进山作战。

粤北义军熟悉地形，山区复杂的地形更为他们实施游击战创造了天造地设的条件。十多天过去，官军别说作战，连对方的影子都见不到了。

谍报与反谍报

打仗不同于读书，一切从死记出发是行不通的，叶名琛决定变换战术。某日，粤北义军得到情报，县城防备空虚，正是发动袭击的好时机，于是从山区倾巢而出，但等他们攻城时，才发现守军早有准备，叶名琛的主力就守在附近。

所谓情报，不过是叶名琛放出来的假情报，为的就是把粤北义军诱出来。山区游击战变成了平原阵地战，粤北义军与刚出道时的太平军一样，在阵地战方面还不是这块材料，吃败仗是难免的，而败仗对于士气的打击又最大。一来二去，义军内部便出现了不和，从广西来的一批人认为留在广东没有出路，遂自行脱离大本营，折回广西。此举正中叶名琛下怀，去广西的所有要道都已被事先堵住，他用前堵后追的方式便足以将这股部队击溃。

解决了外地的，再转过头来解决本地的。此时剩余的粤北义军又缩进了山区，叶名琛把原来负责堵路的部队全部撤回来，亲自率兵进行搜山。

在深山作战，原有的难题一个也少不了，首先是地形不利。叶名琛请当地人做向导，画出详细地图，利用这些地图来进行部署，自此官兵便很少迷路或中伏。

其次是粮草运不进来，导致给养困难。好在叶名琛有徐广缙在背后坐镇，钱还是够用的，可以就地购买，不至于使大伙饿肚子。

两个月后，这场角力终以叶名琛的全胜告终：七战七捷，歼灭六千粤北义军，首领无一漏网，叶名琛自己也被咸丰加封太子少保。

最重要的是，通过这次粤北之役，叶名琛学到了宝贵的作战经验。当然这里面也少不了徐广缙的随时点拨，包括如何用将。在战役接近末尾时，叶名琛高兴地告诉老大哥，说他对打胜仗已经有了更多信心。

在军事上，叶名琛可以入门了，但这只是第一课。在广西内乱特别是太平军的影响下，广东与广西交界的地区不断爆发起义，徐叶应接不暇，不过这倒也给叶名琛提供了一个继续深造的机会，因为需要他打的仗一场接一场，可以学到的东西自然也就越来越多。

在叶名琛需要通过的所有课程中，平定凌十八起义无疑是重头戏。当他接替徐广缙到达前线时，也才终于明白了为什么凌十八如此凶猛难克。

凌十八本人就是拜上帝会成员，与洪秀全、冯云山为结拜兄弟。洪秀全发动金田起义，传令凌十八前去会合，但凌十八进入广西境内后即被官军堵截。见势不好，凌十八急忙派人向洪秀全求救，于是洪秀全也从金田派了一支援兵来接应，可是彼时的太平军还不像后来那么威武，所以同样被官军挡住，没能过得来。

由于会合无望，凌十八便来了一个回马枪，杀回老家粤西的罗镜山区，并在罗镜扎下了大本营。

凌十八的部队不同于一般义军，有相当多的部属是拜上帝会教徒，作战亦如太平军一般顽强。加上罗镜山高势险，凌十八善于布阵防守，他的大本营几乎可以说是坚不可摧。

攻，攻不进；诱，凌十八又不上当，徐广缙鏖战一年，死伤了三千多人，也没能看到凌十八的大本营究竟是什么样。

如果不超越老大哥，就只能继续止步不前，徐广缙原先的指挥部距离罗镜山区较远，叶名琛便将指挥部前移，直接进入罗镜山区，实施就近观察和指挥。

经过观察，罗镜的防守半径约九公里，在这九公里的区域内，遍布堡垒和壕沟，里面都配有火炮且防备森严。唯独没有堡垒和壕沟的区域，是通往大本营的几条羊肠小道，但这些小道上又布满陷阱，陷阱里竹签铁钉一应俱备，掉下去不死也得落个残疾。

凌十八的防守战术是以逸待劳，不跟官军正面相抗，等官军进入炮火射程，或挤进小道时再予以杀伤。

叶名琛还发现，凌十八十分重视情报，他在山上山下到处派出“细作”（也即密探），大打谍报战。官军的一举一动都逃不出凌十八的视线，这也是为什么在如此长的时间里，徐广缙始终无法困死他的重要原因。

显然，同样是山区，罗镜与粤北不一样，再想依靠大规模仰攻或搜山取胜是不现实的。换句话说，这里需要的不是苦战，而是巧战。

上上下下都以为叶名琛移到前方就近指挥，是要新官上任三把火，发动更强有力的围攻，可他却一反常态地挂起了免战牌。

表面上，叶名琛只是在利用这段时间休整军队，暗地里他却部署人马，大肆捕捉。在不到二十多天的时间里，共捉住了两百名细作。

凌十八要给他打谍报战，他回击对方的是反谍报战。通过提讯细作，叶名琛不仅掌握了凌十八的布防方法以及扎寨位置，还获知义军已经严重缺粮，能坚持到现在，主要依赖于山区的秘密补给站。根据这一情报，叶名琛在义军防守半径之外再次组织大搜捕，从而一举切断了凌十八的秘密补给线。

迷惑阵

义军在失去补给后，只得割稗子为食。稗子的样子很像稻谷，但它实际上是一种杂草，一般只能做饲料。不过在过去的很多南方地区，都会做稗子饼，方法是把稗子晒干，炒熟研成粉，煎炸后亦可食用。

稗子的好处是生命力和适应性强，在罗镜山区，漫山遍野到处都是。叶名琛察觉义军在割稗子，立即雇民工进行收割。

最后一点系以维生的粮草也在断绝，在义军军营中开始出现不安情绪，凌十八不得不准备突围。叶名琛不会像向荣那样傻乎乎地搞什么“网开一面”，见时机成熟，即决定抢在对方逃逸之前发起进攻。

凌十八并不为此感到特别突兀。叶名琛来罗境不是为了打酱油，休整好了自然还是要打仗。起初他还如临大敌，但双方鼓捣了一个多星期，却发现叶名琛不过是前任的翻版，雷声大雨点小，也就不太当一回事了。

他没有想到，叶名琛的这类进攻全是佯攻，为的就是在总攻发起前给他制造迷魂阵。

叶名琛已经为总攻配好了人手。鉴于在罗镜苦战一年的前线部队已经疲惫不堪，叶名琛把用于封锁粤桂边境的六百精兵调回了罗镜。这是一个颇有些冒险的举动，因为假如凌十八能突出罗镜，就很可能再次潜入广西，并与声势日隆的太平军会合。

叶名琛的考虑是，罗镜距离省境较近，到时一旦有事，回救还来得及。同时他又调来佛山雇勇一千五百多人，全部作为总攻中的生力军。

在很大程度上，将比兵更重要。随军征战的镇总兵福兴，是一个与塔齐布相仿的满人勇将。叶名琛就用徐广缙教的办法，对福兴加以重用，除任命其为前敌总指挥外，还与他一起研究总攻中的每一个方案和步骤。

1852 年 7 月 28 日，总攻如期举行。总攻发起前，福兴集中了所有火炮，将罗镜的堡垒尽可能予以摧毁，另外又以赦免死罪为条件，让原先被捉住的细作当向导，以防止从各个方向进击的部队迷失方向。

得到叶名琛器重的福兴格外卖力，冲锋时身先士卒。在战场上，他曾折断肋骨，口吐鲜血，然而二话不说，爬起来就继续冲。第二天，福兴率部攻破义军大营，凌十八战死（一说为跳井自杀）。

罗境之役意义非凡。凌十八扎营罗境时，就已拥有一万人马，而太平军最初也不过三万人，更主要的是，他们都源自拜上帝会，战斗力几乎一样强，且能相互呼应。

咸丰对此十分忧虑，认为凌十八一日不除，对太平军就是强有力的支援，阻击太平军将变得愈加棘手。因此当罗境大捷的奏报抵京时，咸丰心里的一块石头也就落了地，当即升任叶名琛署理两广总督。

叶名琛在粤西得手后，并没有马上班师回广州，而是马不停蹄地去了粤北，因为粤北又有了新情况。

此前太平军已经攻入湖南，但江忠源的蓑衣渡一战对太平军士气的打击很大。尽管杨秀清力挽狂澜，坚持继续北上，洪秀全也派了萧朝贵为先锋去进攻长沙，可实际上大部分领导人及其太平军主力并没有马上跟进，他们仍在北上还是南下这个问题上继续纠结。

洪秀全是广东人，大部分太平军将士则是广西人，人在遇到困难，不知如何进退时，思乡情结总是免不了的。洪秀全曾私下向亲信表示，不如打回两广，在广东建立东都，在广西建立西都。

折回广西并不现实。太平军起自广西，广西的官军已有防范，加上广西北部尽为高山峻岭，即便攻回去也得付出很大代价。再说，回广西干什么呢，一个穷省，连补给都很困难，要不然大家伙当初就不用费尽心力地冲出来了。

洪秀全说到西都，多少有安慰将士的目的，在他心目中，回广东才是核心。

就兵略政略而言，在广东建都确实不失为一个理想之选。相对广西，广东算是富省，而且还可以从洋人手里买到洋枪洋炮，若是用于武装部队，岂不是如虎添翼。

相信太平军的诸王将领，只要有点头脑的，都能看出这一步棋的妙处，为此太平军才在粤北边境停留了一百多天。

可是太平军要想进入广东也不是件容易事。叶名琛已在边境上部署了重兵，而且这里与桂北一样地势险要，不是说攻就能攻进来的。凌十八在罗境被全歼，就说明广东官军并不那么好惹。

好在粤北已有一些义军在活动，只是力量都不大，同时也各自为战，形不成大气候。谍报战和渗透战是太平军最常使用的战术，洪秀全决定派细作潜入粤北，在穿针引线的同时，策划和发动新的起义，以便在规模上能够达到里应外合的条件。

通过罗境之役，叶名琛已经摸清了太平军的这种战术打法，一听到对方陈兵湘南，马上下令收紧关卡，不允许放一个细作混入粤北。此后，太平军的细作不管是单独行动还是成群结队，不管是扮商贾还是装旅客，都是黄鹤一去不复返。洪秀全的渗透战失败了。

洪兵大起义

叶名琛到粤北，所做的第一件事不是向粤北义军进攻，而是继续封锁省境，把通往湖南、江西、广西的道路统统堵住。接着，他在粤北连打五仗，五仗皆捷，将无法外逃的当地义军全部扫空。

其实叶名琛完全可以把粤北义军赶出广东了事，这样他的担子会轻很多，既不用辛辛苦苦打很多仗，也不用害怕受到责罚。他这么做，最大限度地避免了邻省受到骚扰，是一种负责任的行为，也说明他有很强的全局观。

江西和广西最受其益。江西巡抚张芾的防守压力大大减轻，为此专门写信给叶名琛表示了感谢和钦佩。

一直寻机进入广东的洪秀全就不那么高兴了。一方面是占领广东变得困难重重，另一方面萧朝贵在长沙城下战死，引发了太平军内部的复仇狂热，在这种情况下，他才按照杨秀清的提议，下定决心放弃南下，北上直至定都南京。

尽管如此，太平天国领导层从未忽视过广东的战略地位。在他们看来，如果在建都南京的同时，还能以广东作为另外的一个重要基地，其意义和作用无疑还要超过当初“东西都”的设想。因此，定都之后，南京方面即不断派细作潜入广东，联络当地的秘密会党“同时并起”。

叶名琛可以在罗境和粤北捉住太平军细作，但范围放到全省，难度就太大了，而在他由代理转正，正式升任两广总督的 1853 年，广东又遭遇了历史上罕见的洪水侵袭，庄稼几乎颗粒无收，本来性情就很火暴的广东民风自此犹如一点就着的火药桶，太平军细作和秘密会党只需从中起一个点火的作用就行了。

在广东，最具历史传统的秘密会党，无疑是以反清复明为宗旨的天地会。1854

年6月17日，由天地会的一个头目首先发起，规模惊人的洪兵大起义开始了。

洪兵之意，当然不是洪秀全的兵。天地会内部取朱元璋年号“洪武”中的“洪”字为社团名，自称洪门或洪帮，洪兵也就是洪门之兵，因其头裹红巾，旗帜也是红色，故又称红巾军或红兵。

天地会本身有鲜明宗旨和政治目标，但洪兵大起义爆发时，所有宗旨和目标却都变成了一个字：抢。

“抢”瞬间成了一种风潮，不抢白不抢，参加洪兵的人数也越来越多，连广西一带穷山恶水地方的人也跑来参加，很快就如滚雪球一样集结了三十多万人。这还仅是就主力而言，如果把打打擦边球，跟在后面顺手捡个包袱之类的也全部算上，则可达百万之众，其规模之巨远超当年的广西大乱。

7月26日，二十万洪兵推李文茂为首，分三路攻打广州。

这个李文茂很有意思，他出自于粤剧世家，自己也是演粤剧的。起兵造反后，他把粤剧班中的武生全部编成主力，攻城时，这些粤剧演员还经常演出舞台上翻连环跟头的绝活。

可惜叶名琛无心看戏，因为他已处于绝境之中。为了与凌十八作战，广东官军的原有主力丧失了三分之一，另外三分之一由福兴率领，被派到外省与太平军作战，剩下的三分之一则驻防粤北，防止太平军进入广东。也就是说，除了死伤的，全都一个萝卜一个坑，没有一支能抽得回来。

咸丰从邻省紧急调拨的部队不仅数量少，而且远水解不了近渴，根本就只能做个样子，连吓人都做不到。

至于广东其他府县，叶名琛能收到的不是援兵，而是一份份告急文书——这些地方还指着他派兵去救呢，又如何能来保护省城。

叶名琛能用于守卫广州的兵力一共是一万五千人。一比二十的悬殊比例，使这座城市完全丧失了安全感，一个亲身经历这一场面的英国人描述道：“广州的百姓已被恐怖所控制！”

负责指挥守城的叶名琛当然也很紧张。只是他不能像一般百姓那样表露出来，相反，还要显得比平常更镇定更沉着。现在，整座城市的安危都维系在他一人身上，他必须靠那微不足道的一点兵力硬撑下去。

暗　战

在广州被围之前，叶名琛都是围人家，这次是被人家围，主客置换，形势大为不同，但道理仍是一样，无非一个要掐对方脖子，一个不让掐而已。

洪兵发起总攻之前，暗战首先开始，第一个出场的依旧是谍报战。

刺探情报，太平军和洪兵使用细作，叶名琛则拖住当地士绅。广东士绅跟其他地方的士绅还不一样，在别的地方，士绅一般都是太平绅士，对维护治安有益无害，广东则不然，这里的士绅不但是各自宗族的族长，还是宗族械斗的策划者和组织者。

在对外特别是反入城斗争中，广东士绅可以同仇敌忾，站在官府一边，但是一涉及内争，士绅们便很容易对参加造反的族人进行纵容包庇，反正他们见惯了械斗仇杀，对官府也并不特别惧怕。

不怕，便要弄到你怕。只要发现哪家宗族藏匿洪兵或洪兵首领，叶名琛起先并不派兵去抓，而是要求各族自己交人。

什么，不交？那好，我就革去你的功名，查封你的宗祠。功名和宗祠，对于需要靠威望来领导自己宗族的士绅来说，几乎就是命根子。广东士绅由此被治得服服帖帖，成了叶名琛安插在各处的“义务细作”，随时向他报告各种风吹草动。

正是依靠这个看不见的谍报网，叶名琛发现并钓到了一条超级大鱼。

天地会元老陈松一直隐身幕后，但李文茂等人的很多联合军事行动，均出自此人策划。叶名琛通过广东士绅将其诱捕，使洪兵在关键时候失去了一个极其重要的高参。

在谍报战上先拔头筹后，叶名琛又用组织联街团练的办法，防止洪兵细作向广州城内渗透。

广州对全城人口进行登记，然后按照所登记的人口，广州居民每家每户都领到一块小牌，上面标明该户的人数以及各人的年龄相貌。接下来便由团练在各自分管区域沿街巡逻，盘查生人。不是固定居民，没有小牌的，必须持有一种木制的“公签”才能在城内通行，否则的话，各个街道会相互警示，你就是过了这关，也过不了那关，所以称为“联街团练”。

叶名琛给广州城穿上了一层金钟罩，洪兵细作即便潜入进来，也往往被联街团练逮个正着。围城期间，曾有暗中参加天地会的官府衙役密谋接应洪兵，结果被团练逮个正着。

如果谍报战和渗透战都不奏效，要在短期内致广州于死命，洪兵还拥有一个封喉绝招。这个绝招叶名琛并不陌生，那就是他在罗境之役中曾经使用过的切断补给。

风水轮流转，以前是你给别人下药，现在同样可以拿来整你。洪兵在城外设置重重关卡，凡稻米主食、蔬菜甚至是烧饭用的柴火，都一律不准入城。其实就算是不设关卡，由于刚刚受过大灾，农村存粮也很少，根本不可能再供应城里人。

广州城里居民不啻百万，加上一万多守城军队，吃饭是个大问题。如果叶名琛不从城外弄来米，即便洪兵围着不动，不消多长时间，饿也得饿死一大半。

得不到内需，叶名琛想到了进口。

这个世界的气候规律就是冷热不均，你这边旱了，他那边就可能涝，你这边歉收，他那边却可能丰收。叶名琛通过广州商人一打听，东南亚稻米的收成很好，于是决定购买进口米。

广州商人受叶名琛委托，从东南亚收购大米，粮船进入珠江口后，即用英国或其他外国武装船队进行拖运。

洪兵也有水师船队，且比广东水师还要强。广东水师原先在全国处于数一数二的位置，但此时已经大半外调，比如，正在湖南开打的城陵矶水战中，陈辉龙所率船队即为广东水师主力。

广州所剩战船不超过五十艘，同时鉴于守城主要是陆战，叶名琛又从水师战船上把大炮拆下来，安在城墙上用以防守。没有大炮的战船犹如缺了牙齿的老虎，当然更不是洪兵水师的对手。

不过强不强，有多强，还得看跟谁比。跟洋舰一比，基本由民船改造而成的洪兵水师纵使数量再多，也难以称强，所谓执行盘查职能不过是一句空话，一船船大米就这样源源不断地运入广州。

洋人肯冒着危险火线运米，当然不是出于助人为乐的同志关系，官府须出高价雇用。据说有的洋人就此还发了大财，成了百万富翁。

米能运，为什么不顺带捎点别的？

以往广州自身能够生产的火药很有限，比如，在反入城斗争中，徐广缙就是通过外省调剂。如今外省运不进来，同时在遍地烽火的情况下，人家也没多余火药给你，叶名琛就转托广州商人，从香港购置了制造火药的最新设备。有了这只“下蛋的母鸡”，不管再打多长时间，守军都不用为缺乏弹药而发愁了。

洪兵要断广州的粮，但是事与愿违，广州城内的粮草不见其少，只见其多。相反，洪兵自己还不得不派人混进城，以便购买粮食和火药。在联街团练日夜巡查的情况下，购买且运米出城的难度实在不小，这样一来，不是洪兵掐叶名琛脖子，倒像是叶名琛在掐洪兵的脖子了。

练　勇

要拿下广州，洪兵只剩下了一项数量优势，这也是他们最后的撒手锏。1854年7月30日，随着李文茂一声令下，洪兵向广州发起了总攻。

二十万人一齐行动，场面骇人之至。广州城内立刻开始出现波动，由于洪兵围城并非严丝合缝，人们争相向城外逃难，开始只是有钱人家，后来一般平民也大量出逃。

其实当时乡下也许比城里更凶险，抢掠烧杀无处不在，但正所谓宁做太平犬，不做乱世人，乱世之中，老百姓的选择实在很有限。

这时叶名琛再次显示出了他在将将上的能力。骁将福兴走后，他又任命按察使沈棣辉为守城总指挥。

如果说叶名琛是将将之才，那么沈棣辉就是将兵之才。他是个文官出身的将领，最大的长处是赏罚分明，知人善任，后来名噪一时的冯子材便是由其招抚和培养出来的战将。

叶名琛交给沈棣辉的兵只有一万五千人，但人少不是问题，关键是怎么用。沈棣辉从中选出四千精锐，然后把他们放在城内要害位置，其余地方则尽可能多插旗帜，用疑兵的方式来吓唬人。

洪兵四面攻城，但城墙上好像处处都有守军，一时难以找到突破重点，官军却居高临下，火炮射过去，一打一个准儿。

经过几次碰撞，洪兵吃了亏，再不敢轻易接近广州城，大家都趋向于坐等援军。

洪兵所企盼的援军，指的是广东佛山人陈开。

在天地会元老陈松被诱捕后，洪兵内部松散不堪的弊病一览无余，与太平军形成鲜明对比——李文茂无法号令部属，真正肯接受其指挥的，仍是他那支戏班子部队。

李文茂当不成核心的原因，是他在天地会中的名位和辈分并不高，所谓居首，只是因为他的部队比较强一些罢了。

水手出身的陈开称得上是天地会中重量级的首领，他在佛山一起事就招纳到十万之众，其影响力可想而知。如果他能尽快来广州会合，不仅可有效整合各军，而且三十万人扑城，就算广州有铜墙铁壁也挡不住。

能不能阻击陈开，成了广州城可否守住的前提。

叶名琛再也拨不出多余兵力出城作战，但又深知其中厉害，在危急存亡的这一刻，他把团练的能量发挥到了极致。

按功用和活动区域不同，团练可分为募勇和练勇两种。募勇实际上就是雇佣兵，可以外出与正规军并肩作战，甚至直接作为正规军，比如，湘军就是募勇性质。在参加广州守城的一万五千人中，除九千绿营和八旗外，其余六千都是募勇。

与募勇相比，练勇不离乡，也不拿工资，基本就是当地族人或村民。他们定期集合，进行军事训练，故称“练勇”。

寻常练勇，一般都只能打打小股洪兵，或者在洪兵撤退时，起一个原地阻击或追击的作用。叶名琛要对付陈开，需要的不是这种普通练勇，他需要的是“九十六乡练勇”。

在广州与佛山之间，尚武之风盛行，民风极其强悍，这里有一支当时最出名也最厉害的练勇，也即“九十六乡练勇”。早在围城之初，叶名琛就发现了这支民兵的不同寻常之处，不仅亲自召见当地的士绅首领，还专门调拨大炮和弹药，从而使得“九十六乡练勇”在战斗力上又上升了好几个档次。

陈开两度被“九十六乡练勇”击退，这令他既吃惊又恼怒，但直到第三次发动十万大军倾巢而攻，仍无法越过“九十六乡”。

对广州守城之役来说，这是具有决定性意义的三次作战，洪兵欲会师广州城下的计划被迫流产。

陈开来不了广州，本来就不齐心的洪兵首领们更加离心离德。为了争夺物资和利益，各派势力甚至发展到刀兵相见，还有人则对攻城失去信心，索性离开了联军。

在参与围城的洪兵首领中，李文茂与另一位首领陈显良拥兵最多，对广州的威胁也最大。叶名琛和沈棣辉决定，擒贼先擒王，乘对方军心动摇之际，先击破这两股洪兵主力再说。

当下沈棣辉实施偷袭，烧毁洪兵营寨六百多座，把陈显良打得落荒而逃。接着，他又率船队迂回到李文茂军营背后，并且再次获胜。

陈显良、李文茂的先后挫败，令洪兵元气大伤。至1854年12月底，官军将各路洪兵从广州近郊逐退，被围攻达半年之久的广州初步脱离险境。城内居民在被围之初曾经惊恐万分，此时脸上已不见慌张之色。

码头炉

洪兵并不甘心如此落败，除继续指望佛山的陈开外，又以水路补陆路，将两千多艘大小战船开入珠江，试图沿水面杀入广州。

形势又复杂起来。这次感到最紧张的不是广州军民，而是居住在珠江通商口岸的洋人，因为黑压压的战船就在他们面前。英国驻广州领事赶紧写信，从本国要来了一艘军舰。

英国的军舰是为了保护在华洋人，不是与洪兵作战，所以打仗的事还得叶名琛自己操心。他选择兵分两路，一路由沈棣辉统率，在会合“九十六乡练勇”后，争取完全解决陈开，另一路由他亲自部署，在珠江上抵御洪兵水师。

叶名琛指挥作战，必画地图，这是他取胜的法宝。他所绘制的水战地图更为细致，连可能影响船只进退的风向，都要一一标明，以便对战场上的各种变化做到心中有数。

在广州水战中，叶名琛贯彻了以静制动的原则，即先避一着，由着你攻。洪兵水师虽来势汹汹，但改造的民船很是脆弱，一进入广州炮台的火力范围，基本上都是肉包子打狗，一去不回。

等消磨了对方锐气，便是发起凌厉一击的时候。叶名琛除将原先从战船上拆下的大炮再装上去外，还额外配备了进口洋炮，使得整顿后的广东水师在火力上又超过了对手。

1855 年 1 月，广东水师在珠江上大败洪兵。与此同时，沈棣辉也旗开得胜，顺利收复了佛山。

两个月后，叶名琛发起全面反击，水陆洪兵均被彻底击溃，广州才算完完全全地得到了拯救。

假如洪兵占领广州会怎么样呢？这里可能成为第二个南京，太平天国不仅将拥有一个有力的同盟者，并且还可以从广东得到军火和兵员补充，因此对咸丰来说，守住广州并击败洪兵的叶名琛，其功绩不亚于保卫京城的僧格林沁。

在此时咸丰的心目中，要给得力将帅排名次的话，叶名琛纵使不能与僧格林沁争夺第一，至少也可列第二，至于曾国藩则还得往后面排——这位老兄刚在湖口落败，曾得意过的湘军也正在晦气之时。

叶名琛被授以协办大学士。在此之前，能得到这一殊荣的两广总督只有耆英。

守住广州后，叶名琛才得以腾出手来打理别的地方，到 1855 年夏基本稳定了广东全境。

尽管大股洪兵多已被击溃，但两广各地仍遍布着各种中小股的洪兵，且蔓延达数年之久，也就是说，大家还得继续打下去。在此非常时期，处决洪兵人犯也成了一种震慑手段。一般而言，在太平年间，杀一个人是比较慎重的，必须经知县层层上报，经刑部核准才能执行。比如，后来的杨乃武与小白菜一案，就反反复复折腾了很多年。

可是战争时就不一样了，人命还不如一条狗，反正不是你杀我，就是我杀你，一切程序也都相应成了虚设，普通地方官即有生杀大权。在广东的一个县里，曾报告说处决了八千多洪兵人犯，当时的广东有八十多个县，杀掉的人无疑是个天文数字。

叶名琛自己也在广州成立谳局，专门用于审判和处决附近的洪兵。这个从血雨腥风中闯出来的大吏，早已不是一个手无缚鸡之力的单纯文官，更不是当初“以诗文鸣一时”的白面书生，杀戮对他而言，亦不过是家常便饭。

清末改革家容闳那时居住在广州，寓所与刑场只隔着几里路。他所见到的刑场之上，无头尸体纵横遍地，而且已经堆成了山。他去刑场时，这些血淋淋的尸首还全部暴露于烈日之下，没有得到任何清理，原因是被处死的人实在太多，一时找不到合适地点掩埋，暂时只能任其暴尸荒野。

时值盛夏，刑场周围完全被毒雾所笼罩。容闳震惊之余，也不免担心，广东人口如此稠密，在毒菌弥漫的情况下，如不对现场进行及时处理，难保不会暴发大瘟疫？

政府当然也想到了这个问题，不久就有人来处理现场了，但也不过是找一个僻远的大沟渠，尸体拖过来就往里面扔，一层叠一层，满了以后往上盖一层土了事。

容闳自小接受的是西方教育，他无论如何也想象不到，世界上还有这样一种简易到极致的埋死人方式，这跟屠牛宰羊又有什么分别呢？

在广州，容闳还听说，叶名琛因为资产被源自两广的太平军全部焚毁，所以才迁怒于广东百姓。只要被他抓住的嫌疑犯，口供都不问，来一个杀一个，来一双杀一双，迄今已杀七万五千余人，其中有半数是无辜良民，与太平军并无瓜葛。

坊间流传的说法当然与事实并不完全一致，然而广州当年的那种恐怖气氛却是千真万确。其中的一个依据是，经过血腥杀戮，广州刑场上的黑色泥土已经被血水所渗透，变成赭色，从而变为了红土。有人在原址挖土烧炉子，用这种红土烧制的炉子都特别坚硬，很是耐用，因刑场靠近码头，所烧制出来的炉子便被称为“码头炉”。

很多年后，人们已经忘记了“码头炉”的来历，不知道这个老字号品牌其实蕴藏着一个年代的血泪记忆，但广东民间还是牢牢记住了这一切，叶名琛也因此被冠以“刽子手”的称号，与曾国藩的“曾屠户”算是齐名了。

生财有道

咸丰年间，无论是哪个省，只要在经历兵祸战事，没有一个不被缺钱整得够呛，广东也不例外。

与其他省不同的是，广东还要担负很大一笔协饷。在洪兵大起义爆发前，南方各省所需军饷，有相当一部分都是陆续从广东拨解过去的，就连江南大营的向荣，睡醒后一睁眼，首先想到的也是向广东要银子。

一方面是自己在淌血，另一方面还要向外输血，日子过得不是一般的艰难。早在叶名琛打完他的第一大仗粤北之役后，广东省的金库就已经快被掏空了，到了“筹之无可筹，垫之无可垫，挪之无可挪”的地步，叶名琛向军机首辅祁寯藻连连叫苦：“东省亦有立穷之势也。”我快被你弄得一贫如洗了。

如果说这时候的广东财政由富转穷的话，到 1854 年洪兵大起义爆发前后，则不可避免地变成了赤贫。

起义之前，广东遭受了特大水灾。叶名琛看到这与水利不兴有关，于是大力修补堤坝，以保证来年收成，但这是要花钱的。

起义之后，更要花钱，而且得花大钱。当年仅一年的军费就高达一百三十万两，广东两年积存下来的田赋收入不过才二十万两，减去开支，还倒欠一百多万两！

再没钱来填坑，就要破产了。

在叶名琛与徐广缙共同执政广东时，补洞的办法是捐款，两人带头从各自的积蓄中捐出一万两，以后叶名琛担任两广总督，成了一把手，更是开始了官员捐款制度化。

每隔十天，办事人员要向叶名琛送交一份清单，上面标明官员的捐款数，而且分两栏，一栏是五品以上的高级官员，另一栏是五品以下的中低级官员，高的要多捐，中低的可以适当少捐一些。

官员捐款纵使把众人搞得叫苦连天，一年也不过几万两，对于越来越大的窟窿而言，实在是杯水车薪。

要填的是大坑，不是小洞，所以叶名琛也只能豁出去了，在他所使用的所有手段中，就包括不顾一切地打击走私。

在兵荒马乱的年月里，走私和偷税漏税都变得异常猖獗。中国商人这么干，外国商人也这么干，有时大家干脆连成一气。知道官府对洋人投鼠忌器，贩私盐的便在船上雇用外国船员，以冒充洋船，享受所谓治外法权，其他商船运的明明是出口商品，也堂而皇之地伪装成进口货，然后以转口为由，从而逃掉出口税。

出漏洞的地方，古今都差不多，连部位都惊人地一致，只在于你敢不敢，能不能动真格的。叶名琛的态度是绝不留情，举起棍子，乒乒乓乓就是一顿敲砸，哪怕是对待真的洋人走私商，他也毫不客气，船只该扣就扣，货物该没收就没收。

从关税中抠出的银子，单在广州一地，即达一百多万两，等于上年的三倍。

几百万还是不够，于是叶名琛又找到了最重要的生财之道，这就是增收商业税。

对于商业税，以前没人有这种意识，厘金不过是被逼急情况下的剑走偏锋而已。叶名琛进士出身，也并非天生的理财大师，他找到这条路子，其实还是托了洪兵的"福"。

广州被围期间，城内军民每人头上都悬一把剑，自觉性比任何时候都高，不消叶名琛过多动员，商号店铺便每家都捐了一笔钱。

击败洪兵之后，叶名琛需要的钱有多无少，便惦记上了向商家收税，而且他还发现，在商人云集的广东，这么做有绝对的可行性和合理性。

使命和责任

在珠江三角洲的各个贸易中心，叶名琛都设立了捐输局，实行"派捐"。派捐名义上是捐款，其实就是抽税，征税对象为经营生活必需品的商人，比如，卖布匹的、卖棉花的、卖食油的。税率也不低，是商品销售总收入的百分之二十，远超厘金。

叶名琛的理由也很充足，征收之前，他专门进行过调查，对商人的收入情况很了解。这就像在商业繁华地带开店，如果是最热闹市口的店面，你就是把租金定得再高，要租的人还是一样会抢破头，何况作为生活必需品，利润本来就不薄。

在南京条约的"五口通商"中，不包括广东汕头，但因为汕头与广州的通道曾被洪兵截断，在缺乏管束与制约的情况下，汕头曾一跃上升为走私贸易的天堂，贸易额高达几百万两，洋人走私商们也是络绎不绝，到处都有他们的身影。

叶名琛没有放过汕头，他的务实之处在于，知道汕头不是通商口岸，但你们如果硬要从这里上岸做生意，我也只能睁一只眼闭一只眼，只是你们得接受"派捐"，从几百万两贸易额里分出一些银子给我。

"派捐"极大地缓解了广东的财政危机。据统计，当时从广东一个小镇的布店行，就可以收到总计六万两白银。

钱多了之后，叶名琛也不敢挥霍，而是千方百计地节省和削减开支，以确保这些钱能用到“最合适的地方”去。

什么叫“最合适的地方”？江苏、安徽、湖南、湖北、福建……除京城之外，都是兵连祸结，仗一直打不完的地方。

叶名琛代替咸丰成了前线部队的后勤总管，他的作用在当时无可替代——如果没有广东提供的洋炮和船只式样，湘军水师不可能与太平军水营拉开差距；如果没有广东发来的“红单船”，江南大营都不知道如何去封锁南京；更进一步说，如果没有广东的协饷，南方战场就可以直接宣告停摆，甚至于连咸丰的内务府，也得靠叶名琛的钱才能渡过难关。

南方的这些省份，就原来的经济实力而言，广东并非第一。江苏和浙江都比广东富庶，江苏的南京虽被太平军占据，但向荣拥有的苏州、常州这些地方都是财源茂盛之地，不料向荣却还要广东接济，惹得咸丰大为光火，认为向荣只会打仗，在理财方面简直是个糊涂虫，钱就是扔在地上，他都不知道如何去捡。

向荣是个老军人，字也不识几个，不会弄钱情有可原。隔壁的浙江还没怎么受到太平军的侵袭，又是由布政使主抓财政，结果仍因解决不了财政问题，导致布政使悬梁自尽。

叶名琛超常的理财能力得到公认，各省都期盼着这位财神爷能伸手拉自己一把，哪怕是得到两广总督的一封亲笔信，都“令人不食自饱”。

叶名琛至此到达了个人事业的巅峰。他成了大清国的又一个拯救者，如果这时候你再让咸丰排个名单，叶名琛极可能已超过僧格林沁，理由很简单：僧格林沁打赢的只是一场战争，叶名琛支持的却是全国整个战场。

1856年，咸丰拜叶名琛为体仁阁大学士。体仁阁大学士为正一品大员，能得到这一品衔的人非常少，要好几年才出一个，在咸丰执政期间，包括叶名琛在内，一共才四个人。

叶名琛虽跃身体仁阁大学士，但咸丰并没有调其到京，而仍以两广总督之职留任广东。

他需要这位继林则徐之后声名最为显赫的大吏继续掌控岭南，否则天京事变后的南方战场就可能失去后勤保障。除此之外，按照惯例，两广总督同时兼任通商大臣，叶名琛还必须负责管理包括广州在内的五口通商事务。

使命和责任如此之重，可以想见，如果不是叶名琛，换其他任何一个人，咸丰都不可能放心。

叶名琛亲身参与了当年的广州反入城斗争，在外交事务上也早已不是新手，他知道跟洋人打交道，哪些是原则，哪些是策略，哪些可以退让，哪些绝不能妥协和示弱。

就广州一地而言，讲得简单直白一些，就是断不能放英国人“入城”，其他则都可商榷。可是世上的事就是如此，你越不让干，对方却可能越感兴趣，也就越想干。南京条约之后，中英吵吵嚷嚷都是为的这个，在广东，徐广缙和文翰曾为此不知打了多少官司，几年后双方易人，但争执不下的还是这个老话题。

第五章

妙计究竟妙在哪里

自香港沦为英国殖民地后，英国女王便开始向香港派出驻华公使兼香港总督，第一任是指挥鸦片战争的璞鼎查，之后依次是德庇时、文翰，包令爵士是第四任。

在这四任公使中，包令是一个非常特殊的人物。这个人天赋过人，据说能听懂几乎所有的欧洲语言。也正因为能力强，包令一向颇为自得狂妄，虽然身份不过是一个下院议员，但在谁面前都是一副人五人六的样子，有一次还不顾外交礼节，跑到法国总理梯也尔跟前，抓住梯也尔的衣领扯了一把。

包令是要让别人觉得他跟法国总理关系匪浅，不然的话，怎么会亲热到这分儿上，可是此举在上司和同僚们眼里，却只能用一个“丑”字来形容。

犯了错误如果只检讨自己，便不是狂人本色。包令把自己的不受待见，完全归咎于同僚的嫉贤妒能：说一千道一万，还不是怕我超过你们，哼，就得出去拿面锦旗让你们瞧瞧，什么叫能力！

正好包令支持的辉格党（即后来的英国自由党）上台执政，他便近水楼台，得到了一个英国驻广州领事的职位。

非得用棍棒不可

当时到中国担任领事，并不是美差，差不多是属于最无利可图的职位，别人想躲还躲不掉呢。包令这么做，纯粹是不蒸馒头争口气，要在远东干出一番名堂。

看到突然出了这么一个领事，英国外交大臣巴麦尊不惊反喜。他一直觉得现任公使兼港督文翰不太称职，认为这人虽不算老实，却天生胆小，做不了什么大事。

按照巴麦尊的想法，最好能换个犀利一点的角色，正在惦记物色着，没想到最佳人选已经自己来了，于是便私下把包令找去闲谈。

外相给予小小领事如此礼遇，这在英国官场上甚少先例，更不用说包令以前还只是个普通议员。在闲谈的过程中，包令受宠若惊，巴麦尊则是滔滔不绝。在这位野心勃勃的外相看来，中国和西班牙、葡萄牙以及美国，都可以归到一个类型。

巴麦尊的话乍一听，不知道的人没准还会以为是好话，什么时候中国可以跟欧美国家站一排去了，但其实不是。巴麦尊的意思是，以上国家的政府，皆属“半开化的政府”，你得时常教训一下才行。

“半开化”，是巴麦尊的说法，说白了，就是指不按英国人的规则或意图出牌的国家，至于说到能不能被教训，这就复杂了。

美国不消说，刚刚通过独立战争脱离英国的统治，巴麦尊的所谓“教训”不过是帮他自己解解心宽而已，因为他压根儿拿对方没什么办法。西班牙和葡萄牙虽素来为英国人看不起，但也并不好惹。

一众国家里面，就数中国最弱，也最好欺负，它才是巴麦尊真正的矛头所指。讲到这里的时候，老家伙很是来劲。他说像中国这样的国家，就需要每隔八年到十年教训一顿，如此才能服服帖帖。

可是八年到十年的间隔太长，中国人又“心智低下”，这段时间怎么办？包令试探着说："要不我们警告一下……"

巴麦尊立即打断他的话："不，警告没什么用，非得用棍棒不可，不但要让中国人看到棍棒，还得使他们体会到棍棒打在肩上的那种感觉。"

包令喜不自胜，中国是个软柿子，好吃又好捏，如今外相又有此意，看来想不建功海外都不可能了。可是他很快又发现，理想与现实之间的差距真是太大了。在广州反入城斗争中，机关算尽的文翰铩羽而归，"两年之约"成了镜花水月，英国人最终连广州城门都没能迈得进去，弄得在旁观阵的包令也泄了气。

包令只能期待巴麦尊赶快挥舞"大棒"，未料这位外相却已被迫下野，他什么都指望不上，在广州又无事可做，只好动用他的天赋，拿中国话学着玩。

有一段时间，文翰离港，包令得以代理文翰的港督一职。这时候他又开始蠢蠢欲动起来，提出要"严厉敦促"中国，以允许英国人进入广州，但此时辉格党被换了下去，加上英国政府的视线仍集中在中东，包令的建议不仅没被批准，反而被告知：你不要多事，再多事就把你召回国内。

这么大老远跑来，没立着功，升着职不说，还挨了训，包令有苦难言，真有悔不当初的感觉。

英国政坛正如伦敦的气候，局外人只能雾里看花，很快政府更替，包令的靠山做了外交大臣，他也跟着时来运转，得以正式接替文翰之职。

等了这么久，终于露出了事业线。包令热血沸腾，一上任就要求会见叶名琛，以便修订到期的《南京条约》，叶名琛没有拒绝，但要求把见面地点放在城外。

从外交礼仪和程序上来看，叶名琛的回应没有不得体之处。他明确承诺，只要不在广州城内，不管是在华商货栈，还是在虎门炮台，甚至到英国军舰上去谈，都没有问题，英方可任择一处。

问题在于包令对谈判地点不满意。其实《南京条约》本身并没有规定可以修订的条款，协商修订云云不过是个借口而已，说到底，他是醉翁之意不在酒，只在乎入城。

包令立即宣布一切全是叶名琛的错，因为对方"拒绝谈判"。

既然你叶名琛不谈，我就直接去找中国皇帝谈，包令两次北上，试图直接谒见咸丰，或让咸丰另派钦差大臣同他谈判。咸丰莫名其妙：大清国的所有谈判事宜都由叶名琛负责，他没说不愿意跟你谈，你们俩靠这么近，跑京城来干什么？

包令两次北上，均徒劳无功，这让他更加恼火不已，并把所有过错都归结到叶名琛身上，认为这位东方官吏“顽冥不化，傲慢无知”。

一厢情愿

洪兵大起义爆发特别是广州被围之后，有一段时间，包令曾经窃喜，甚至把洪兵都视为“争取自由人权利的反抗者”。他的这种心态类似于“敌人的敌人就是我们的朋友”，想到“傲慢”的中国政府要倒霉，可恶的叶名琛将被洪兵揍到鼻青脸肿，他就止不住要乐。

可是很快他就乐不起来了。叶名琛用外国武装船只向城内运送粮草和军火的事，被洪兵发现了。当然，对于这件事，包令也是有苦难言。英国是民主国家，一切要按法律办事，商船高兴帮谁运货就帮谁运货，并不是他一个港督就可以禁止的。

洪兵不知道这些，难以理解港督大人的苦衷，他们只知道都是洋人，没什么区别，既然你英国人帮着官府对付我们，按照“敌人的朋友就是我们的敌人”这一定律，当然也不会给你好脸色看。

洪兵向包令下达通牒，要求所有“夷人”必须立即离开广州。包令措手不及，一个劲地说：“我认为这是一件真正无礼的事。”

洪兵可不是官府，没那么多清规戒律或者温良恭俭让，你不走是吧？那我就抢！

广州附近早已被抢掠一空，洪兵本来就无处可抢，供给很成问题，这下正好找到新目标。尤其是洪兵水师大批进入珠江后，他们虽然对武装船只无可奈何，但普通商船却是一个都不放过。半月之内，几乎每天都有英国或美国船遭到抢劫，包令为此大感头疼。

此时到了广州围城的后期，叶名琛给包令写来一封求援信，在信中请包令派英舰协助官军，以共同击退珠江上的洪兵水师。

看了这封信，包令立刻神气起来，他毫不客气地回绝叶名琛，说这是你们中国的内战，英国政府对此的政策是绝对中立，谁也不干涉。

在包令想来，这时候的叶名琛一定是惊恐万状、窘迫异常，不然怎么会“乞援”

呢，那就不如先晾晾你，等你实在受不了了，自然会用八抬大轿来请我，到时入城问题也迎刃而解，面子里子都有了，岂不快哉。

他实在是太一厢情愿了。事实是，广州的危急状况已经过去了大半，由于有炮台相阻，洪兵水师对广州构不成太大威胁。叶名琛起初也并不愿意借助英军的力量，他写这封信，其实是为了给广州商人们一个交代。

洪兵水师虽进不了广州，但一直占据珠江，水上贸易大受影响，商人们见省河上有英舰，便联名请叶名琛向英国人求援。广州围城期间，军费全靠商人们的捐款给撑持着，叶名琛不便拂他们的面子，而且更重要的是，以前英国海军也曾向广州政府发出请求，要求协助剿灭海盗，当时叶名琛照办了。他有足够的理由认为这是两国之间的礼尚往来——我帮过你，现在不过给你一个机会还人情罢了，再说，赶跑了洪兵，你们英国商人也得利不是？

很合情合理，可是包令这洋鬼子的逻辑，你防是防不住的。在接到包令的回复后，叶名琛很是气愤，倒不完全因为包令的拒绝，实际上叶名琛对此并没抱太大希望，英舰固然威武，可也不是缺了它就不行。

叶名琛生气，是气在英国人的外交用词和那种不可一世的殖民者嘴脸：什么叫内战，我这是在“清剿盗匪”，你既然承认我是合法政府，怎么能说出这样的话？要是你们英国国内也有人造反，你会如此说吗？

至此，叶名琛不再搭理包令。包令本想看对方的笑话，未料叶名琛真的靠自己的力量打败了洪兵水师，这下他又后悔起来，慌忙地给叶名琛发来照会，说是可以协商共同出兵的事，把他先前口口声声的“绝对中立”抛到了爪哇国。

洪兵都跑了，还商谈个什么劲？但叶名琛仍以礼相待，回函表示了谢意，为的就是不让对方完全下不来台。

包令的本国同胞可就没这么客气了。在洪兵军势最盛的时候，英国商人们巴巴结结地等包令派兵保护，可是包令只派出了一艘军舰来做做样子，这让他们蒙受了很多无谓损失，想不冒火都不可能。

商人与政府官员之间，没有爱情，只有交情，现在你连交情都不讲，那还能给你留面子吗？广州的英商对包令群起而攻之，说他判断能力很差，又不会谈判，总之是个无能之辈。

不一样的味道

包令到中国，并不图利，一味求名。名气坏了，对他来说比什么都可怕，这家伙因此变得惶惶不可终日，不知道从哪里能捞根救命稻草出来。

说稻草，稻草就来了。1856 年 10 月 8 日，广东水师根据举报，在珠江水面上查获了一艘名为“亚罗”号的英国船只。

所谓英国船，其实是一艘彻头彻尾的中国船。船主是中国人，船员也都是中国人，只不过在香港登记注册，披了一条洋外衣作为保护而已。

“亚罗”号一直暗中从事抢劫走私等非法活动。向广东水师进行举报的，正是以前遭“亚罗”号抢劫的中国商人。广东水师所抓捕的十二名水手中，有两人皆为“圈内”知名的海盗。

得知“亚罗”号被查，署理广州领事巴夏礼一面向包令报告，一面要求叶名琛道歉放人。

巴夏礼参与过南京条约的谈判，但当时他的地位非常低，只能给璞鼎查的秘书马儒翰做随从。当马儒翰等人与张喜唇枪舌剑的时候，他连露脸的资格和机会都没有。

巴夏礼年纪轻，学东西快，中国话说得特别溜。在包令担任广州领事期间，所用的翻译即为巴夏礼，而这小子也和包令一样，天生是惹是生非的料，总是想着如何敲中国人的竹杠，以便加官晋爵。

在“亚罗”号事件发生时，广州领事正好休假，便由巴夏礼署理，正好给他提供了兴风作浪的机会。“亚罗”号是海盗船，巴夏礼心知肚明，他甚至知道另外一个不可向中国人透露的秘密，那就是“亚罗”号在被查获时，执照已经过期十几天了，换句话说，它已不属于英国船，自然也不受香港政府保护。

可如果照直说，那就没他什么事了。巴夏礼不光隐瞒执照过期，还紧紧抓住“亚罗”号船主的一句话，称广东水师扯落了英国国旗。

中国人是不是真的扯落了英国国旗，巴夏礼对此并不关心，他要的是把柄，哪怕无中生有，生造一个出来，他也乐于接受。

包令的兴奋劲丝毫不亚于巴夏礼，如今他的全部理想和使命概括起来就是一句话：在有限的人生中挑起无限的事端。

在写给儿子的私信中，他直截了当地说出了自己的真实想法："我希望能在浑水中摸到一些鱼。"

与徐广缙一样，叶名琛既是一个内心强大、性格倔强的人，又有着清醒而务实的头脑。一般情况下，即便对待纯粹的洋人走私商，他也毫不客气，但是这次他嗅出了不一样的味道，察觉到包令和巴夏礼是在有意找碴儿。

在国力孱弱且内忧不止的情况下，即便证据确凿，也不能因小失大，基于这一考虑，叶名琛愿意做出让步。1856 年 10 月 10 日，也就是事件发生两天后，他应巴夏礼的要求，释放了其中罪行较轻的九名水手。

可是巴夏礼拒收。这还不算，10 月 16 日，包令又给叶名琛发来照会，上面赤裸裸地提出了入城要求，并且说如果不行，他就要派兵动武了。

如果说要求放人还算有些道理，入城与"亚罗"号事件则是风马牛不相及，几乎等同于讹诈。对于这样的原则问题，叶名琛当然不能说答应就答应。

此时在英国有"政坛不倒翁"之称的巴麦尊已经出面组阁，"大棒先生"成了首相。包令特别想在他老人家面前露一手，起码要取得比前任更好的表现，最好是不战而屈人之兵，让叶名琛乖乖地答应入城。

偏偏叶名琛这边没有反应，想要浑水摸鱼的包令先把脸给急得紫涨起来，一个劲地痛骂叶名琛是老顽固，"不可雕琢的愚顽之辈"，怎么我如此横压竖压，都不为所动呢。

任何新闻都有一个保鲜期，时间一长，"亚罗"号事件就可能再也派不上用场，倒是广州洋商们的牢骚可能传入国内，那岂不是丢脸丢大了。包令决定铤而走险，1856 年 10 月 21 日，巴夏礼按照他的吩咐，给叶名琛发去最后通牒，限其在二十四小时内满足英方的要求。

叶名琛权衡利弊，做了最大让步，同意将十二名水手全部释放，但有两件事没法做到，一是经过调查，广东水师连碰都没碰一下船上的英国国旗，包令和巴夏礼完全是凭船上人一句话就瞎指控，而且整个事件纯属中国内政，涉及国家颜面，无法道歉，也不知道怎么道歉。二是入城与整个事件毫无关联……

兵临城下

包令已听不进任何解释，满脑子回响的都是巴麦尊式的强盗理论：对待这些“半开化的政府”和“半开化的官员”，再多的警告和通牒都没用，只能用大棒。

既有“大棒先生”在朝中掌舵，我可不能在他面前露出一点畏怯的表情。二十四小时一到，包令就按下了战争按钮。由于它在历史上被看作是鸦片战争的延续，所以被称为第二次鸦片战争，西方称之为“亚罗”战争。林则徐生前曾预言过的海疆危机，终于在他去世后的第六年爆发了。

1856年10月23日，在西摩（清代译作西马糜各厘）少将的率领下，由三艘军舰组成的英国海军舰队向广州杀来。

广州东郊炮台发现敌情后，立刻进行自卫，但被英国海军强大的火力所压制。当天下午，西摩便占据东郊炮台，打通了通往广州的道路。

自洪兵围城后，广州再陷困境。此时广东巡抚正在北京，整个广州城内能负责敢负责的只有叶名琛一人，这位两江总督正坐在科举考试的现场，观看武秀才们骑马射箭。

下属听到汇报后，脸都吓白了，不知如何是好。叶名琛却非常镇定，他微笑着说：“不会有事的，大家看着吧，英军傍晚就会退走。”

中国有中国特殊的国情，好比舞台上的诸葛亮虽是神话，但很少遭到质疑，相反，几乎每个人都希望在危难之时，身边能有那么一个神机妙算的军师，或者从他手里得到一只如同天授的锦囊。

这么多年的风风雨雨和多次化险为夷，让叶名琛在朝野积累了巨大的声望，特别是在外界视为不可能的情况下，解围广州并击溃洪兵后，叶名琛在广州军民的心中，差不多就是一个诸葛亮。

这样的人，他那么肯定地说英军傍晚就会退走，哪怕你心中还有一丝疑惑，起码心情平稳了不少，相信他一定有了克敌制胜的把握。

可是叶名琛并无胜算。相较于两年前的洪兵围城，现在能供叶名琛调遣的军队，加上募勇，仍是一万五千人，再多要就没了。当然全省军队不止这么一点，而且可以说精锐部队也不在这一万五千人里面，但他们都分散在两广的各个府县“清剿”

洪兵残部，叶名琛根本没有办法在二十四小时内将这些部队重新调回。

更让他痛心的是，继福兴之后，他又失去了一位大将——沈棣辉被擢升贵州布政使，但还没赴任，就病死在了广州。

对帅来说，将非常重要。诸葛亮再厉害，也不能扔下鹅毛扇，自己到战场上去跃马舞刀吧，得靠赵云、张飞等人去冲锋陷阵。叶名琛要的将，是真正的能战之将，不是庸人或废才，比如，广州将军穆克德讷就是个垃圾货色。

在缺兵少将的情况下，叶名琛只好事事亲为。早在接到巴夏礼的通牒时，他已经做了最坏打算，加强了广州周边的炮台。

炮台顶不住英军的进攻，叶名琛对此早有所料，但是接下来他所说的一句话却让众人陷入困惑之中。叶名琛说，在省河范围内，广东水师的所有巡逻船只，甚至包括“红单船”，都要收起旗帜后撤，沿途即便看到英舰，也不得开炮射击。

当天傍晚，英舰果然没有进城，但是到了第二天，也就是 10 月 24 日，他们又向广州南郊炮台发起了进攻。

这次该好好地打一下了吧。不料，叶名琛给南郊炮台下达的指令竟是向水师学习，一弹不发，撤离炮台。与此同时，他仍继续在广州校场气定神闲地观看骑射。

从下属到幕僚，没有一个人看得懂叶名琛的妙计究竟妙在哪里，困惑自然而然也就变成丈二和尚摸不着头脑——莫非总督大人要给洋鬼子玩一招空城计？可空城计不是这么个玩法啊，英军总不会像司马懿那样，真的停留在广州城门口不敢进来吧？

城外的炮声已经清晰入耳，有人实在忍不住了，便假装抬头望天，说怎么回事，天刚刚还好好的，忽然起了大风，眼看着马也骑不了，箭也射不准，不如赶快回去吧。

叶名琛一眼看穿了周围人的心思。他点了点头：“好，我们立刻回督署，一起商量一下如何退敌。”

说是这么说，但前线军队从叶名琛处得到的指示，仍与他给南郊炮台的指令如出一辙。

10 月 25 日，英军占领海珠炮台。海珠炮台就在广州城边上，意味着已经兵临城下。

三天，整整三天，只看到英国人在讨敌骂阵，不见叶名琛使出一招，他那葫芦里究竟卖的是什么药？

假痴不癫

叶名琛的葫芦，装的不是空城计，而是三十六计中鲜为人知的另外一计。这一计叫作“假痴不癫”。

一个人脸上糊涂，心里清楚，这叫假痴；反之，假如脑子里面真的是一团糨糊，就是假癫。古书中对此的注解是：假痴者胜，假癫者败。

叶名琛心里很清楚，而他的清楚，来自于谍战中的收获。

早在广州反入城斗争中，徐广缙便大量搜集情报并因此获得先机，叶名琛在此基础上进行了继承。他重点建立了两个情报网络，一个是依靠广州士绅，这些士绅会时不时地派仆人雇船去港澳，另外一个是依靠驻香港的外贸商人，他们天天跟洋人打交道，信息面也非常之广。两者之中，港商是叶名琛获得情报的主要来源。

在“亚罗”号事件发生后，预见到中英冲突可能无法避免，叶名琛又依据过去的作战经验，将情报战上升为更大规模和范围的谍报战。

通过平定凌十八及洪兵，叶名琛自己也网罗和培养了一批专业的军事谍报人员，他从中精心挑选，组成了一个谍报组，每天侦察珠江上英舰的动态，有时谍报人员还化装成老百姓，潜入香港和澳门，以便搜集相关军事情报。叶名琛每五天跟这个谍报组联系一次，如有最新情况谍报组还可随时汇报。

两大情报网络加一个军事谍报组，他们获得的情报很多时候都是重复的，但叶名琛坚持越多越好，不愿意砍掉其中任何一个环节。

在鸦片战争中，林则徐也曾搜集情报，当时的缺陷就在于情报来源过于单一，导致很多情报都云笼雾罩，搞不清楚它到底是真是假。现在好了，同样一个英方动态，可以根据数十个渠道进行相互验证，以确定真伪。

通过谍战，叶名琛能够准确获知英方动向，虽然足不出广州，但英国海军的一举一动，都逃不出他的视线范围。他说英军傍晚就会退走，并不完全是安定人心或故作镇静，而是来自于对大量情报的掌握和分析。

至于连着三天都不抵抗，则是真正的装糊涂。

东郊炮台一失守，叶名琛就知道守军不可恃，那么他所能恃的，就只有广州的老百姓了。从当初的反入城开始，他和徐广缙千方百计地阻止英国人进城，为的就是争取民众，所谓“无怫百姓以顺夷理，顺民心以行之”。当年徐广缙用“十万长城”来威慑文翰，他今天也只能借用这座民众的长城来击退包令。

广州人既有打架的胆，又有打架的力，要说缺就缺一股气，而如何调动和保护这股气，是一门很复杂的学问。

从东郊炮台到南郊炮台，再到海珠炮台，要是逐一抵抗的话，除了蒙受人员损失外，没有一座炮台足以守住。广东水师也是如此，硬碰硬的话，他们都挡不住英军。这一点，从东郊炮台的失守，叶名琛已经瞧得明明白白。

不仅如此，连续失败还会给民众带来巨大的心理压力，乃至不敢动手——其实不用说老百姓，就是正规军队，让你一直输，也只会垂头丧气。

叶名琛反过来，我不抵抗了，给民众造成一种印象，就是炮台的失守，不是打不过所致，纯粹是我没打，要是我真的出手打了，效果也许完全不同。

在炮火连天的氛围中，同仇敌忾的战斗激情也在不断升温。1856 年 10 月 25 日，就在英军攻占海珠炮台的当天，广州的联街团练便组织起来，排成纵队，在街道上进行巡逻。这些练勇其实都是广州店铺里的伙计，在洪兵围城时曾受过军事训练，围城警报解除后，便各回各家，照当他们的伙计，但一旦需要，又能马上编队作战。

这些练勇的老板，也就是广州士绅，则发誓要率领团练奋勇作战，从而让入侵英军“只影不留，根株尽灭”。

10 月 26 日，开战的第四天，叶名琛便宣布关闭海关，中止通商，以迫使英方回到谈判桌上来。这一贸易战的打法，无疑让包令很是难受，他决定加大压力。

从 10 月 27 日起，英军连续炮击广州城，并且每隔五分钟到七分钟，就要炮轰叶名琛的总督署一次。火炮的威慑力非普通人所能承受，一转眼的工夫，叶名琛身边的仆佣和卫兵都跑光了，唯独他仍在堂上正襟危坐，且脸上毫无惧色。

当天叶名琛发布檄文，鼓励广州百姓主要是团练，协助正规军杀敌——凡送来一颗英军脑袋，便赏银圆三十元。

恶心死人不偿命

在叶名琛所发布的檄文中，还出现了一段神秘的文字，上面写道："现在天气晴朗，有大风而无云，我去查了一下老皇历，这预示着有兵杀来，正好跟英军入侵符合。不过请大家放心，皇历上说了，我利彼不利，我们一定胜，入侵的英军必定败。"

清代的顶级名吏，诸如林则徐、曾国藩，学识上都是既专又博，对于东方古老的相术、风水学等"旁门左道"皆有一定的研究和涉猎。不过作为长期接受正统理念的儒学之臣，他们又都具有一个共同特点，即"子不语怪力乱神"，公开场合很少谈论，更不会因此影响公务。只有一种情况是例外，那就是在军情紧急，需要以此来鼓动或安定人心的时候。

叶名琛也是如此，大概是受笃信道教的老父影响，他会一些风水学和占卜的方法，但很少显露在外，这次当着众人的面，搞起了查皇历这样的迷信活动，也无非是为了坚定广州军民的信心。

英军见没能吓倒叶名琛，就开始加量加价，在1856年10月28日这一天，开始集中炮火轰击广州城南的城墙。到了晚上，一部分城墙被轰毁，为英军进城打开了缺口。

第二天，包令拒绝了叶名琛通过中英商人转交的停战建议，他要活捉这个让他切齿痛恨的"老顽固"。当天下午，一百余名英军攻入广州城内，紧随其后的是西摩和巴夏礼。

官军和联街团练节节抵抗，从墙角和屋顶上不停向英军射击。英军以死伤三十人的代价，占领了总督署，但并没有找到叶名琛。

广州分新城、老城，英军攻入的是新城，叶名琛去了老城，他们扑了个空。

西摩所率英军只是香港驻军。香港驻军一共才一千多人，又要沿途驻守所占领的炮台，到了广州人就更少了。继续深入或长久驻扎广州不是他们能想象的，因此在抢掠搜罗一番后，就退到了城外。

兵力少，在打法上就只有一种选择，即像特别突击队那样，速战速决，速进速出，可是再要想进广州，就不是那么容易的事了。中国守军吸取经验教训，知道洋炮火力强劲，一旦被轰了城墙，第一时间就进行修补，使英军再难以找到空隙。

西摩轰了新城轰老城，轰了总督署，又轰巡抚衙门和广州将军衙门，轰来轰去，总是不得要领。

从包令到西摩，都很想知道叶名琛的准确位置，这样才能保证“斩首行动”一击而中。要做到这一点，必须利用情报，但叶名琛早在与凌十八作战的过程中，积累了丰富的反谍报经验，篱笆扎得非常之紧。英军派出的密探，来一个捉一个，来一双捉一双。

除此之外，叶名琛还动用他的谍报网，在民间进行侦察，把战争期间受雇于英军的中国人也查出来，然后一个不少地关进牢里。

加上密探，他前后共抓捕了近七十人。这下子西摩不仅无法从广州城获得情报，连在当地找个帮他收购粮食，或在军舰上做杂役的中国人都很难了。

英军束手无策之际，正是叶名琛奋起反击之时。

既然包令拒绝了停战建议，说明这些洋鬼子“非吃一大亏，不肯悔悟”，叶名琛开始逐一推出和实施他的反击计划。

这么多天以来，别说平时就敢打架敢闹事的，就算窝窝囊囊的老实人也被英军给逼急了，大家都巴不得马上去跟对方拼命。叶名琛一声招呼，立刻蜂拥而出。

某天晚上，一艘满载炸药的沙船突然在江边爆炸，而距爆炸现场不远，就是英军居所，里面住着三百名英军。虽然这次行动没有成功，但已把英军给吓得够呛，自此再也不敢在岸上睡觉，都钻进了英舰——哪怕挤一挤，总比半夜三更担惊受怕强。

又一个晚上，四只熊熊燃烧的火筏如幽灵一般，顺水漂到了英舰旁边。这些火筏尽管也不能将英舰齐头儿烧掉，可起到的效果却是一样，就是不让英国兵睡好觉。

西摩对叶名琛的这种打法恨恨不已：有种你派战船来单挑哇，就知道用这种恶心死人不偿命的方式来捣乱。

连对骂都找不到人，西摩只好一边嘴里叨叨咕咕，一边用普通海船在舰队周围筑起一道防卫圈，然而他这一招不仅没有让中国人反抗侵略的火苗熄灭，反而烧得更旺了。

你怕恶心是吗？我偏要恶心你，加量不加价地恶心你，往死里恶心你！火筏冲不进去，就扔火药瓶或者埋水雷。1856 年 11 月 12 日，一艘防卫船被火药瓶连续击中，引起爆炸而烧毁。第二天，两颗水雷又在英舰旁炸响，只是时间早了一点，未能对英舰造成实质性损伤。

防卫圈一旦出现漏洞，叶名琛便一直避而不战，以保存实力的正规战船适时出来亮亮相。11 月 15 日，半夜，又是大雾，广东水师神不知鬼不觉地出现在防卫圈内，嘭嘭嘭地朝两艘英军炮艇开火。两艘炮艇仓促之下搞不清状况，只能支棱着身子白挨揍，这一揍就是二十多分钟，等英军发现并确定目标时，中国的战船已经提前消失在了黑暗之中。

为了省点心，西摩只好跟赤壁大战里的曹操学，用粗铁链将外围的防卫船全部加固起来。

珠江之战

在叶名琛发起反击后，英军兵力不足的弱点逐渐暴露无遗。前进的话，抓不住叶名琛，一切等于白搭，而且就算是进入广州也待不住，后退又不甘心，而如果不进不退，等待的就是被恶心。

从西摩，到巴夏礼，再到包令，如今比的不是别的，就是抗恶心系数，看谁顶不住先崩溃。

巴夏礼一直跟在西摩身边当翻译，这小子是个文官，虽然整天把打仗喊得山响，其实并没经历过真正的战斗，晚上这些心惊肉跳的经历才让他对打仗究竟是怎么一回事，明白了少许。

一着急，巴夏礼想出了个馊主意，说咱们不是兵力不足吗，为什么不去组织一支“伪军”？

包令耸了耸肩：“算了吧，我们现在连中国杂役都雇不着，到哪里去组织军队？”

巴夏礼眨巴眨巴小眼睛：“找香港的中国人啊。”

巴夏礼自恃是个中国通，连两广地区的土来之争都知道。他的方案是，从香港招募两百个客家人，组成“伪军”，配合英军作战。

按照巴夏礼的如意算盘，香港已属英国殖民地，当然香港的中国人也算英国臣民，而且客家人与广州本地土著又不对付，如果让他们上阵，没有不心甘情愿的。

包令听后啼笑皆非，作为港督，他比巴夏礼更了解居港的中国人。鸦片战争之前还好，鸦片战争之后，因香港被割，港人对英国人可以用“切齿痛恨”这四个字来形容。

在香港，如果一个英国佬走进中国古董店，平时巴不得招揽生意的店老板一定不想做你这单生意，同时还忘不了冷嘲热讽，会说你想要的那套古董在广州可以买到啊，你为什么不到广州去买？

包令深知这一点，土来之争是人家内部矛盾，恨英国人的心情却都是一样的，别我把这两百客家人武装起来，他们反倒掉过枪头来打我，那岂不是弄巧成拙了。

成立“伪军”不现实，包令想了一下，说要不这样吧，香港有大量的中国苦力，很多人找不到活干，现在既然在广州本地招不到杂役，不如到香港招劳工，这样起码可以减轻一点英军负担，把辎重兵空出来用于作战。

可是他又错了。明知中英正处于战争状态，在港苦力拒绝前往广州，哪怕你开再多的薪水，也没人动一动眉毛。

日子一天天过去，就这么上不着天，下不着地，不尴不尬地僵持着，包令几乎每时每刻都要承受不小的心理压力，而战事还在朝着不利于英方的方向继续发展。

1856年11月22日，叶名琛正式下达反攻令。在把英国人恶心得晕头转向以后，他要出真招了。

听到这一消息，包令的五脏六腑都烧了起来。11月29日，他在写给儿子的信中忍不住发出了近乎绝望的悲叹：“我真不知道要用多大的力量才能压倒这位钦差大臣，也许就是把广州城摧毁了也不行。”

都什么时候了，这洋鬼子还想着要压倒人家，浑然忘了以他现有的力量，别说摧毁广州，保住自己都不容易。12月1日，叶名琛发起珠江之战。当天，广东水师奉命攻击英军占据的炮台，西摩闻讯急忙率舰队前来增援，双方展开了大规模的海上对攻。

根据叶名琛前期的部署，广东水师始终犹抱琵琶半遮面，不与英国海军交锋，西摩并不了解其真正实力，只知道他们先前连洪兵水师都打不过。

实际上，与第一次鸦片战争时期相比，广东水师这支国内首屈一指的水上部队，起码在战术上已有了长足进步，打不过洪兵，只是因为在数量上远远不及对方，而当对手换成英国海军，它又重新具备了数量上的优势。

在珠江之战中，广东水师采用的是一种类似于湘军水师的打法，即大小船相结合。作战时，大船因缺乏速度，只能依靠一首一尾的火炮，掉过来掉过去地进行轮流射击，但它最主要的功用，其实不是炮击，而是起到指挥调度以及为小船遮挡风浪的作用。

在大船的指挥下，作为小船的舢板实施群狼战术，往往以十抵一，甚至是以百抵一，环绕在英舰四周，进行火烧枪击。

西摩看到，他的军舰被数以百计的中国舢板所包围和纠缠，几乎脱不开身，以往摧枯拉朽的场面再也看不到了。

硬碰硬地对攻

士别三日当刮目相看。中国军队水上作战的勇猛主动和相对灵活的战术，让国际社会大为吃惊。当时有一家外国报纸采访参战的英国海军，曾听到他们亲口承认，说中国人打仗，从来没有如此大胆，其战术战法也胜过了以往。

珠江之战迫使英国海军退出战场，并给其造成了较大伤亡。叶名琛安插在香港的情报网就侦察到英方专门派出轮船，以运载死伤人员回香港。

这是鸦片战争以来，中国军队首次在外战中取胜，其原因若认真追溯起来，与内乱频仍、战争不断倒有一定关系，仗打多了，水平自然就都上去了。

经此一战，叶名琛取得珠江水面的控制权，并收复了大部分炮台。西摩在广州的据点只剩下两处地方，即一馆一台，馆是英国商馆区，台是广州东南的大黄滘炮台。

虽然叶名琛已下令中止通商，但商馆对英国人来说有着象征意义。为了守住这里，西摩无所不用其极，连商馆周围的中国民房也被他全给烧掉了，以开辟出阔地，这样中国军队如果进攻的话，可以充分发挥英军的火力优势予以阻击。

叶名琛并没傻到用人肉去拼子弹，他用的是火攻。1856 年 12 月 14 日晚，广州军民在开阔地上放起大火，照样把商馆区给烧着了。

第二天，西摩爬起来一看，差点以为自己进入了异次元空间——偌大的商馆区就只剩下了孤零零的一幢房子！

可是一幢也得守啊，起码造型要做足。由于害怕中国人再放火，西摩就在这座“孤岛”四周挖起了壕沟。

说是要坚定不移地一直守下去，但这种守法，令西摩自己也吃不消，一个月后，他就宣布放弃了“孤岛”。

陆上水上都败了，海军少将还丢不开面子，放不下身段，硬要说这是在调整部署，他的一个部下听了不乐意了。这个部下，是负责守卫大黄滘炮台的贝特上尉。西摩退到了虎门之外，却让贝特带着三百人继续守着大黄滘，并让他见机行事。

贝特认为西摩的“调整部署”不过是败退的另外一种好听的说法而已：“败就败了，你把我留在这里算怎么回事？见机行事？哪有机可以见！”

贝特的牢骚不是无中生有，因为广东水师已将大黄滘团团围困起来。西摩又迟迟不现身，只派出一艘运送给养的轮船，中途还被中方截获了。

大黄滘被围的英军难以得到补给，缺吃的少喝的，天天是上牙磕下牙，日子苦不堪言。贝特从没受过这种苦，沮丧之余，几成怨妇，竟然嚷嚷说他宁愿回国受到军法审判，进监狱坐牢，也不愿意再待在这个鬼地方。

叶名琛决定集中兵力，收复最后一座“孤岛”。鉴于水师战船不足，他又临时招募了六十余艘红单船，将广东水师的大船数扩充到百余艘，随后便向大黄滘炮台发起了总攻。

为援救贝特，西摩也不得不率英国海军再来厮杀。双方连战三天，广东水师被击毁大船近三十艘，但是英军受到的损失也不小，仅人员伤亡率就在百分之十左右，据说这即使在欧洲战场上也是一个不小的数字。

西摩的嘴张得老大。可是且慢张嘴，因为接下来还有更激烈的战斗，这就是佛山海战。

在佛山海战中，双方海军硬碰硬地对攻。广东水师的战船，特别是大船接二连三地被击中，前后损失达七八十艘，但英国人受到的打击也不小，在损毁的舰艇中，他们有一艘分舰队司令的座舰沉没，还有一艘有引导舰队的旗舰搁浅。

除舰艇或沉或伤外，英军官兵死伤了近六十人。一名英军士兵乘坐的敞篷汽艇被炮弹打穿，眼看就要沉没了，正在他随着众人，慌慌张张地准备搭上另一艘军舰时，却恰好看到那艘军舰上的军官被炮弹炸成两截，血淋淋的肉块呼地一下就从头顶飞了过去。

这个士兵服役不久，本以为远东的战事轻轻松松，没想到这么恐怖残酷，吓得他战战兢兢，原先神气活现的劲头荡然无存。

如果说珠江初战的印象还不深刻，此后的两战则让西方国家对中国军队的作战能力有了完全不同以往的评价。

参加过第一次鸦片战争的英国老兵看得最清楚，他们曾亲眼看见广东水师的不堪一击，但是在这几次战争中，他们都发现广东水师的军事训练水平已有了明显提高，反映在实战中，就是初步具备了在近海与世界第一流海军相抗衡的能力。

除人员素质和战术外，中国军队武器上的改进也引起了观察家很大的兴趣。与第一次鸦片战争时相比，进口的洋炮不提，即便土炮也造得更加有模有样，原先的鸟枪已大多被改换成了欧洲通用的燧发枪。

超限战

应该说，西方人在广东看到的，只是中国军备最好的一个部分，或者说一小部分。在其他地方，仍基本保持着鸟枪加土炮加刀矛的配置，即便湘军水师的洋炮，也还是从广州进口过去的，广东水师不过是借了近水楼台先得月的光。

不过这已经足够让人惊艳了。西摩自己也感慨于对手在战场上的灵活和勇气，他在给英国政府发去的报告上说，佛山海战揭开了中国战史上的新纪元。

通过这几次水上的角斗，英军伤得不轻，舰艇损失不算，关键是兵员还得不到补充。包令四处要援兵，向印度政府要，向英国本地要，但就是望穿秋水，迟迟不来。

别看英军每次死伤都超不过百，但它的基数不多，总共才一千来人，哪里经得起如此消耗。究竟是撤还是不撤呢，西摩尚在犹豫，这时他却听说自家院子里已经着了火。

自第二次鸦片战争开始以来，叶名琛下了很多妙棋，他在珠江之战中的最后这一着棋绝对可列为上乘之作，这就是采用非常规的超限战，从香港对英国人发起暗袭。

要做非常之事，必寻非常之人，叶名琛找到的非常之人，就是广东省新安县士绅陈桂籍。

陈桂籍乃道光年间的进士，曾经在户部做过主事。清代主事跟现在的干事差不多，属于寻常小京官，但是等陈桂籍回到老家新安后，就俨然成了大人物，有着一呼百应的效果。

新安（现属深圳宝安区）当时划在广东，离香港最近，也是香港的主要物资供给地之一。在陈桂籍的号召下，新安全县动员，对香港实施禁运，并在新安和通往香港的交通线上设置哨卡，严格盘查过往物资。

这还只是叶名琛没做安排以前的事，在接过总督的重托后，陈桂籍站到前沿，成为超限战的现场总指挥。

陈桂籍在新安也举办团练，叫作新安勇，在珠江一带甚有名气，陈桂籍从中挑选了一批精干之士组成了小分队。小分队经过乔装改扮，潜入香港，到香港后他们伏击了一支英军巡逻队，打得对方屁滚尿流，并在杀死一名英军后，提着脑袋安全撤离。

这一事件轰动港岛，此后小分队又多次进入香港，对英军发起袭击。在他们的示范和带动下，在港华人也争相效仿。一时间，英国人遭到绑架、暗杀的事例层出不穷，甚至还有劫掠英国轮船的。经历过那一时代的英国人说："就连街上的中国顽童都会想办法戏耍我们，而他们的父母则盘算着这个英国人的脑袋到底能值多少赏银。"

对于英国人而言，香港成了一个既不安全又不舒适的所在，到香港出趟差可绝对不是什么美事，没准儿一落地就会有很多人盯着你的脑袋拨算盘。作为港督的包令对此头疼不已，但由于驻港英军大部分都在广州作战，仅依靠警察和少部分军队，在治安上难免顾此失彼。

就在包令考虑要不要把英军主力调回来的时候，法国人帮了他大忙，法国海军司令主动承诺可以施以援手，并且表示哪里最不安全，法军就在哪里站岗。

有法军撑腰，包令得以腾出力量，在香港及其边境加强巡查，过江龙们一时进不来了。

陈桂籍于是再次变换手法，动员在港华人直接实施暗杀行动。他通过内线，给两名有机会接近香港政府高层的香港人寄去密函，向这两人购买英国官员的人头，并许以重金。

无奈这些大官身边警卫森严，无论是月黑风高的晚上，还是阳光明媚的白天，暗杀者都难以下手。

机会不多，但只要你不放弃，就一定能有所作为。香港有家颇有名气的面包店，叫怡升行，制作的面包专供英国人食用。有一天早上，在吃了怡升行的面包之后，英国人突然变了脸色，全都上吐下泻，显然是中了毒。

食物中毒的英国人多达四百人，经过紧急抢救，总算都救活过来了。包令将毒面包拿去化验，发现其砒霜含量竟已接近百分之一，也幸亏下毒者没有经验，放砒霜跟放糖差不多，才救了这四百个英国人一命——面包一下肚就导致呕吐，所以才能及时抢救。

让包令格外恼火的是，中毒的英国人里面还有他太太，而且不知道是不是他太太特能吃的缘故，别人都吐了，他太太还巴唧巴唧吃得挺香，结果中毒最深。虽然捡了条命，但着实吃足了苦头，再加上受到惊吓，从此体质越来越弱，只能整天卧病在床。

包令远在英国的姑母从信上得知情况后，急得老泪横流，在回信中说如果你们两口子能活着回英国，我就得感谢上帝的恩典了。

看不见的战斗

毒面包案发生后，包令又惊又怒，下令将店里的五十多个工人全部予以拘捕，但是查来查去，什么都没能查得出来，而且在英国人中毒当天，这些工人全部照常上班，照理下了毒，“凶手”肯定要在第一时间逃走才对。

离开现场的也有，就是怡升行的老板，那天早上他们一家人全去澳门扫墓去了。警察将老板带回审问，老板比窦娥还冤：“我带了一块面包，给儿子当早点的，儿子现在也中毒了……”言外之意，你们指控人的时候，拜托走走心好不好，我要想下毒，会把自己儿子也赔进去吗？

要依包令的脾气，非得把这个怡升行的人，从老板到伙计全都枪毙了不可。可英国是讲民主法制的社会，你拿不出证据，别说枪毙，让人蹲班房都不可以。

最后香港政府查封怡升行，并将店老板驱逐出境，但是真正的“凶手”是谁，最终还是没弄清楚。

这就是陈桂藉的杰作，他虽不是直接“凶手”，却是最大的幕后策划者。

毒面包案令在港的英国佬人人自危，连港督夫人都难逃劫数，还有谁的家属能保证安全？为此，他们纷纷把家人疏散到澳门，以避免在这场混战中成为牺牲品。

怡升行被封掉了，可是面包还得吃，这次英国人转到了一个新的面包行，新的面包行令陈桂藉无法下手。

既然我做不了手脚，还要这种店铺干什么，新面包行的结局是被人纵火烧掉了，仓库里的一千包面粉全部化为灰烬。

以后要想再吃面包，麻烦各位洋大人自己在家里做吧！

这是一场看不见的战斗，包令被迫使出浑身解数来应付。他每天派二十条船在港外巡逻，所有洋商企业的门口都放卫兵，一到下午六点，夜幕还未降临，包令就把全部警察和士兵都赶到街上去执勤。

港岛不过是弹丸之地，为了度过这次风险，香港政府几乎把钱库都掏空了。包令的言语间也已经有了狂躁症的表现，他一直不停地说，我要找船，要搬兵，要成倍地增加警察。

包令还算有种，即便到这种程度，他都没拉下脸来让西摩撤兵回救，但问题是海军少将自己也撑不住了，西摩最终舍弃大黄滘炮台，在摆脱叶名琛的追击后，带着贝特等人灰溜溜地回到了香港。

叶名琛尽管暂时保住了广州，可是他也为此付出了沉重代价。

关闭海关，中止贸易，是两国交兵时的通行规律，总不至于双方一边咬牙切齿地大打出手，一边还美滋滋乐呵呵地做着买卖吧。可是贸易战又是一把双刃剑，伤着别人的同时，也必然会割着你自个儿的手指头。自第二次鸦片战争开始以来，广州就失去了关税收入，商人们做不了生意，赚不了钱，“派捐”自然也无从谈起。特别是西摩火烧中国民房那一次，可以说从根本上伤了广州商界的元气——相当多的中国商栈和货物，都在大火中被付之一炬。

财神爷转眼变成了穷汉，这一点连远在京城的咸丰都感觉到了，因此非常着急，一再催问叶名琛何时可以结束战争。

叶名琛无言以对，这场战争并非他所挑起，而且一旦打起来，岂是他说停就能停的，以广东如此境况，实在是无力再对邻省及南方战场提供任何支援了。

全国后勤总管这一角色不可或缺，当广东的叶名琛自顾不暇时，代之而起的是湖北的胡林翼。

顾全大局

自 1856 年 12 月中旬以来，在内无粮草、外无援兵的情况下，武昌城内的太平军逐渐陷入绝境，再也难以支撑。

作为镇守武昌的主将，韦俊的坚守决心显得相当重要，但天京事变的发生，尤其是亲哥哥韦昌辉的伏诛，令他方寸大乱，非常担心受到牵连或仇家报复，也早就不想继续死守下去了。

胡林翼的长围久困终于看到了最后的曙光。

由于常年在外征战，胡氏夫妇很少能够相聚在一起，乘着前方战事好转，夫人特地赶了远路来看他，船已经停在江中。这时有个幕僚给胡林翼递了张纸条，上面说，打仗是男人的事，军营中充斥阳刚之气，而女人是“阴”的，恐怕胡夫人来了，会影响军队士气。

话说得很隐晦，其实是部下幕僚们都太紧张了，生怕在这节骨眼儿上出什么差错，以至于疑神疑鬼。胡林翼笑了笑，就让人带着这张纸条去见胡夫人。

胡夫人深明大义，看过之后马上扬帆还乡。千里迢迢，两人竟然连见都没见一下对方，不过对于胡林翼来说，这是值得的。在武昌城下苦战了一年多，眼看胜利就在眼前，确实不能再出任何岔子了。

1856 年 12 月 19 日，在胡林翼的指挥下，湘军从水陆对武昌发起总攻。太平军兵败如山倒，韦俊率残部突围而去，一夜之间，坚守一年多的城防轰然坍塌。

武昌扼南北上下咽喉，为长江中游的军事重镇，对于湘军而言，再次收复武昌，意味着为将来攻占南京扫清了一道重要障碍。战后胡林翼由署理转正，实授湖北巡抚，并得到了头品顶戴。巡抚是从二品，戴正一品的官帽，是一种莫大的精神奖励。

同一天，湖广总督官文亦因攻克汉阳而被赏赐花翎。官文出身于满八旗，原先是宫廷的头等侍卫，后外放湖北任荆州将军。官文的军政才能一般，只是当时除湘军将帅之外，咸丰在湖北范围内实在找不到什么更合适的人选，才把他提拔为湖广总督，之后又接替兵败的西凌阿成为钦差大臣。

有西凌阿的失败在前，咸丰对湖北形势之严峻有了更深的认识，不敢再将希望完全寄托于某个人。他沿江划界，把湖北战场分成南北两块，具体来说，长江南岸由胡林翼负责攻武昌，长江北岸由官文督师攻汉阳。

对胡林翼来说，这种分工颇有些不公平。官文所领荆襄之地没有受到过多少战争影响，粮饷充沛，胡林翼分管的是武汉以下地区，那里不是被太平军控制，就是已被反复“打先锋”，弄得一粒粮食都找不到。与此相应，胡林翼的任务却又是最重的——太平军主力集中于南岸的武昌，哪个地方更难打，是个人都能看得出来。

一个是吃得好草，走得近路，另一个是吃不到或吃不饱，还得跑远路，胡林翼的幕僚和将吏们对此大多牢骚满腹，“北岸因人成事”的说法也因此不绝于耳。

胡林翼的想法则多少有些复杂。大敌当前，他还是希望大家和衷共济，能够你帮我，我帮你，而不是互相嫌弃。

胡林翼本来只要负责南岸，但一看到北岸空虚，或是汉阳无人围攻，或是奓山粮道缺乏守护，就马上率主力北上，为此不惜失去金口大营，甚至一度落败。可是反过来，官文的做法却很不上路。比如，在武昌围点打援的战役中，无论是阻击古隆贤还是大战石达开，艰难时刻，都是胡林翼自己在那里苦苦支撑，官文从来没想起派一兵一卒来帮忙。倒是战役打赢了，太平军溃退，他老兄才急匆匆地派了一支两三百人的马队来到南岸，无非是想在胜果里面分上一杯羹。

类似的事情很让人不齿，但胡林翼顾全大局，在战报中有意让功，奏称“马队之功允推第一”。若是不明就里的，还以为能击退太平军，就全仗着姗姗来迟的这两三百骑兵哩。

十二罪状

军功全都是用鲜血和生命换来的。胡林翼如此高姿态，无非是想影响和打动官文，使其感动之余，能够在自己最需要的时候伸出援手，而不是收尾了再来抢功劳。

问题是人和人不一样。官文本来就没什么本事，他要捡点功劳的机会也不多，眼瞅着太平军越来越不济，防守重点又落在武昌，正着急着赶快把防守相对空虚的汉阳拿下来，好向咸丰邀功显能耐，哪里还顾得了胡林翼那一头。

以前官文还派个马队过来，至此连个小兵都不拨了。不仅如此，他平时偷懒，琐碎一些的军政事务大多交由家丁代办。这些人拿着鸡毛当令箭，办起事来往往更加不顾大局，对南岸不予支援不说，还总是一个劲儿地扯皮或与之争抢军饷兵源。

胡林翼的胸襟再宽广，也有性格脾气，久而久之，对这位愚陋小气的顶头上司越来越有看法，情愿敬而远之。

随着时间的延续，胡林翼在朝野间的声望之高，已远远超越了官文，这可不是在文书里面吹几句牛就能代替的。官文逐渐意识到，按照这种势头发展下去，胡林翼迟早会成为两湖地区数一数二的人物，到那时对方完全可以甩开他单干。要知道同居一城，厉害的下属把上司挤对得连立足之处都没有，这种事例层出不穷。更不用说，巡抚其实并不受总督的制约，就好像以前的吴文镕和崇纶，吴文镕是总督，崇纶是巡抚，可崇纶就有办法把吴文镕逼得走投无路。

官文虽然才能平庸，却还有自知之明，他不像陶恩培，明明是晃晃荡荡的半瓶水，却硬要充好汉。他知道自己离不开胡林翼，所以忙不迭地想上来讨好。

照例，官文是胡林翼的顶头上司，胡林翼该先到北岸来拜见他，可是胡林翼迟迟不现身，官文就猜到由于自己此前的不仗义，对方心里可能已经有了疙瘩。

官文的另一个好处，是能放得下架子，不怕被别人说成是幼稚浅薄没身份——既然胡林翼不来看我，那我就去看他！

官文没有想到，他三次亲自拜访胡林翼，三次都不得进门而入，胡林翼根本就不想见他。不仅如此，胡林翼甚至还要参劾他。

作战期间，官文和他府上的家丁没少干贪功诿过的烂事，现在都被一一揭发出来。大家对此议论纷纷，都说官文做事忒不地道，与他的家丁是啥锅配啥盖，没一个好东西。

胡林翼一想，今后两湖地区要由这么一个庸人主政，政事还能好得了吗？他给身边的幕僚和部下一鼓动，性子一来，就写了一封奏疏，上面共参官文十二项罪状。

写完了，他没有急着上奏，而是让人拿着上门去找官文，意思很明白：你改悔吧，若是不改，我一定参你到底。

人要脸树要皮，先是三顾不纳，接着又来这么一个在别人看来明显带有羞辱性质的举动，官文再也憋不住了。他气恨恨地把门一关："说我一塌糊涂，难道你就是天生仙女？这个世界谁怕谁，上奏告状我也会啊，现在就给你整十二条罪状出来。"

事情发展到这个地步，双方都已经下不来台，非得有人相劝不可。

湖南宝庆知府魁联正在武汉随军效力。魁联出自湘军系统，他征募的宝勇，也就是宝庆勇丁，在湘军亦属能战之师。另外，此君还是个能说会道的场面人，经常在南北岸穿梭来去，跟官文混得很熟，私下交情也不错。

见势头不对，魁联赶紧凑上来做和事佬。他先找到官文，晓之以利害："现在天下大事若是离开湘人，只能一事无成。"

官文当然听得懂里面的弦外之音，所谓湘人，是专指胡林翼。他官文能把湖广总督这把交椅坐稳当，的确全仗着胡林翼，换句话说，都是捡的现成便宜，一旦离开胡林翼，真的只会一事无成。

现实比人强，以牙还牙的想法还是暂时搁一边吧。接着魁联的话更是说到了官文的心坎上："公为大帅，湘人之功皆公之功，何不交欢？"

你是湖广总督，一把手，胡林翼的功劳，还不就是你的功劳，当然反过来也一样，胡林翼倒霉，你也脱不了干系。那么为什么不跟胡林翼搞好交情呢？

这个道理，官文早就想明白了，都不用别人提醒。他所郁闷的是，姓胡的不给他这个面子啊。

官文叹了口气："可不是这样说呢，我也想交这个朋友，但也许胡公误听了什么谣言吧，不仅不领情，还故意要给我难堪。"

魁联听到这里，一拍胸脯："没关系，这个交道我去打。我就不信了，胡公那么聪明的一个人，岂能被人蒙蔽。"

魁联回到南岸，对着胡林翼，他说的又是另外一番道理。第一句话是："您可能对官文的为人了解得还不够全面。"

胡林翼撇了撇嘴，有什么不了解的，一个没脑子的昏官而已。打仗，打仗不行，只败不胜；办事，白天睡觉，晚上梦醒，我对他已经够了解了。

魁联笑着摇了摇头："您只知其一，不知其二。我们撇开公事不谈。私底下的官公，其实非常忠厚。"

另一种搭配

魁联的话把胡林翼说得愣住了。官文私底下还忠厚？这一点他从来没有想到过，此前两人分隔南北两岸，从未谋面，分歧和矛盾也都是因公而起。

魁联的全部论点，都集中在了"忠厚"这两个字上。他说："我们看人要往好的方面看。官公对人没有弯肠子，而且极重友谊，如果胡公能跟他做好朋友，他绝不会中途给您使绊子，而且正因为他在办事方面不如胡公，所以什么事都会听您的，这样胡公办起事来，就不会有什么后顾之忧了。"

胡林翼听后未做任何表示，但脸上已经没有了那种不屑的神情。魁联察言观色，见机又跟上一句："如果胡公咬死了一定要弹劾官文，朝廷可能会换个更能干的来。可是您想想，那位能干的官员还会像官文这么好说话吗？"

就在胡林翼尚对魁联的建议思量权衡之际，官文却已经可怜巴巴地等不及了，但在连吃了三次闭门羹后，你要让他再死乞白赖地上门示好，别说是堂堂的湖广总督，就算是普通人，这个脸也拉不下来。

官文自己找了个人到南岸做说客，希望胡林翼能够主动一些。这位说客对胡林翼说："我知道胡公您是一个具有长远眼光的人，绝不会犯低级错误。眼下我们虽然收复了武汉，可是并没有能够完全'削平巨寇'，太平天国还在那里呢。"

接着来人的一句话令胡林翼大受震动："天下未有督抚不和而能办大事者！"

胡林翼不能不动容，因为这确实有前车之鉴。仅在湖北官场，因督抚不和而导致打败仗的例子就上演了一幕又一幕。在胡林翼之前，便有吴文镕与崇纶之争，就是陶恩培，也是与前任湖广总督产生矛盾，才导致最后独守孤城，兵败身死。

说客的意思就是官文的意思，官文已经把话说到软得不能再软，他甚至说只要两人结交，胡林翼就等于是兼任了总督："督抚二职兼于一人，湖北军政大权由您一手独揽，天底下也没有这样的好事，那太平军还能挡得住我们吗，何愁大事不成？"

说客刚走，魁联又来了，还是劝胡林翼主动与官文结交。其实胡林翼已经不需要再劝，他想通了。

由于南北两岸素有积怨，这时湘军中仍有各种各样的声音，也有人主张将官文一劾到底，绝不妥协。胡林翼叹了口气："官文纵有种种不是，但军队要想打胜仗，关键还在于一个和字，再说这是什么时候，岂能意气用事。"

没多久，胡林翼收复武昌，官文也收复了汉阳，南北两岸变得畅通无阻。汉阳是武昌的拱卫之城，汉阳控制不住，武昌纵使收复亦难以稳固。胡林翼于是决定渡江去拜见官文，走之前下令给僚属："我们督抚即将会面，以前的事一笔勾销，谁也不准再提起。如果还有人议论北岸将吏的是非短长，我就治他一个造谣惑众之罪。"

前面的铺垫做得有多充分，后面的过程进展得就有多圆满。官胡虽是初次见面，但相谈甚欢，所谓"开诚布公，互相钦佩"。

此后，官文果不食言，湖北吏治、财政、军事全由胡林翼一人主持，官文只是跟着签名画诺而已。

但是，湖北的官胡配毕竟不同于广东的徐叶配。徐广缙和叶名琛，在学问、能力、志向上都比较接近，称得上是志同道合。官文却是要学问没学问，要能力没能力，讲志向也没什么远大志向，不过追求功名利禄的一个俗人，与胡林翼完全搭不上腔调。

你要说"开诚布公"或许有那么一点影子，"互相钦佩"？从何谈起。说得难听一点，官胡配更多的是一种利益联盟。官文平常看似老实庸碌，其实城府极深，他才能不济，又不肯在军政实务上多花力气，却知道如何借助别人的力量来保住自己的荣华富贵。

陶恩培死后，是官文第一个向咸丰建议由胡林翼署理湖北巡抚，那时的官文自己还只是荆州将军。咸丰看着，认为官文谦虚谨慎，不争官帽，其实他是怕担责任，巴不得把重担交给别人来挑，由胡林翼在前线做他的挡箭牌。

在官胡相处过程中，一般事务全部交由胡林翼处理，面子上官文也一力推让，然而有一点是最大的忌讳，即你绝不能跟他抢功劳。胡林翼深知官文的心思，所以每次上奏，只要是讲到成绩，他都会很自觉地把官文推到前面，自居其后。

曾国藩站在旁观者的角度，一语道破了官胡配的实质："彼此不过敷衍而已，非诚交也。"

世故这东西

既然不是诚心结交，官胡配的脆弱性就不言自明，一个是虚与委蛇，"容身保位"，另一个是忍辱负重，顾全大局。大家都戴着假面在表演，一天两天犹可，一月两月也能勉强忍忍，一年两年就有些憋不住了。

率先憋不住的是胡林翼。没错，官文在一般事务上都能听他安排，从不插手干涉，但是这个人私下很不检点，一方面是驭下不严，对部属乃至家丁过于放纵，另一方面他自己也浪吃浪用，花钱如流水——如果银子是从官文自家腰包里掏出来的，无论开销多少，胡林翼都不会有意见，关键官文花的都是公家的钱！

官文极深的城府，胡林翼都能看得出来，而且知道对方心里拨的都是什么算盘。他曾经对身边人说过，一个人沉稳老练是好事，但不应该有太多世故，因为世故太深是容易耽误国事的。

明清之际，有两部小说在民间最为流行，一部是《水浒传》，另一部是《红楼梦》，胡林翼都看过，而且他认为这两部书均为"世故之书"。

《水浒传》中的宋江、晁盖并非穷得活不下去，才被"逼上梁山"的。事实上，宋江是押司，晁盖是地主，说得难听点，都是黑道白道全吃得开的底层"强人"。一部《水浒传》，就是强人之书，看了这部书，大家都有了做强盗的理由和底气。

《红楼梦》里面凡涉及上层官府，全是清一色的官官相护，权钱交易，最经典的就是贾雨村的"葫芦僧判葫芦案"。

胡林翼此时正在整顿湖北吏治，想到官文可能会误自己的大事，暗地里又有了要不顾一切予以弹劾的想法。他深知关系重大，因此特地找来一个叫阎敬铭的官员征求意见。

阎敬铭出语惊人："确实可能会误事，不过不是官文，而是大人你！"

胡林翼听后大吃一惊，赶紧问为什么。阎敬铭抛出了两个反问句。第一句是："你要弹劾官文，难道官文就肯吃眼前亏，不反过来也弹劾你？"第二句是："督抚互相揭短，互相攻击，别说您不一定会赢，就算赢了，咸丰撤掉官文，能保证继任者就胜过官文？”

这都是早在与官文见面之前，魁联就说过的。胡林翼听了没有吱声，在他看来，仅以第二句而言，这种一茬不如一茬的理论，只能说有一半道理，官文已经够贪腐的了，实在想不出还有谁比他更差劲。

胡林翼倒情愿换一个能干些的来，或许他不一定像官文一样事事顺着你的心，但我胡林翼做官，也不是为私，而是为公。只要能给下面做个好榜样，大家商量着办，又有什么不可以？

阎敬铭见胡林翼保持沉默，索性直入主题：“官文是旗人，你如有大事，可以借他的话来达到你的目的啊。”

这句话说得多少还有些隐讳，它真正的含义其实是说官文通着天呢，你胡林翼办不到的事，他官文却可以办到。

阎敬铭跟广东的陈桂藉一样，原先都是户部主事，了解很多京城内幕。他知道咸丰虽然委任胡林翼为湖北巡抚，但对胡林翼并不完全放心。

如果说早先道光、咸丰都充分信任胡林翼，这是有可能的，因为当时的胡林翼跟江忠源相仿，或者管的地方不大，或者只是单纯战将，但当胡林翼上任到与曾国藩差不多的地位，成了文武兼备、手握重兵的一方大员时，就值得皇帝多考量考量了。

尤其咸丰是向来极为看重湖北的战略地位，视其为“天下要冲”，他绝不可能让胡林翼在湖北说一不二，官文在很大程度上就是起一个监控或牵制的作用。换句话说，如果一件事是出自胡林翼之口，咸丰或许要推敲半天，患得患失，若是由官文主动提出，则会一无疑虑，那样办起事来无疑要顺畅多。

再退一步讲，纵使官文帮不上什么忙，只要他愿意，还能扯你后腿不是。要知道官文身为督抚，有密奏之权，他尽可以地在咸丰面前编排你，给他那么一恶心一倒腾，你要想做成任何一件事，都得大费周章。

阎敬铭的提醒，有如醍醐灌顶，让胡林翼有了一种大彻大悟的感觉。

夫人外交

胡林翼本来是和曾国藩一样性格的人，计谋和变通也仅用于军事，做官方面向来刚正不阿，眼睛里揉不进一粒沙子，但是从此之后，在他身上却发生了惊人的蜕变。

世故、城府乃至于权术，固然会耽误国事，可也正因为不能耽误国事，有时候也必须学会并使用它们，关键还在于你的居心如何，以之营私，即为官场小人，以之谋公，同样不失为君子。

胡林翼不仅彻底打消了弹劾官文的念头，而且主动投其所好，额外设立一个账户，指名由官文的督署专款专用。官文爱财，不过碍着胡林翼，以往弄点钱都得藏着掖着，没有想到胡林翼如此知情识趣，不由大喜过望。

对于官文那些不成器的手下和家人，只要做得不算太过分，胡林翼就睁一只眼闭一只眼，实在看不过去，便到官文府上告状。官文纵容下属，说到底无非是自己不能出面，让手下人帮着捞点外快，现在既然胡林翼把钱都送到家门口来了，而且还是合法收入和支出，有什么理由不树立一下自己的形象呢？

“胡兄不用生气，我让这帮小子立刻、马上、迅速从你眼前消失！”

距离已经拉近，但还需要继续加深感情，而感情这种东西，又是可以慢慢培养的。

某日，官文告知省城的文武百官，他太太要过生日。

若是官文自己过生日，自然有马屁精惦记着，太太又不一样，你不招呼，人家是不会主动上门的。现在他既然放话出来了，这面子得给，于是到了日子，众人就陆陆续续赶去祝寿。

有个官员来到官文家门口，名片已递上去了，无意中却听门房的人透露，原来过生日的并非官文的正房太太，而是他的一个小妾。

这个世上，每个人身上都会不同程度地存在弱点。官文固然城府极深，出入官场几乎水火不侵，但他惧内，所谓“内”指的就是这个小妾。

官文对小妾宠爱备至，且十分忌惮。为了给小妾一个惊喜，他不仅为之大办生日宴，还突发奇想，要让百官来贺。

古代妻妾地位相当悬殊，一如《红楼梦》中的王夫人和赵姨娘。要照直说，就没人肯来了，所以官文编个谎，但没想到被下人给捅破了。

那官员不听犹可，一听整个脸都紫涨起来：见过欺负人的，没见过这么欺负人的。你夫人的生日贺一下也就算了，竟然把一个妾也弄了出来，成何体统！

他朝门房一伸手："我名片呢，还我！"拿过名片，嘴里还骂骂咧咧："本官好歹也是朝廷大吏，怎么能屈膝于贱妾裙带之下？"说完，拍拍屁股扬长而去。

其他人听说原来是这么一回事，也跟着嚷嚷起来，并且一个接一个地要回名片。因为胡林翼还未到，他们才没立即拔脚走路，不过看情形也只是时间问题，巡抚一到，铁定共同撤退。

不走比走还令人难堪。官文又羞又愧，尴尬万分，几乎想刨个坑埋了自己。他小妾见状，更是颜面大失，恨不得一脑袋把她男人撞翻在地。

过了一会儿，胡林翼来了，这位老兄似乎根本就没听到众人的议论，昂着脖子就走了进去，并向官文的小妾行礼祝寿。

大家都震惊了，什么情况？

有人以为胡林翼可能还不明真相，就上前去提醒他的随从，随从若无其事："我们巡抚大人早就知道这码子事了。"

众人起先愕然，继之释然：堂堂巡抚都不觉得丢脸，我们装什么大头葱，一道跟着进去吧。

胡林翼为官文夫妇保全了体面，他们自然感激不尽，而通过这件事，胡林翼也找到了一条加深双方关系的捷径。

此时，胡林翼的家眷已搬到了武昌。在他的特地关照下，胡夫人经常邀请官文的小妾来家里做客，胡母亦对之另眼相看。正好官文的小妾也是个会来事的，平时就很擅长言辞。她知道胡林翼是湖北官场上首屈一指的实力派，连丈夫都不得不加以倚重，因此一来便竭力讨好胡母。老太太被她哄得很是开心，于是索性认作义女。

夫人外交旗开得胜，胡林翼成了"胡大哥"，他和官文夫妇如今是一家人，情同骨肉的关系了。

以前官文只把一般事务交由胡林翼主持，但大事他还是不敢掉以轻心，总要上前卡一卡。之后，不消胡林翼去多费口舌，自有他的"义妹"大吹枕边风："我胡大哥的才识要胜你千倍万倍，你就交给他处理吧，不会有任何闪失，你自己还落个清闲，有什么不好？”

官文再怎么在外面装腔作势，也敌不了屋檐下妇人的只言片语。这大概就是东西方通行的生物链：男人征服世界，女人征服男人。

右眼跳，贵人来

官文的表现，让咸丰既纳闷又不解。湖北上一份奏折，无论是署胡林翼的名，还是官文的名，抑或是联合上奏，他根本就分不清究竟是胡林翼的意思，还是官文的主意。

在南方各省之中，咸丰最重湖北，怕的就是这种督抚“团结如一人”的情况，当初不让曾国藩任湖北巡抚，也就是担心以曾国藩的威望，在湖北会成尾大不掉之势。

要不，像对待曾国藩那样，把胡林翼调出湖北？可是过去的这种做法已经被证明是失败的，没有曾国藩的仓促离开，就不会有武昌的失守和湖北战局的一败涂地。花了一年多工夫，好不容易转危为安，咸丰再无脑，也不至于两次掉进同一个坑里去。

调离不行，不调又有隐患，咸丰不知如何是好。这时旁边有人告诉他：别瞎琢磨了，胡林翼不仅要用，还得重用！

右眼跳，贵人来。胡林翼比曾国藩更走运的地方就在于，关键时候，朝中还有人帮他说话。

祸福相倚是人们经常挂在嘴边的口头禅。其实在人们生活过程中，也会经常遇到这样一种情况：有些人在某些时候几乎就是你的“灾星”，但在另外一些时候却又能成为你的“贵人”。

胡林翼这辈子在官场遇到的第一个重大挫折，是做考官的时候受人牵连，连累他的主考官名叫文庆。

文庆和鸦片战争时的裕谦一样，都是满人子弟中难得的读书郎，虽出身官宦世家，条件优越，但在和汉人同挤一座独木桥时并不落于下风。

与裕谦的一贯本分相比，文庆的特点是什么时候都不能安分，不客气地说，此君简直就是个闯祸大王。因为江南科场案出事，道光将他发配新疆，后又重新起用，但时间一长，他那惹祸的毛病又上来了，于是再次罢官。

这两次处罚都还算是大一点的，小一点的处分更是多如牛毛，究竟有多少，恐怕连他自己都记不清楚。

道光对文庆打归打，骂归骂，然而打骂过后照样起用，在道光临终前指定的顾命大臣中，文庆赫然在列。

咸丰即位，文庆并没能改掉老毛病，依旧是糗事一箩筐，这使得他始终在革职、起用、再革职、再起用的循环里面不断打转，直至顶替下课的恭亲王奕䜣，成为新的军机首辅。

清代在用人方面，早期一直是文多用汉臣，武多倚满臣，一方面确有军权旁落的担心，另一方面倒也符合当时满汉大臣各自的特点，但到道光、咸丰时期，这一"定律"突然就不灵了：前有奕山、奕经，后有赛尚阿、讷尔经额，谁都没能在打仗方面显示出过人天赋，以至于把他们全加起来，还不如一个僧格林沁好使。

在满臣打不了仗的同时，一批本来文质彬彬的汉臣，倒越来越多地显露出了"文能提笔安天下，武能上马定乾坤"的潜质和气象。

文庆对咸丰说："为什么我们一定要画地为牢，在满臣这个小圈子里面犯嘀咕呢？既然汉臣行，就重用汉臣好了。"

在军机大臣里面，祁寯藻、彭蕴章之流之所以排斥自己的同胞，在很大程度上，正是因为他们本身就是汉臣。奕䜣、文庆没有这一顾虑，加之屁股下面坐的又不是龙椅，也不用像咸丰那样瞻前顾后，怕这怕那，因此敢言人之所不敢言。

文庆还能够由浅入深，讲出一番道理。他说："像我们这样的满人，打小就出生在锦衣玉食的上层社会，耳濡目染的全是高高在上的东西，对国家大计无知得很。曾国藩等人来自乡间，最为了解百姓疾苦，也知道社会上哪些东西是真的，哪些是假的，这大概就是当身处乱世时，他们看上去要比我们要更技高一筹的原因吧！"

文庆由此得出的结论是："欲办天下事，当重用汉人，尤其要破除满汉樊篱，不拘资格以用人。"

曾国藩和胡林翼无疑都是汉臣中的佼佼者，文庆也都不忘为二人美言。曾国藩初建湘军时，屡战屡败，朝中嫉恨他的人便乘机说他坏话，只有文庆独言："国藩在社会上声望高，能杀贼（太平军），终当建非常之功。"时论认为，如无文庆从中维护，曾国藩一定会遭到朝廷排斥。

相对于曾国藩，文庆对胡林翼更是熟悉不过。说起来这还得亏当年一起在江南做考官的经历，他知道胡林翼有能力有本事，在入值军机前就利用各种机会鼎力推荐，胡林翼在湖北能够连升四级，除恭亲王奕䜣一度主持军机外，也有文庆的密奏之功。

等到文庆成为军机首辅，俨然就是胡林翼在朝中的"护花使者"，天天在咸丰耳边说着胡林翼的种种好处。对咸丰说必须重用胡林翼的，正是文庆。

一个人在拿不定主意时，身边人的只言片语都会变得举足轻重。想当初，彭蕴章不过是小小的军机章京，在对待曾国藩问题上还能起到那么大的作用，更不用说文庆这样的军机首辅了，不过以前起到的效果是负面，现在则是正面。

有了文庆的力保，咸丰不再对胡林翼横挑鼻子竖挑眼，凡湖北上来的奏折，均大笔一挥予以通过。

对胡林翼来说，前路已经没有什么大的阻碍，然而亦非坦途。

第六章

零丁洋泊叹无家

湖北的战略地位，没有人能予以忽视，但也正因为它太重要了，所以才会被反复争夺，其间光省城武昌就三次被太平军所攻破。在胡林翼克复武昌之前，荆楚大地早就是白茫茫大地真干净，破败得不成样子了，一个好端端的省份几乎被打烂了。

要恢复湖北的元气，等同于白手起家，胡林翼要做的第一件事是用人。

清代有任官回避制度，比如，你是湖北省的，一般就不能在湖北做官，于是除了湖北本地人没法任用外，其他只要听到谁有两下子，就算住在天涯海角，胡林翼也会想方设法把人给挖过来。这里面，既有芝麻绿豆的小官，也有蹉跎于功名的读书人，甚至一些说过怪话、发过牢骚、犯过错误的人也有。

人才蓄水池

省城有个官员，早上正要坐轿出门，忽然发现轿子上被人挂了一副对联，其中有一句称“尊姓原来貂不足”。这名官员姓续，有一句成语叫“狗尾续貂”，显然是有人背地里跟续某不对付，故意用“貂不足”来对他进行讽刺。

续某大怒，一状就告到胡林翼那里。胡林翼一听，也说此风不可长，当即亲自立案侦破。

过了几天，续某去拜见胡林翼，还没等他开口，胡林翼便先上前拱手道歉。

你跟我道哪门子歉哪？续某被弄得丈二和尚摸不着头脑。胡林翼这才道出原委。原来案子已经破了，对联为某某所撰写，可是胡林翼破案的真正目的，并不是要予以处分，而是觉得能写出这副对联的人很有才气，他是直奔“挖角”而去的。

胡林翼对续某说：“让有才的人沉沦底层，只能靠写对联来引人注意，这全是我的不是，所以我要替他向你道歉。”

续某哭笑不得，一问，撰联人已经被胡林翼招去做幕僚，大家以后算是同事了。那还有什么可说的，本来要打要杀的心也只好暂且收敛起来。

世有伯乐，然后有千里马。自胡林翼执政湖北以后，这里就成了人才的蓄水池，因此又带来了一个新的问题，这么多人，怎么安排呢，都得给人家个位置啊。

湖北的现状为解决这一困扰提供了可能。原有官员死的死，逃的逃，逃走的避居外乡，也再不想回来。至于新任官员，一旦得知被派去湖北，等于要了他的命，有的任职书都下了有五六年了，相关职位上仍旧是空空荡荡。这在别的省特别是尚算太平的省份，当然难以想象，但在湖北却是司空见惯，胡林翼一眼扫过去，下面一大片一大片全是空桌位。

有桌位就好，这样我就可以安排你们坐下来了。不过在此之前，还得过一过程序。

任用官员必须吏部批复，这里面有的不成问题，可是有的就比较棘手，像灵机一动写写对联的那位仁兄，就未必拿得出什么过硬的功名或资历，如何过吏部这一关，颇让胡林翼头疼。

胡林翼思量一通后，便给朝廷写去奏疏，说我这里乱得像一锅粥，下面的州县官员要么死了，要么病了，反正一句话，我就是缺人手，所以只能“不拘文法资格”，管他有没有功名，先用了再说。

有文庆在上面说好话，又有官文在下面打马虎眼，奏疏很快得以通过，胡林翼的人才蓄水池想不涨到满都难了。

眼看湖北形势在一天天好转，原来被弃之如敝屣的乌纱帽转眼又吃香起来。想走后门谋差使的不乏其人，然而大家都知道胡林翼是个清官，要走他的后门，银子是不管用的，那亲情如何呢？

出乎众人意料，胡林翼的回答是可以！

胡林翼是凡人，也跟别人一样有三亲六眷七姑八婆，冷面回绝是很伤人感情的，所以胡林翼的做法是来者不拒，而且亲自接待。

在接待来客时，胡林翼说得很诚恳：“我是需要人办事的，请你老实告诉我，你能干什么，我一定把相关的职位授予你，但是假如你不好好干，或者不称职，今天我们还是亲戚朋友，你好我好大家好，明天就是巡抚与下属的关系，我会参劾你没商量。”

胡林翼对待下属的要求非常严格，时时刻刻都要拿着一张考核表予以对照，如果你想整天一杯清茶地在堂上混日子，那绝对是打错了主意，拨错了算盘。

胡林翼的有言在先，把一众想来混事的亲戚都给吓得够呛，就算有人相邀，也忙不迭地摆手回绝。

不光亲戚，凡是有勇气向胡林翼自荐的人，都得有两下子才行，水平次一点的，连门都不敢进。

官员平时看似高高在上，其实最易被手下蒙蔽，而且越往上面去越是如此，但是没有人敢骗胡林翼，这不仅在于他有着一双明察秋毫的眼睛以及一身的凛然正气，还因为他不会装腔作势，什么话都放在明处，让你想蒙他一把都下不去手。时人谓之：“不敢欺，亦不忍欺。”

有个姓孙的知府曾在胡林翼的前任手下做事，此人是个标准的马屁精，自己也贪心很大，外快银子捞了不少，称得上是湖北官场的一害，并曾因此被革职。胡林翼却偏偏把他捞上了岸，看中的也正是他身上与撰联人相仿的优点——有才气，擅理财。

孙知府给胡林翼做了下属以后，就像换了个人，从此大家都知道他是水平极高的理财专家，全然忘记此君过去还是“一害”。

相反的例子，则是胡林翼亲自提拔的一个姓唐的知府。唐知府兴利除弊，打黑除恶，甚至还掏出自己的俸禄贴补地方，曾经是有名的能吏和清官。孰料胡林翼死后，官文主政湖北，他竟然又由清官变成了贪官，俨然就是孙知府过去的形象。

人还是那个人，只是上司换了，官场的生态系统掉了个个儿。唐知府此举也不过是适应环境需要而已，换句话说，只要胡林翼在，他就是个好人，胡林翼不在，好人不得势，你要想继续在官场混下去，当然就只能改行头做坏人了。

省政是由州政、县政组成的，随着好人版的孙知府、唐知府越来越多，一省之内要想不出成绩都难，湖北有了胡林翼，此地从此“弊绝风清”，且“治行为各省之冠”。这个经历惨痛战乱，原本已被甩到末尾的省份，在短时间内就一跃而起，成为全国治理排行榜上的状元。

接力棒

有人气，财气就有了基础。

自出仕贵州以来，胡林翼打了无数的仗，但最让他刻骨铭心的还是爹山溃败。爹山溃败就败在缺乏粮饷上，当时能供应湘军的是川饷，但因为遭遇风雨，耽搁了行程，结果迟了很多天，等到达时，饥寒交迫的军队已经溃败了。

评论战争，看热闹的人仅仅关注如何打仗，懂门道的却知道粮饷有多么重要，在很多时候，它们甚至直接决定了双方的胜负成败。

在这个剧烈动荡的时代，所有聪明人的脑细胞都得到了充分开发，胡林翼也打起了商业税亦即厘金的主意，而湖北的相对太平和治理得法，又使得商人们有生意可做且有钱可赚，政府收到的厘金自然就多，远非战火频仍的江西等省所能比拟。

厘金只是治标，更重要的是治本。由胡林翼一手发起的漕政改革，清理掉大量陋规，不仅减轻了百姓的负担，而且筹集到了更多的粮饷。

胡林翼的最终目标，是要把湖北建设成为南方战场的后方基地，所以有了钱粮之后，他不仅用于自足，还源源不断地提供给湖北省外的其他部队。对于曾国藩等孤悬在外的客军而言，无疑是解了燃眉之急。

时机总是凑得那么巧，广东的叶名琛刚刚自顾不暇，这边胡林翼就拿过了接力棒，只不过叶名琛还只是充当外省的后勤总管，胡林翼则既是各省的后勤总管，又是统领各省的军事主帅。

胡林翼之所以一肩挑两任，也是情非得已，因为曾国藩缺席了。

陈启迈被参倒之后，新任江西巡抚依旧视湘军为客军，用得着时用，用不着时就扔在一边。更让人难堪的是，这些地方官吏还会看人下菜单。湘军将领以战功累计，很多人都已官至省级，比如，杨岳斌早就是从三品官员了，然而在州县官吏看来，这个从三品的乌纱帽却不值一钱，照样可对之呼来喝去。

曾国藩为解决粮饷，找人募捐。开始还有人踊跃，后来都躲着跑，原因是江西官员说湘军的官印是伪造的，捐了款的人家不仅得不到表彰，还会被抓去审讯，弄得灰头土脸。

曾国藩守着一所名不正言不顺的厘局以及几千残兵度日，攻又攻不了，守也只是勉勉强强，多少次差点就被石达开或韦昌辉给打趴下，那心真是冷到要结冰。

人都有脆弱的一面，哪怕是把理学功夫修炼到一定境界的曾国藩也是如此，尽管“好汉打掉牙和血吞”是他的口头禅，但在一篇诗词中，他仍然忍不住愤然写道：“大冶最憎金踊跃，哪容世界有奇材。”我跟你们不一样，我是块金子，所以你们才容我不下！

这个时候他正好接到了父亲去世的消息。曾国藩的父亲虽然自身天资不高，终其一生也只考到过秀才，但却知书明理，在世时称得上是曾国藩精神上的靠山与支柱。每当曾国藩陷入迷茫和极度困难时，他或是去信激励，或是设法解困。回想一下，若不是曾父以吊唁罗泽南之名，促请胡林翼分兵援救江西，曾国藩也许就只有闭眼等死的份儿了。

曾国藩得到消息之后，二话不说就离开江西，回乡奔丧去了。走之前，他给咸丰上了一折，权当请假，问题是这假请了等于没请——在咸丰批准之前，他就开溜了。

在长久的郁闷之中，曾国藩需要一个心理宣泄口，父亲的死恰恰为他提供了这一机会。

曾国藩这一走，征战江西、安徽的活自然就落到了胡林翼身上。

新一代

此时湖北内部也并不是完全风平浪静，一方面是太平军仍虎视眈眈，时时想重入鄂境，另一方面是很多地方的小会党或义军又蠢蠢欲动。胡林翼把超过一半的精力投于外省，是要冒点风险的，但是他说："邻省不安，湖北也安全不了，我确保邻省，正是为了确保湖北。"

在胡林翼的军事计划中，收复九江是重中之重。湘军在江西落入困境，其转折点即为九江之役，在这座城下，不仅战死了一代名将塔齐布、童添云，还使湘军士气大挫，以至于曾国藩一度被石达开打乱了方寸和阵脚。

胡林翼和曾国藩这些人，对招纳太平军将领素来都持着谨慎态度，怕的就是他们"抚而复叛"，最后反而养虎成患，难以收拾，比如，明代的熊文灿招抚张献忠就是一个特别失败的例子。

咸丰让曾国藩设法招纳石达开，曾国藩大摇其头，但通过九江攻守战，他却对驻守九江的林启荣有了惜才之情，曾多次给林启荣写去亲笔信进行招抚，信中还尊称林启荣为林先生："林先生，你打仗太厉害了，为什么不跟着我们一道干呢？"

林启荣的回复是："壮士看重的是'忠义'二字，你就不要勉强我了。"

曾国藩无可奈何，一再感慨地说，林启荣的坚忍，在我们湘军里面很难有人比得上，可惜就可惜在他是太平军的人。

曾国藩的感慨还有很多话外音，比如，叱咤风云的塔罗不在了，湘军第一代将星已凋零得不成样子。这位湘军大帅做着梦，都希望眼前能够出现新一代的超一流战将。

水师中杨岳斌、彭玉麟都具备了条件，就看陆师的了，这名战将不说一定超过林启荣，但至少得与他处于同一水准。

胡林翼派来攻打九江的李续宾便是这样的理想角色。李续宾是罗泽南临死前曾提到过的人，罗泽南的得意弟子。在随罗泽南征战的一众学生中，他以武见长，不仅膂力过人，而且骑射精湛。

李续宾打仗的特点，史书称为“沈毅多大略”，也就是有勇有谋。眼看着敌人冲过来，且枪弹如雨，他却能席地而坐，镇静得就像没事人一样，但这只是他认为出击的时机未到。时机一到，他即翻身跃起，跨上马闪电一般冲入敌阵，刀光剑影间“横厉无前”，没人能挡得住他。

在治军方面，李续宾类似于塔齐布，对下级宽和大度，没有架子。他每年节省下来的薪俸都不寄回家，而是留在军中，以备非常之需。

李续宾最可贵的地方，还在于他不仅是湘军“败则相救”的典范，甚至还升华到了一种无私的境界：用兵时，他往往把弱敌留给别人，强敌留给自己；分兵时，又把强兵留给别人，而自率弱兵，等到弱兵变成强兵，再重新带一批新的弱兵。

战场上性命攸关，很少有人肯带弱兵新兵，都想带强兵老兵，这不光是觉悟，还涉及能力，所谓没有金刚钻，不敢揽瓷器活。曾国藩对此看得很清楚，曾评价说，湘军将领里面肯率领弱兵和临阵救人的，前面只有塔齐布，后面只有李续宾。

李续宾在收复武昌的战役中立下了汗马功劳，因此极受胡林翼的倚重，后者甚至把他与汉代名将周勃相提并论。出征九江，胡林翼点兵点将，第一个就提到了李续宾。

1857 年 1 月 4 日，李续宾屯兵九江城下。此次李续宾率湘军近万余，又有胡林翼坐镇后方，可谓兵强马壮，粮弹充足，所以一上来就想来个多快好省，一口气将九江给端下来，不料连攻六天，并没能取得比塔罗更好的战绩。

速战速决不行，还是只能用长围久困的老法子。

在长围久困这一战术中，壕沟绝对是不可或缺的主角，从僧格林沁开始就是如此。李续宾发了狠，他在九江城外连挖六道壕沟，而且每道都是僧格林沁所造壕沟的加宽加深版。

长围久困除了耐心之外，最重要的一点，是需要完全铲除所攻城池的外援。林启荣能固守九江这么长时间，应该说，石达开在外围所构筑的九江、湖口和梅家洲的掎角阵形起到了很大作用。

在围困九江的同时，彭玉麟率内湖水师，杨岳斌率外江水师，一里一外向湖口发起强攻，在付出惨重代价后，终于攻占了湖口。

湖口之役使湘军水师在长江上实现会师，当年的鼎盛阶段又回来了，站在湖口的重要据点小孤山上，彭玉麟慷慨赋诗："十万大军齐奏凯，彭郎取得小姑回。"

从湘军水师会师的一刻起，太平军在梅家洲就待不住了，而湖口、梅家洲的失陷，对于林启荣而言，如同被砍去了左膀右臂，此后九江完全沦为一座孤城，城内储备的粮食也渐渐吃光了。

李续宾以为林启荣这下子该傻眼了，万万没想到，林启荣诚非浪得虚名，他那种连曾国藩都为之叹服的坚韧毅力，远远超出了常人的想象。

在外无援兵、内乏贮粮的情况下，林启荣就拆屋为田，自己在城里种麦子，这样即使与城外断了联系，也照样饿不了肚子。在防守上，则仍然是从容不迫，你不攻时城里一点动静没有，一旦攻城，马上毫不客气地揍你一顿。

水火不容

李续宾对九江长围久困达一年之久，竟然是毫不见功。换成其他人，这个时候就得放弃了。因为一度被视作攻城唯一法宝的长围久困如今都不灵了，人家手里有粮，心里就不会慌，你攻到什么时候他可以奉陪到什么时候。

可是林启荣遇上的是李续宾。若论毅力和坚忍，两人几乎不相伯仲，李续宾也不知道什么叫放弃。他说过，天下无难事，你以为难，它就难了，如果你不觉得它难，自然有的是克服困难的办法。

既然自家的办法都用尽了，就到对手那里去找。李续宾分析了太平军自金田起义以来的攻城经验，发现太平军使用最多也最为有效的一招，便是使用"穴地攻城法"，即先在城下挖出地道，然后用地雷进行爆破。

太平军能用，为什么我不能用？在湘军中，李续宾第一个尝试"穴地攻城法"，这是战争中互相学习，以人之长克己之短的又一个经典范例。

林启荣当然不会坐视，何况太平军还是这种攻城法的老祖宗，最知其中厉害关节。你会炸，我就能堵，他预备了大桶火药，一旦哪里的城门城墙被炸开缺口，马上就把火药扔进去，一时间砖石飞溅，地道和缺口又被重新堵住了。

尽管多次失败，但李续宾还是从中看到了取胜的希望。此后他便锲而不舍，用“穴地攻城法”反复对九江进行攻坚。

1858年5月19日，九江东南约三百多米的城墙全部被轰塌，湘军冲进了城，林启荣及守城将士全部战死。经过双方的反复搏杀，这座江城几被鲜血所淹没。

攻克九江，使得李续宾一举成名，从此“威望冠诸军”，成为湘军自塔罗之后最负盛名的战将，这也同时标志着湘军中的新一代开始走向成熟。

九江曾是太平天国在长江上游最坚固的堡垒，此城一破，江西局势全面改观，加上有胡林翼坐镇湖北，湘军前后方连成一体，其势头甚至超过了曾国藩刚入江西时期。

太平天国方面则持续低迷。石达开被召进京，以为洪秀全要让他辅政，不料在经历天京事变后，洪秀全看谁都跟看贼似的，更不用说石达开这样的厉害人物了，他把石达开召入天京，不过是想解其兵权而已。

一个天京事变，本已令大家残存的兄弟之情扫地以尽，石达开既不甘心留在天京做傀儡，又怕遭遇毒手，于是潜回安徽，此后便带着旧部留开太平天国统治区域，另外打江山去了。

杨秀清一死，在太平天国诸王中，论影响力和号召力，石达开是独一份的，除了李秀成和陈玉成等新近崛起并受重用的年轻实力派外，很多老兵都随其出走，使得太平军的整体实力大为下降。

看到国内形势越来越好，咸丰的心情又轻松了许多，但这时另一个更强大的敌人正步步逼近。就在攻克九江的第二天，英、法两国向中国皇帝联合发出了战争的最后通牒。

这一切，还得从广州的失陷说起。

在迫使英军退回香港之前，叶名琛和包令逐一斗法，从贸易战到谍报战再到超限战，从江上到陆上再到海上，可谓无所不用其极。

叶名琛对香港发起超限战，在成功击中包令要害的同时，也令双方的恩怨无限蔓延，达到了水火不容的程度。试想一下，让你天天看着中毒致病的妻子躺在床上（包妻一年后去世），心情能好受得了吗，这几乎就是集国仇家恨于一身了。

包令认为吃败仗是兵少的缘故，但他给英国政府发去的请援申请又始终得不到回应，这令他徒呼奈何，叫屈不已。

包令所不知道的是，伦敦为此已吵成了一锅粥，他在中国的表现不但没有博得满堂彩，还受到了很多人的埋怨。

驻港英军对广州发动进攻时，发生在黑海的多国战争才刚刚结束。早在徐广缙反入城斗争期间，这场以英、法、俄三国为主角，被称为克里米亚战争（又称东方战争）的大规模战役就露出了苗头，到“亚罗”号事件发生的前三年，一众国家已经打到不亦乐乎。

克里米亚战争虽然以英法击败俄国告终，但作为胜利者一方的英军也付出了很大代价，正要坐下来喘口气，歇歇脚，偏偏包令又引发了第二次鸦片战争。

收到包令的请援申请，英国政府不但一个兵都没派，对包令不满的议员还群起而攻之，讽刺他是“包令博士”“变态领事”，反正就是一个闲着发慌、到处惹是生非的人。就连原先支持包令的人见势不妙，也赶紧反戈一击，谴责包令发动的是一场“非正义战争”，给中国人的生命和财产造成了“可怕的破坏”。

包令名誉扫地，可谓是赔了夫人又折兵，明知道自己不过是国内政治斗争中的牺牲品，但他把所有怨恨都集中到了叶名琛一人身上。在他看来，正是这个他始终读不懂的东方人，让他失去了前程和家庭，他一定要报复！

报　复

当包令陷入困境的时候，有一个人却在角落里蓄势待发，此人就是位居首相的巴麦尊，与包令相比，他才是一个真正奸猾到家的政坛老手，不然也不会有“政坛不倒翁”之称了。

包令倒霉，他绝不会上去拉上哪怕一把，因为他知道彼时的政治气候不利于出兵，他要拉的话只会引火烧身，这种事情他是绝不会做的，但是包令的报告显然让他倍感兴趣，并牢牢地抓住了其中的两个细节。

一是对叶名琛的评价，包令自然是把这个中国对手说到比世上任何一个坏人都更坏更糟糕，另一个是“亚罗”号事件中的“亵渎英国国旗”。

叶名琛究竟是好是坏，亵渎国旗到底是真是假，这些对巴麦尊来说都无关紧要，它们与包令一样，不过是老家伙手中可以利用的武器而已。

巴麦尊一直在窥测风向，看什么时候出手才会对自己最有利。1857 年 2 月，有议员提出议案，继续对包令等在华官员滥用武力提出指责，该议案随即在议院得以通过。

似乎一切都已尘埃落定，但巴麦尊却嗅到了另一股空气，那就是在休整一段时间后，英国人又有了打仗的本钱，殖民主义情绪也重新在国内呈上升趋势。

3 月，巴麦尊抓住机会，请求解散议院，重新大选。在这次大选中，他把中国问题作为打击对手，提升己方人气的一个有效手段，包令提供的两个细节更被加量加价，在选民中进行大力抛售。

通过铺天盖地的演讲和宣传，叶名琛成了“集固执、背信弃义和残忍于一身”的“傲慢的野蛮人”，总之就是一个十恶不赦的超级恶棍，而“亵渎英国国旗”则变成“亚罗”号事件的代名词，以至于英国老百姓完全忘记了“亚罗”号其实是一艘海盗走私船，纵使在他们国家，也是要予以查禁的对象。

巴麦尊的这种指鹿为马、颠倒黑白的做法固然很不地道，但在政治运作中却十分有效，选民对此很是买账。大选结果揭晓，巴麦尊的政敌遭到全军覆没，巴麦尊通过扭转英国舆论走向，取得了他个人政治生涯中的空前胜利，此次事件也被称为英国议会史上“独一无二的事例”。

巴麦尊的大获全胜，并不能挽回包令的声誉，此君在英国已经臭不可闻，可这又有什么关系呢？他不过是巴麦尊的一个走卒而已，得势的首相根本就没有把他打捞上岸的意思，走卒多的是，这个不行，就再换一个好了。

4 月，巴麦尊任命额尔金伯爵为特命全权公使，全面负责对华用兵。

额尔金的父亲曾参与毁坏雅典的帕提侬神庙，并劫走庙里的大理石雕塑，连英国诗人拜伦都称其是“苏格兰强盗”。老强盗抢得多，挥霍得也快，小额尔金出世时，能分到的财产十分可怜，他只好靠自己拼命往上爬，而他爬得也的确够快，才三十五岁就担任了加拿大总督，且表现很是抢眼。

在额尔金父子的身上，都有着打砸抢的强盗基因，大概也正是因为这一点，巴麦尊才选他接替了包令。

额尔金对被派去中国并不高兴，觉得自己是帮包令去收拾烂摊子的，一如当年的璞鼎查之于义律。当然更不高兴的是包令，巴麦尊成功上位，他不仅没从中捞到一点好处，还无形中遭到贬黜，驻华公使被额尔金取代后，只给他留了一个在当时看来相对次要的港督职务。

回英国无前途，留香港又郁闷，这些自然又得记在叶名琛账上。仇恨让包令已经提前进入了更年期，你现在就是让他演好人都浪费，额尔金还没来，他就急不可待地要施以报复行动了。

在下手之前，包令非常想弄明白的一点，就是叶名琛的虚实到底如何，这件事非常重要，因为它还牵涉另外一个问题——假使对方真有很强的实力，即便英军大部队到达，要攻克广州也可能会变得困难重重。

最好能获取到相关情报，但在英军撤离广州后，叶名琛的反谍报措施不仅没有放松，反而更加严密。他仿照当初对付洪兵围城的办法，下令给广州居民每人发放身份证，无证者一律不得进出城门，这使得包令无孔可入，得不到任何信息。

可是智者千虑，必有一失，叶名琛的反谍报战做得再好，也不可能永远没有一点漏洞。

至关重要的文件

1857 年 4 月，也就是包令丢掉驻华公使的那段时间，英舰袭击了海上的中国战船，并从战船上抢走了一些至关重要的军事文件。

正是通过这些文件，包令突然发现，原来此时的叶名琛已经山穷水尽，在财政和兵力上都已无法维持正常作战的需要。

首先当然是财政方面的空前危机。旷日持久的贸易战，以及商栈和货物被烧毁，令广州的富商们都变成了瘪三，无论“派捐”还是收税，皆无从着手，叶名琛不但没有钱负担外省，而且连维持本省都很困难。

财气的不济，严重影响到了人气。曾经对守城起过重要作用的联街团练，也因无人捐款维持，实际已经停止。其他诸如练勇、募勇，亦形同虚设，“十万长城”竟已是“流水落花春去也”。

再看防守上的硬件设施。西摩在占领广州炮台时，对炮台进行了破坏，叶名琛收复后本应加以修复，并添置新的重炮，但从文件上看，这些都没有做，显然也只能归结到两个字：没钱。

现在的叶名琛，情况比第二次鸦片战争打响之前还要差上很多倍，不仅严重缺血，还缺乏补血能力。当时全国的聚焦点都集中在沿长江的各大战场，其他省既无能力也无可能对广东实施援助，只能听任它自生自灭。

包令看过文件后心花怒放。叶名琛原来如此脆弱，瞧这情形，只要英军增援部队一到达，广州连一天都守不住。

不过在吃够叶名琛抄袭香港后路的亏后，包令已不敢轻易动用驻港兵力去打广州，但在援兵到达之前，不做点什么，他又不甘心。

叶名琛会打超限战，我也会啊。包令没法煽动中国人去暗杀中国人，他就花钱印了两千多本宣传小册子，极力抹黑对手，并把第二次鸦片战争的责任全部推给了叶名琛。

由于叶名琛也针锋相对，组织了反宣传战，包令的宣传战在当时收效并不大，但在广州陷落后，这些莫须有的罪名却对叶名琛的个人声誉造成了很大打击。

1857年7月，额尔金抵达香港，屁股后面还跟着一千五百名英军以及各式舰艇。

额尔金是个自大狂，看不起他所遇到的几乎每一个人，他不但不信任包令，连海军少将西摩在他眼里也是一个“十足的流口水的呆子”。

倒是对叶名琛这个未来的对手，额尔金不敢忽视。在从伦敦出发前，他就翻看了中英前期的交战记录，对广州的防守能力暗暗吃惊，不得不承认“自争端开始以来，由于低估了敌人的抵抗能力，我们犯了许多严重错误”。

因为这些“严重错误”，包令从天堂掉进了地狱，西摩也成了“呆子”，他额尔金可不想一上来就惹这个晦气，既然广州比较麻烦，不如直接率兵去北京。

见额尔金要绕着走，包令急了，赶紧拿出抢到的军事文件，极力劝说额尔金先拿下广州，再去北京。额尔金看过文件后，也立刻意识到广州城防已今非昔比，看来这个便宜不占白不占，那就先打广州吧。

正值摩拳擦掌之际，忽然传来消息，印度爆发了士兵起义。如此一来，不仅本应前来增援的印度土著士兵无法及时到达，额尔金还得亲自率兵过去镇压。

这一偶发事件，却让叶名琛出现了敌情判断上的失误。

叶名琛组建的谍报网并没有先进的传媒或通信工具，对西方世界的知识亦了解有限。同时随着双方的谍战与超限战愈演愈烈，包令也变得越来越老练，对机密情报的防备尤其严密，而香港报纸是给港人看的，一般只刊登驻港英军的消息，关于英国及印度政府的，大多语焉不详。

探子们只能通过民间转述的方式，去采集来自国外的各种信息。问题是民间转述这东西往往最容易失真。叶名琛虽有很多种情报渠道和来源，但最后归拢在一起，有时竟然就是以伪证伪，全部都与真实情况相去甚远。比如，克里米亚战争，明明是俄国人输了，英法赢了，叶名琛得到的情报却是俄国人赢了，英法为此还付出了高达七百多万的巨额赔款。更有人说，英国人那么固执地要进广州城，就是为了在广州收税，以便支付赔款。

额尔金到印度去镇压起义，这个重要情报叶名琛得到了，而且准确无误，因为香港布满他的探子，连额尔金何时到港，何时赴印度，都能侦察得到。可是额尔金到印度后怎么样，没有人能够跟去印度，所以对那里的情况并不清楚。

叶名琛得到的，其实都是各种道听途说，而且相当一致，说英军在印度损兵折将，人力财力消耗一空，根本无力再发动新的战争。

退一步讲，就算情报是准确的，叶名琛不出现判断失误，他又能怎样呢？

被英军所截获的军事文件中所透露出来的，只是冰山一角，两广总督如今的处境比这还要不堪。

最后一次占卜

自第二次鸦片战争开始以来，仅为了与英军作战，就花去了五十多万两军费，到 1857 年 1 月底，广州财政已不足两万两白银。更要命的是，还有出无进，眼睁睁地看着钱袋子一点点瘪下去。

2月15日，在广州政府的档案中，明确记录叶名琛进行了一次占卜。档案上记载的叶名琛占卜，并不是很多，大概一年也就一两次，而且全都是公事，没有私事，他所要占卜的对象也非常具体，比如，何时进兵有利，何时能平定“贼匪”。自然，这些战争最后都打赢了，也就是说，它们都起到了立竿见影的效果，在当时颇有鼓舞军心的作用。

唯有这一次，占卜的内容有些不一样，是“占天下大势何时清靖”。这是叶名琛最后一次占卜。如同当年林则徐赴广西路上的夜观天象，在自身虚弱不堪的同时，他们都只能仰首向天，在虚无缥缈的星空中寻找一点对于未来的寄托。

档案上没有记录此次占卜的结果，但显然，叶名琛已经意识到了什么。

7月，在额尔金到任之前，叶名琛曾特地委派两名官员赴港，以便找包令洽谈和局，那时他还不知道包令已被免去驻华公使一职，没资格代表英国谈判了。

这次赴港自然只能碰一鼻子灰。其实就算包令不被免职，以他那种气急败坏的架势，加上又窥测到了中方的虚实，也不会再同你进行什么和谈了。

接着，额尔金到任。叶名琛闻讯，又试图和解，可是仍然吃了闭门羹。

这个时候，英军打不了战争的“情报”对叶名琛而言，无疑是一种莫大的心理安慰。在财力极度匮乏的情况下，他虽不是诸葛亮，但也能演一出空城计。

空城计的成功，缘于司马懿不知道城里无一兵一卒，如果知道了，十个诸葛亮也挡不住魏兵的进攻。额尔金离港赴印度后，被他称作呆子的西摩随即率领新近赴港的舰艇闯入珠江。经过前期大规模的海战，广东水师厉害一些的战船大多已经损失掉了，后期因财政拮据，不仅无法继续添船造炮，连红单船都撤掉了，所以根本无法再与英国海军抗衡。

在第二次鸦片战争刚开始时，叶名琛曾实施过水上游击战，即将广东水师的战船先行暂避到浅水区，英舰都是大块头，开不过去，之后他再乘其不备，杀英军一个措手不及，但英国人吸取了教训，此次赴港的舰艇中特别增加了在克里米亚战争中研制出来的新式武器。

这是一种配备两门重炮的轻型炮艇，名为“小丑”，这种小艇吃水只有一米深，能进入浅水区，这样一来，广东水师在附近就再也待不住了。

珠江被英国海军完全控制和封锁，广州无法再进口大米，继缺钱之后，叶名琛又开始缺粮。

叶名琛要面对的敌人，并不是只有英军。即便在中英大打出手之际，两广的其他地区仍时有洪兵出没，尽管他们已不可能再对广州形成威胁，但洪兵出没的地方，往往都是粮食产区，只要他们占据哪里，哪里就别想收到粮食。

为了保证广州的粮食供应，叶名琛只有再出下策，从驻守广州的绿营和八旗中抽调部分兵力，出城用以控制粮食产区。

叶名琛越来越弱，对手却越来越强。1857 年 9 月底，额尔金返回香港，此时他的部队仍在印度作战，但英法已经达成了联合作战的协议。

法国出兵的理由，是早先潜入广西传教的一个法国传教士马神父被当地官府给处决了，史称马神父事件。按照中法黄埔条约，法国人传教只能限于通商口岸，所以马神父的传教行为并不合法，但以现代人的眼光来看，传个教而已，政府收掉摊子，予以取缔也就可以了，应该罪不至死。

也就是说，在马神父事件上，中法双方其实都有责任，法国是越了界，中国是过了火，而且马神父事件其实还在“亚罗”号事件之前，在相当长的一段时间里，中法双方都只是停留在口舌之争上。

法国这个时候跳出来操刀弄枪，是因为当时正处于第二帝国时期，执政的拿破仑三世好远略，急欲在海外“建功”，以博得法国人的拥护，于是他便借口马神父事件，断然与英国结成了对华作战的同盟。

10 月 15 日，法国全权公使葛罗男爵抵达香港，与额尔金一起制订了攻占广州的军事计划。不过在联军全部得以集结之前，英法对这一计划高度保密，香港甚至一度盛传，额尔金有意和平解决与中国的争端。

11 月，英国基本控制住了印度局势，兵力可转用于中国。先后集结于香港的英法联军，仅英军一方，海陆军就超过了一万人。

一切已准备齐全，额尔金要动手了。

怎奈诸君壁上看

1857 年 12 月 12 日，叶名琛突然接到额尔金发来的通牒。

这是一份没有任何预兆的最后通牒，上面要求叶名琛让出广州城及沿江的所有炮台。叶名琛当然不能同意，要不然就等于举手投降了，但留给他的时间已经不多了，确切地说，只有三天。

12 月 15 日，英法联军向广州炮台发起进攻。这些可怜的炮台大多徒有虚名，不过靠残存小炮苟延残喘而已，在英法联军的进攻下迅速沦陷，有的炮台官兵知道抵抗无益，索性将炮埋起来，以免落入敌手，然后大家各奔东西，四散逃命。

攻下炮台后，额尔金并没有马上进攻广州。因为他注意到，虽然短时间内，叶名琛无法将出城控制产粮区的官兵抽调回来，但广州城仍有相当数量的部队驻守。

广州城内的兵勇已有所增加，增加出来的是募勇，叶名琛此前已经把财政里剩下的最后一点钱拿出来，全部用于招收募勇，以补充防守兵力的不足。

额尔金担心硬攻会出现过多伤亡，决定先用英舰对广州进行炮击，探探路再说。

英法联军动用舰艇上的两百多门火炮，对广州进行了连续炮轰，一时间弹如雨下，然而不管怎么轰，广州城上都没有一炮用以还击，与战争初期截然不同。

联军开始实施炮击时，叶名琛正在校场，就像战争刚开始时那样，该做什么还做什么。当第一排炮弹打入城内，爆炸声撼动全场，部属人人变色，叶名琛仍神色坦然，且面带微笑。

可是他心里其实很明白，这次广州城真的危险了——不还击，不是不想还击，而是城里没有大炮和炮弹。

由于得不到补充，守军只能从军火库里把陈旧的鸟枪、大刀、长矛都倒腾出来，连沙灰、瓦片和石头都成了作战武器。

两个星期后，额尔金认为时机到了，遂下达总攻击令。1857 年 12 月 28 日，英法联军实施登陆，进攻广州，这时广州城才开始组织英勇抵抗。

包令观摩了全部作战过程，他扬扬得意地说叶名琛是在以“野蛮时代的兵器”对抗英法联军，其结果如何，是毫无疑问的。

结果的确只有一个，然而过程亦称壮烈，许多中国官兵浴血奋战，英法联军伤亡达一百一十一人（也有学术资料认为应是一百二十八人）。

守军应该可以打得更好，但是关键时候，叶名琛身边缺少如沈棣辉一般的得力将佐，扯后腿的货色倒是有好几个。

广东巡抚柏贵和广州将军穆克德讷本该全力协助叶名琛，但在广州失陷之前，二人就早早地做了软骨头。他们暗中派人与西摩联络，表示愿意上折弹劾叶名琛，并将奏折草稿先行给英国人过了目。

叶名琛虽不知道这两个家伙如此下作，然而他对自己孤身迎敌的处境已非常清楚，后来曾用一首诗来追忆这段经历："纵云一范军中有，怎奈诸君壁上看。"

"范"指的是北宋的范仲淹。这位写下"先天下之忧而忧，后天下之乐而乐"的名臣，文武兼备，曾是北宋时期的边塞一柱，西夏军队对之最为惧怕，因此才有"军中有一范，西贼闻之惊破胆"的说法。

叶名琛的悲凉和无奈可以从诗中一览无余：即便有范仲淹那样的杰出人才穿越过来，看到这么多人都在旁边当闲客，他也只能束手无策吧。

12 月 29 日，抵抗终于失败，广州失陷了。

当英法联军攻城时，城头上根本看不到穆克德讷的影子，联军入城后，这位将军不是组织抵抗，而是张皇鼠窜，从一个房间逃到另一个房间，最后被法国兵从柜子里给拖了出来。

包令对叶名琛恨之入骨，非擒之或杀之才能后快，他最担心的就是叶名琛会效仿两个软骨头出逃或藏匿。

事实上，叶名琛可以逃走的借口和机会太多了，因为他是一把手，广州城内没有人能制约他。比如，他可以将广州防务扔给下属，然后出巡省内各地，又或者想再跑远一点的话，还可以率兵去广西作战，反正那里有的是洪兵给他"剿"。

叶名琛不是不知道形势有多么危迫，此前他已将家眷送出广州，但他本人始终没离开过广州城半步。

在联军正式向广州城发起进攻时，密集的炮弹像雨点一样落进督署。随从吓得到处乱跑，叶名琛端坐议事厅内，镇静地处理着文件，并且还不忘安慰旁人："不要怕，炮弹都是一阵子的，过去就好了。"

城陷后，叶名琛仍有逃离的充足时间，家丁也劝其离开，但他却不为所动。

六 不

1858 年 1 月 5 日，闯入广州各衙门的英国兵发现了叶名琛。巴夏礼随后气势汹汹地赶来，要将他押往联军司令部。

叶名琛冷冷地看了巴夏礼一眼：“你是什么人，竟敢用这样的语气跟我说话！”

巴夏礼见识过柏贵的窝囊，看到过穆克德讷的猥琐，绝想不到叶名琛在这种情况下还能如此傲气，他这才意识到，对方纵然被俘，但仍是一个他毕生都无法企及的上层人物。

显然，拖或者揪都不行，只能用“请”。被“请”进联军司令部的叶名琛，身穿朝服，顶戴花翎，进门之后即端坐太师椅。被俘的中方官员们见到叶名琛后，全部侍立两旁，仿佛他们仍在堂上议事一样。

高贵的人永远高贵。在洋人面前，叶名琛始终保持着必要的威仪和风度，看上去，他不是阶下囚，倒更像是出面接见外交官的主人。一家香港报纸因此评论说，叶名琛在广东拥有巨大威望，广州人一直为有这样一个勇敢、果断的父母官而骄傲，就算他被俘，老百姓以后也一定会想念他。

有这样的人存在，对联军来说当然不是什么好事，因为接下来他们还面临着如何长期占领广州这个难题，若是广州人老想着叶名琛，那岂不是要了命。

报纸是英国人办的，自然是帮着英国人说话，所以在报纸的末尾，还给联军献上了一计：“必须把叶名琛的名声搞臭！”

实际上联军早就这么干了。

包令在前面发动的一系列宣传战，目的就是要诋毁叶名琛，此后关于叶名琛的流言就不绝于耳，流传很广的“不战、不和、不守、不死、不降、不走”的所谓“六不”，就来源于英国人的策划。

细细推敲硬安在叶名琛身上的这“六不”，真可谓是欲加之罪，何患无辞。

要不是叶名琛的既战又守，驻港英军怎么可能自觉自愿地退回香港，英法联军又要大动干戈？叶名琛是一直想谈和的，即便在战争爆发后，也多次派人找包令和额尔金，试图通过和平谈判解决争端，只是他们置之不理罢了。

从战争中的表现来看，叶名琛并非怕死懦弱之人，也从没想到要找借口脱身，他的“不走”和“不死”另有考虑。至于不降，难道反击侵略，誓死守城还成了罪过？

额尔金和包令等人挖空心思，除了大打宣传牌，极尽抹黑之能事外，还通过叶名琛身边的软蛋来断他的后路。

1858 年 1 月 7 日，被俘的柏贵和穆克德讷串联了一些其他官员，联名给咸丰上奏，除报告广州失陷外，还在皇帝面前落井下石，告了叶名琛的黑状，说他刚愎自用，办事糊涂，反正是把什么责任都推给了自己的上司。

第一次鸦片战争失败，一般朝野舆论都认为是琦善、伊里布、耆英等“误国秦桧”的过错，在人们看来，如果林则徐当时不被撤换，鸦片战争一定不会战败。咸丰接受了这一观念，他重用徐广缙、叶名琛，就是为了改变“抚夷”的外交政策，而徐、叶在广州采取强硬态度，坚决不让英国人入城，所体现的也正是他的意图。

可惜皇帝给臣下打分，历来都不会只看重过程。咸丰早已被内乱搞得精疲力竭，一听到洋人真的动了刀兵，而且还攻下了广州，整个脑袋都炸了。在这种情况下，你还能指望他反思自己，想想谁是既定政策的号召者和支持者吗？

咸丰当即下旨申斥叶名琛，说他“刚愎自用，办理乖谬，大负责任”，着即革职，以柏贵代之。

对这些，叶名琛并不知道，在被押上“无畏号”军舰后，他还问船员：“额尔金在哪里？我要会见他。”

英国人这才知道，原来叶名琛一直留在广州城内不走，是为了与额尔金见面，以便通过最后的外交努力来挽救危局。

额尔金以前不会，现在更不会与中方进行谈判，叶名琛的希望落空了。

这时一位随员指了指海水，向叶名琛使了个眼色，意思是建议他投海自尽，以全名节。

如果随员对叶名琛的个性和品德不是充分了解，也不会做出这一举动——投海自尽要是好玩，你自己为什么不试一试？

出乎意料的是，叶名琛没有走这条路，他选择了继续活下去。

阶下囚

在广州政府之前发表的一篇檄文中，一再强调英法联军在广州待不长久，而这篇檄文正是出于叶名琛的授意。

短时间内守不住广州，并不等于无法收复，关键还在于时间。叶名琛的策略是发动民众，实施持久战，一天赶他不走，就一年，一年不行，两年三年，两年三年再不济，哪怕是五年甚至于十年二十年都在所不惜，“务使根株悉拔而后已”，不把侵略者全部赶跑决不罢休。

只要叶名琛活着在广州待上一天，对广东民众而言，就意味着一种精神上的凝聚力，这一点令英国人十分害怕。

额尔金着急忙慌地要在广州成立傀儡政府，以便恢复秩序，防止周围民众对英军士兵发动袭击，但在与巴夏礼等人进行讨论时，许多人都提到了叶名琛的潜在威胁，认为此人在广州深得人心，有非常强的影响力和号召力。

巴夏礼和叶名琛打过交道，对广州民情也比其他人更为了解，他声称叶名琛在广州一日，就会造成当地人心不稳，给“重新恢复秩序和信心”带来极大困难。

听了众人的话后，额尔金心有余悸，也觉得不宜把叶名琛再放在广州乃至中国大陆，而应囚押于海外。

在囚押的具体地点上，凡是有中国人居住的地方全给额尔金否定了，包括香港及其他海峡殖民地，就怕叶名琛在当地起到一呼百应的作用。

最后，额尔金选中了加尔各答。这是印度的一座港口城市，没什么华人，应该比较保险。

临时囚押叶名琛的“无畏”号一度停泊在香港，包令闻知消息，立即登舰与叶名琛见面。叶名琛对这次见面并不反感，他早就说过，他愿意与包令和额尔金进行谈判，在除广州城外的任何一个地方。

然而包令并不是来谈判的，他想请叶名琛给他题字。叶名琛拒绝了，他知道包令是什么身份，自己的题字很可能被其用来大做文章——哪怕已为阶下囚，包令终究也没能从老对手身上赚取到什么额外便宜。

在英国社会，因为巴麦尊等人的恶意丑化，叶名琛早就被抹黑得不成样子了。

一些可能根本就没见过叶名琛的人，凭着想象任意勾勒着这位中国囚犯的形象，有人还在私人日记中称叶名琛是个“懦弱的无赖”，并煞有介事地说当他扶着叶名琛走上“无畏号”时，叶名琛曾害怕到全身每个关节都在发抖。

然而很多史料都证明，叶名琛其实是一个心胸豁达的人，他对自身的不幸处境毫不介怀。在“无畏”号驶离香港，前往加尔各答之前，叶名琛在这座小小的军舰里已经待了长达一个多月时间，不仅活动空间受到限制，精神上也备受折磨，但他的一举一动始终大方得体。偶尔有人登舰，包括宿敌包令在内，只要对方向叶名琛脱帽致礼，他也一定会欠身还礼，显示出一个东方绅士所特有的庄重和高贵。

军舰上的英国军官，纵使以前有人听过关于叶名琛的种种不利传闻，真正与他本人发生接触后，也无不对之敬重有加。

时光倒转。五百多年前，在珠江口外的零丁洋海面上，有一个人也正被关押在敌船内不得自由。大海迷茫一片，凄风苦雨里，此人吟出的诗句却句句震撼人心：“惶恐滩头说惶恐，零丁洋里叹零丁。”

这个人就是名垂史册的文天祥。

文天祥是南宋时的右丞相，叶名琛位居体仁阁大学士，一般人亦称其为“叶相”。如今，一个文相，一个叶相，两个沦为阶下囚的末代丞相正处于同样的境遇之中。

真实的历史往往比舞台的演绎更为残酷，站在与前辈差不多的地点，叶名琛感慨系之：“零丁洋泊叹无家！”对他们而言，个人命运已无所谓，只有身后故国山河的飘零破碎，才会让他们感到一阵阵惶恐心惊。

文天祥说：“人生自古谁无死，留取丹心照汗青。”死很容易，只是眼睛一闭的事，但是在这之前，叶名琛还有自己的计划。

1858 年 2 月 23 日，“无畏”号驶离香港，前往加尔各答。叶名琛时年已经五十一岁，这是他生平第一次出海。在如此漫长的航程中，剧烈晕船加上南洋酷热的天气，对于一个知天命的老人而言，无疑是一种痛苦的煎熬，那种感觉甚至于比死更难受。

从关押叶名琛的船舱里，时时传来一阵阵呻吟声，用旁观者的话来形容，就好像是被埋在活火山下的巨人在挣扎，“这位总督像是要把两广都吐出来似的”。

然而一旦走出船舱，除了脸色有异外，叶名琛不会在洋人面前叫一声苦。不仅如此，当配给他的英国翻译阿查礼病倒时，他还时时挂念其病情，经常到阿查礼的舱房去探视。

一个人对痛苦的忍耐可以达到什么样的程度，英国人算是领教了，他们不得不承认叶名琛"确有大丈夫的气概"，在这位死敌身上，完全体现出了"中国人的勇气和坚韧"。

海上苏武

在前往加尔各答的途中，叶名琛还有很多反常的举动。表面上，他对所过之地很是漠然，有人要送来一把椅子，以便让他坐在甲板上看看风景，都给他谢绝了。此后，只要船舱里有洋人在，他绝不会向舷窗外看上一眼。

可是当孤身独处时，却又是另一番场景。这个时候，叶名琛会特意坐到船尾的舷窗边上，对沿途进行认真观察。

这正是叶名琛计划的一部分。暂停香港期间，每天都有洋人慕名而来，向叶名琛索求字画。除了将包令拒之门外，叶名琛对其他洋人的要求都尽可能予以满足，因随员劝其不可在书画上自署姓名，他便在落款上题了"海上苏武"四字。

等到离开香港，叶名琛被告知此行将去英国——印度是英国的殖民地，英国人说的英国其实是指印度，但他误以为是去英国本土。

叶名琛相信，去英国后他可以见到英国女王，到时他就可以像苏武一样，以使臣而不单单是囚徒的身份，当着面质问她，为什么两国已经订好和约（指《南京条约》），还要无端起衅，这样或许还能用言辞打动对方，以制止战争的继续蔓延。因为他非常清楚，自己的母国实在应付不了这场战争。

作为计划的唯一执行者，叶名琛认为自己是带着使命出发的，所以他才会无畏无惧，也才能忍受一切比死亡更可怕的痛苦和屈辱。

他在船上的种种奇怪举动，其实也很好解释。他是要在保持"使臣"尊严的同时，尽量多了解一下外面的世界以及风土人情，以便在交涉时能够掌握主动。

1858年3月12日，“无畏”号抵达加尔各答，第二天，叶名琛离舰登岸。

这一天叶名琛依旧官服整齐，在穿戴行止上不肯有一丝马虎。当他走上甲板时，还不忘向船上的人们鞠躬致谢，然后才坐上前来接他登岸的驳艇。

在加尔各答，叶名琛被关在了威廉炮台。他的到来，一时轰动当地，居住此处的英国人纷至沓来，争着要访问这位具有传奇色彩的东方大吏。

除了接待访客，叶名琛每天最重要的一件事是阅读加尔各答出版的一份英文报纸。这份英文报纸与港版报纸不同，对英国国内政坛的情况介绍得较为详细，有时还会登载英国议会辩论的消息，这引起了叶名琛的极大兴趣。

叶名琛不识英文，当然无法直接阅读，需要通过阿查礼翻译才行。阿查礼是一个年轻的英国小伙子，喜欢到处乱跑，要他耐下性子来读几个小时的报，也是件不容易做到的事。叶名琛深知这一点，所以尽可能在其他方面照顾这位小老弟。比如，英方给叶名琛租用了一辆马车，叶名琛自己从来不用，都交给阿查礼去以车当步，以至于这辆马车几乎成了阿查礼的“专车”。

阿查礼有时拿着报纸一翻就是好几个小时，他不明白，在他看来味同嚼蜡的信息，为什么叶名琛会听得那么聚精会神。他问叶名琛，要不要停下来歇一会儿。

叶名琛摇摇头：“不，你接着讲下去，报纸上的这些东西，比我以前从香港了解到的，要清楚得多。”

慢慢积累下来，叶名琛对英国政治内幕有了进一步了解，知道了在英国国内，直接主导这场战争的其实是巴麦尊首相和他的内阁，而并非英国女王，他甚至对英国宪法也有了一些朦胧的认识。

原来，在那个遥远的国家，宪法是如此神圣，人们可以根据宪法来罢免首相及其内阁。知晓这个关节后，叶名琛就像一个普通的英国选民一样，恨不得马上用选票将好战的巴麦尊首相给选下去。

有一天，阿查礼读到一则新闻，上面说巴麦尊下台了，德比勋爵领导的保守党政府将着手组建新内阁。叶名琛听后十分高兴。

这则新闻还说，德比和巴麦尊不一样，他主张迅速同中国议和。当阿查礼读到此处的时候，叶名琛已经乐得嘴都合不拢了。

看来，战争中止有望，他这个“海上苏武”又有了盼头。

唐僧肉

叶名琛的希望很快就落空了，德比上台后，其对华政策与前任政府毫无二致。

这就是西方政党的特性。此前德比所谓的对华议和，不过是保守党与巴麦尊争斗的一种政治策略，一旦成功执政，并且看到可以从古老中国身上获取利益，哪有收兵之理。

另外，赴英交涉也变得遥遥无期，“日望一日，总不能到他国”。叶名琛终于明白，此生再不可能去英国，他将被长期囚禁在加尔各答。

有一天，他对身边的中国随从说：“我出国之前早就将个人生死置之度外了，之所以一直忍辱不死，是因为我的生命对国家还有点用，能够像苏武那样出使异邦，解除故国危难，可是现在却被长期淹留此处，活着还有什么意义呢？”

在加尔各答，叶名琛吃的都是他从国内带来的粮食。这些粮食再多也有限，眼看快要吃完了，厨师想从当地购买，却遭到了他的断然拒绝。

叶名琛表示他不会再吃一点东西：“正好所带的粮食用完了，我也无颜再食外国之物。”

叶名琛选定了新的人生坐标——伯夷、叔齐。

伯夷、叔齐耻食周粟，最终饿死在山上。中国历代对这两位贤士都有着极高评价，其影响甚至远及整个东南亚各国，据说就连日本武士剖腹自杀的行为都与此有关。有些人会说伯夷、叔齐迂腐，但这些人忘记了，所谓道德的至高境界，原本就无法用世俗的价值进行衡量。

看守叶名琛的英国人着急起来，他们虽然不懂什么伯夷、叔齐，但知道叶名琛显然是在绝食，因此专门派阿查礼送来食物。

叶名琛置之不理，直奔其坐标而去，1859 年 4 月 9 日，他在加尔各答去世。

没有任何病痛，叶名琛是饿死的。临死之前，这位曾经声名显赫的东方大吏对随从说：“我死不瞑目……”

在西方，第二次鸦片战争也被称为修约战争。一般而言，只有商约才涉及修改，政治条约是不能随便加以改动的，《中英南京条约》属于政治条约，也就是所谓的“万年和约”，《虎门条约》虽是商约，但条款上并没有修改年限。

英国从美国的条约上找到了借口。中美《望厦条约》上有一个条款，规定中美双方须定期派代表修订商约。英国便引用最惠国待遇，与美、法联合向中方提出了修约要求。

就《望厦条约》相关条款的原意而言，所谓修约也不过是修改过时的税则。英法美最初提出修约的理由是，原通商章程规定了值百抽五的税率，但这是按鸦片战争前的货价所定，以后货价降低，五口货物滞销，商人利润没那么多了，自然税率也应进行调整。

理由只是理由，实际上英国人的野心远不只于此。就在英法决定实施联合作战前，英国使者曾乘军舰到天津大沽口外，与天津官员见面商谈修约事宜，就在这次商谈过程中，英使提出了十八条要求，其中除广州入城外，还包括驻公使于北京、开天津为商港、鸦片弛禁等，几乎全部超出了原定修订内容和范围。对于这样的要求，清政府自然不能答应，当时就逐条予以了否决。

英法联军攻陷广州后，不久便兵临大沽口外，在提出赔偿军费的同时，继续强迫清政府接受他们的条件。

中国成了唐僧肉，哪个妖怪看到了都想上来啃一口，大沽口外共停泊了英舰十余艘、法舰六艘、美舰三艘、俄舰一艘——仗着有最惠国待遇、利益均沾的条款，嗅觉灵敏的美国人自然不遑多让，就连刚刚在克里米亚战争中被英法狠狠揍过的俄国也厚着脸皮凑了过来。

这已是大沽口第二次面临强敌威胁，第一次还是在鸦片战争刚开始的时候。在五千多年的中国文明史里，类似的海上威胁基本上不存在，大沽的作用，只不过类似于原先的虎门炮台，对付一下海盗而已，更何况，哪一股海盗会吃了熊心豹子胆，非跑到京师门口来打劫？

经年累月不打仗的结果，导致大沽在海防上已形同虚设。在鸦片战争之前，大沽南北岸的炮台，全部加起来一共才两座，而且从上到下全是砖砌的，时间一长，早就风吹雨淋得不像个样子了。

炮的境遇跟炮台类似，无论放在炮台上的，还是收在军火库里的，都已锈蚀，支撑火炮的炮架、炮车因为是木质结构，更是破烂不堪。

当年直隶总督琦善对道光说没有做好防守准备，可不是随口说说的，大沽炮台打打海盗这样的小蟊贼或许还凑合，若与世界第一流的海军舰队相抗，就差得太远了。

在用琦善将英军舰队骗回广州后，道光赶紧对大沽炮台进行重建，负责经办此事的是继任直隶总督讷尔经额。

不给也得给

讷尔经额将炮台由两座增加到四座（一座旧炮台废弃不用），同时督造了一批重炮。第一年造了二十门铜炮，最小的五千斤，最大的七千斤，还觉得分量不够，第二年又造八门万斤铜炮，在当时中国所能铸造的火炮中，这些重炮都属于顶尖产品。除此之外，讷尔经额还陆续从直隶京师调来其他大小铜铁炮，使大沽口的火炮总数达到了三百多门。

伴随着炮台的重建，大沽炮台的驻军也得到空前增强。在鸦片战争期间，尤其是吴淞失陷后，道光向天津的海防重地大举调兵，驻守大沽炮台的兵力从原来的两百人巨增到三千人，这还不包括后防应援部队。战后当然不可能驻扎这么多人，但也常年保持在一千六百人的驻军规模。

鸦片战争前，大沽并非海防重镇，但是经过这次大规模建设，它已上升为北方最强大的海防基地，可以与广州的虎门炮台相提并论了。

尽管大沽海防得到增强，但面对英法联军的威慑，包括皇帝在内，朝中仍然没有人敢拍着胸脯担保其固若金汤。

在没即位或刚刚登基时，咸丰多多少少也是个愤青，这从他对待穆彰阿、耆英以及林则徐的不同态度上就可见一斑，然而在经历过这么多的挫折之后，他已经变得务实和清醒了许多。

如同广州的叶名琛一样，咸丰也知道在内患已如此严重的情况下，不能轻易冒跟外国开战的风险，而且他还必须考虑到，自太平军占领南京后，运河漕运已被截断，江浙两省的漕粮都只能转为海运，即从上海出发，经大沽运入京津。一旦大沽陷落，京津将连粮食都无法保障。

咸丰如今的首选只能是“柔远之方，羁縻之计”，说得直白一些，就是怎么把洋人给哄住，能不打他是决不想打的，至少不能由己方第一个出手。

获知英法联军兵发大沽口，咸丰急忙派户部侍郎崇绮、内阁学士兼礼部侍郎乌尔棍泰驰赴天津，协同直隶总督谭廷襄与各国进行谈判。

英国听说来的是部省级官员，便以谈判代表非相臣，不足当全权之任为由，概辞不见。法国看英国的脸色行事，英国不谈，也不愿谈。只有美俄本来是捡便宜来的，抱着能捡多少是多少的心态，还肯与中方往来。

实际上英法自发动战争以来，所遵循的一直是英国首相巴麦尊的指示，即“不但要让中国人看到棍棒，还得使他们体会到棍棒打在肩上的那种感觉”。攻陷广州更使英法从中尝到了甜头，这两伙人如今早就不是与你商谈的口气了，是你给得给，不给也得给！

英法随时可能攻占大沽，咸丰对此并不是没有防备，他一边派官员赴津谈判，一边也调去了援军。天津守军由此增至九千人，直接参与大沽口炮台防守的则接近两千人，与此同时，咸丰还授命谭廷襄严加防范。

谭廷襄能做到直隶总督，无疑是文臣中的佼佼者，但他的缺点也和前任讷尔经额类似，没有打过仗，缺乏必要的军事经验，对什么时候可以开炮心里都没有数，还得请示咸丰。

谭廷襄起初以为既有如此多的兵勇和重炮，大沽还怕守不住吗？咸丰为此专门发出警告，要他不得逞强先启兵端，只有英法联军先开了火，这边才可以进行还击，总之，“衅端勿自我开”。

常言说得好，先发制人，后发制于人。咸丰君臣不是不懂这个道理，但从大沽口的独特地形来看，他们确有进行自卫反击的条件。

大沽的内河是海河（又称沽河），在其出海口有一道拦江沙，系上游泥沙淤积而成，为所有船只进入海河的必经之地。不涨潮时，拦江沙水面深度不足一米，涨潮时虽近三米，但涨潮的时间很短，一会儿就过去了。

联军的大型舰艇无法通过拦江沙，非得用小舢板才能进入大沽口，而在海河之上，用重炮打击小舢板，这肯定是没有多大问题的，而且时间上也完全来得及。

1858 年 5 月 20 日，英法联军发出最后通牒，限中国军队两个小时内交出大沽炮台。

大沽乃平津门户，怎么可能说交就交？两个小时后，在要求未能得到满足的情况下，早已准备就绪的英法联军正式向大沽发起进攻，此役共投入二十六艘舰艇，参加登陆战的英法官兵总计有一千一百七十八人。

武器制胜

英法进攻大沽乃是蓄谋已久的军事行动。

当英法美俄四国使者投递照会时，谭廷襄曾派遣武官驾小舟为他们做向导。英法自此便以汽艇和小舢板探水，对如何突破拦江沙进行研究。谭廷襄没有在军营待过，不知道其中的奥妙，既不禁止，也未加以必要的防范。

英法联军很快就在熟悉地形的基础上，找到了突破之法。谭廷襄以为联军过拦江沙必须换小舢板，没想到他们乘坐的是一种浅水炮艇，乃在广州试过身手的“小丑”炮艇的升级版。这种炮艇不用风帆，用蒸汽动力，所以多浅的内河都能应付，而且所装重炮也由两门增加到了三门至六门，火力更加强劲。

中国军队只盯着大型舰艇，没留意浅水炮艇已越过拦江沙进入海河。之后，谭廷襄仍依照咸丰的指示，人不犯我，我不犯人……

联军炮艇丝毫不管这一套。他们早在探水过程中，就已通过望远镜观察，弄清了大沽炮台的虚实。实战中，一排炮弹甩过来，便把大沽炮台给轰塌了小半边，炮墙无不破裂。

谭廷襄急忙下令迎击，守军非常英勇，炮台上的一个炮手倒下后，立即有新的炮手上去接替，仅仅一门火炮，就有多达二十九名炮手战死在岗位上。

但这个时候光勇敢没有用，火炮的优劣与否才是关键。

假如现在还是第一次鸦片战争时期，中国的“巨无霸”火炮对来敌还是很有威胁的，只可惜十多年过去，英法在武器上又有了突飞猛进的发展。

在克里米亚战争中，两个欧洲国家能够战胜俄国，在很大程度上，就是武器制胜：俄军用木制帆舰，英法联军用蒸汽铁舰，谁更吃得消炮打，一看便知。

当炮台上的炮弹打到炮艇甲板上时，不过是炸出一两个孔洞，远远达不到将其击沉的目的。炮艇就不一样了，它两面齐放，打得又准又狠，让你躲都没地方躲。

到当天中午，南北岸的四座炮台摧毁的摧毁，失守的失守，炮台指挥官也有多人阵亡，英法联军成功登陆。

英法联军登陆后，对战争胜负起决定性的因素也仍是技术优势，这同样可参照克里米亚战争中的场面：俄军用滑膛枪炮，没有膛线，命中率很低，英法联军已经装备了线膛枪炮，一打一个准儿。

论工艺质量，中国军队的枪炮尚不及俄国枪炮的一个零头，连英法联军的军医都知道，中国兵所用的鸟枪杀伤力很小，不仅打不准，往往还无法形成致命伤。这种情况下，仗能打成什么样，就可想而知了。

在令人惊魂的枪炮攻击下，守军死伤惨重，不可避免地出现了大溃退场面，在后督战的谭廷襄虽于阵前连斩两人，但仍无法遏制颓势，只得率残部撤往天津。

大沽口之战（又称第一次大沽口之战），英法联军死伤数为一百零九人，其中因为炮台火药库突然爆炸等原因，法军死伤的比例又较多一些，光军官就死了四人。仅就数字而言，英法联军的伤亡尚比不上第二次广州之战，而后者已经是两广总督叶名琛在山穷水尽的情况下所能做出的最后一击了。

中国军队一方，伤亡统计为四百六十一人，官军实力尚存，但士气已遭到极大挫伤。

大沽口失守时，北运漕粮才运了一半，仅靠运进来的这一半粮食，京津一带难以维持。同时，大沽是天津门户，大沽一失，天津极可能不保，而天津又是北京门户，也就是说京城本身亦面临着被攻击的危险。

1858 年 5 月 21 日，咸丰急忙将僧格林沁调往通州，以防卫北京，他的叔叔、惠亲王绵愉也被搬出来救急，负责主持刚刚成立的五城团防局（清代把京城分为中、东、西、南、北五城）。

五年前，咸丰为了抵御太平军北伐，曾登台拜将做了类似的部署。当时僧格林沁和绵愉不辱使命，一举化解了危机，但这次就不一样了，毕竟英法联军的实力跟太平军不是一个档次，这点常识，咸丰还拎得清。更何况，此时前方刚刚吃了大败仗，士气严重不振，这时候就算把能打仗的僧格林沁请出来，匆促之间，要想靠他来转败为胜也异常困难。

5 月 26 日，英法联军进逼天津，距北京近在咫尺。咸丰迫于形势，只得派大学士桂良、吏部尚书花沙纳赴天津谈判。

桂良作为大学士，自然符合英国对于谈判代表必须为相的条件，但他和花沙纳都是初次参加对外谈判，外交方面两眼一抹黑。为此，绵愉、大学士彭蕴章等人保荐已革大学士耆英，认为耆英熟悉外交，请咸丰弃瑕录用。

形势比人强

耆英在外交方面其实吃的也是夹生饭，但由于参加过《南京条约》等一系列条约的签订，所以才有人以为他是行家，也因此耆英在道光晚年颇受重用。

咸丰执政初期，对琦善、伊里布、耆英等所谓的主和派颇有看法，一次召对时便有意在耆英的话中挑刺，传旨训了他一通。耆英一向自我感觉良好，又是先帝老臣，觉得下不来台，便屡屡称病，连朝也不上了。

不久，咸丰终于抓住了耆英的把柄，那就是他与英国人立下的“两年之约”。当时广东方面与朝廷都已被“两年之约”弄得难以收场，咸丰遂写下手诏，说：“耆英在广东压制民众，奉承英夷，随随便便就答应他们入城，几乎造成不测之变。”

他将耆英与穆彰阿并列，说两人都犯下了贻害国家之罪，区别仅在于穆彰阿隐藏得比较深，表面很难看出来，耆英的罪行却是显而易见。

耆英被革去文渊阁大学士，降为部属，不久又补为工部员外郎。就这，还是念及他当年立“两年之约”毕竟也是为形势所迫，所以予以从宽处理的结果。

耆英的儿子庆锡在绿营当总兵，太平军实行北伐后，庆锡便奏请父子同赴军前。咸丰正在用人之际，就答应了庆锡的请求，命耆英随惠亲王绵愉效力。

耆英父子本来以为可借此咸鱼翻生，不料庆锡自己不争气，犯了向下属借贷之罪——不了解内情的人可能会以为只是借钱而已，怎么会是犯罪呢？其实这是一种变相的腐败行为，属于明借暗贿，为清代律法所严禁。

儿子东窗事发，遭到大臣的弹劾，耆英自然急着利用老关系为其脱罪。咸丰发现后，干脆将其一抹到底，予以革职圈禁。

咸丰对耆英如此不留情面，是因为他想改变父亲晚年的主抚政策，无奈形势比人强，到头来又不得不重走老路了。绵愉等人保荐耆英，也正是看出了咸丰的这点小心思。

咸丰马上接受了绵愉等人的建议，下诏赏耆英侍郎衔，以方便他赴津谈判，同时在密室里召见耆英，询问其想法。

耆英很清楚，他能否再次获得新君的信任和重用，就看这次机会能不能抓住了，因此在被召见时摆出了一副诚惶诚恐且赴汤蹈火、在所不惜的样子，说：“当此时势，唯有独任其难！”

确认耆英有此决心后，咸丰给予密旨，让耆英赴津后自行谋划，而不必附和桂良。他的如意算盘是通过耆英继续扮演鸽派，桂良、花沙纳扮演鹰派，鹰派先在谈判中拒绝英方的某些不合理要求，再由耆英从中转圜，这样就可以起到有进有退、有张有弛的效果了。

咸丰有咸丰的心机，耆英却也有耆英的套路。他从前搞外交的办法，就是对洋人提出的条件随便答应，同时给皇帝打马虎眼，能瞒则瞒，能敷衍则敷衍，等到出了问题，便扔给后任一跑了之。这次他又想故技重施，但始料不及的是，英国人首先不买账了。

英法联军攻陷广州后，从两广总督衙门的库房中抢夺了一批档案，其中有耆英的奏章。经翻译，英国人发现耆英原来弄虚作假，对于他们先前提的一些条件，明明答应了，却并未向朝廷报告。

当时中国并没有专门的外交机关，西洋各国的一切交涉均由两广总督办理，英方认为耆英必然会将所有交涉情况一五一十地汇报给中央，哪里能想到他居然敢这么干。额尔金由此对耆英十分厌恶，得知他又要来天津谈判，根本就不想搭理他。

桂良得知后害怕谈判破裂，便请求召回耆英，但直到这个时候为止，咸丰仍寄望于他的进退策略能发挥作用，因此不同意召回耆英，同时严令途中的耆英必须尽快赴津。

此时耆英也已了解英方对他的态度，怕去天津后英国人找他算账，竟然不顾朝廷严令，掉转身径直逃往京城。

绵愉既是耆英复出的主要保荐人，又是耆英擅自回京的最早知情者，闻讯大惊。为了避免牵连到自己，在与其他宗室大臣商议后，他赶紧请求咸丰下达命令给僧格林沁，要求将耆英立即正法于军前。

咸丰急盼耆英到津，没想到送来的却是这个消息，不禁大失所望，同时十分恼怒。

耆英被罢官圈禁时，咸丰曾给他下了一个无才无能的评语。耆英当时不服气，回家后手书一联并悬挂于客厅正中：“先皇奖励有为有守，今上申斥无才无能。”

圈禁相当于软禁，时刻有人监视着，咸丰知道后对耆英更加厌恶，只是蓄而未发罢了。

给机会你不要，偏要自己找死，那就怪不得我了！咸丰不假思索地写下一条上谕：“耆英畏葸无能，大局未定，不候特旨，撤自回京，不但辜负朕恩，又有什么脸面对天下人？”

按照咸丰的命令，僧格林沁派员将耆英锁拿进京，由绵愉等王公大臣会同宗人府、刑部严讯。不久，咸丰即传旨宗人府，赐令耆英自尽。

泣血折

其实就算耆英的把戏不被戳穿，英国人还待见他，他去天津谈判对中方也不会有什么助益——身为文臣的桂良、花沙纳哪里敢扮演什么鹰派，两人都是带着“抚”的想法去天津的，和耆英并无二致，咸丰的所谓进退策略只不过是一厢情愿、自说自话。

连天津百姓的胆子都比来自京城的官吏大。五年前，太平军兵抵达天津，那时他们就已见识过大阵仗，敢斗也乐于斗，见四国军舰停泊于海口，一些人甚至想集结盐枭海盗抢劫军舰。桂良一到天津，路边就有许多绅民争相谒见，请求率团练帮助官兵抵抗英法联军。

桂良哪敢碰抵抗二字，急忙用哄骗的办法把这些绅民给打发掉了。

1858年6月15日，桂良、花沙纳分别与四国代表进行正式谈判。在谈判过程中，仅英国就提出了五十六项要求，是战前所谓修约要求的三倍多，增加了领事裁判权、片面最惠国待遇、自由传教、内地通商等一大批新的条款。

桂良当然也想斟酌轻重缓急，能驳的驳，能否的否，可是英国谈判代表、为英法联军充当翻译的李泰国态度异常骄狠，非但不肯留下商量的余地，而且一个字都不让改。

桂良等人在外交方面都是门外汉，身边也没有熟谙世界大势或长于政经商务的人才，导致对所涉条款毫无研究和认识，加上缺乏实力后盾，谈判时的那种窘迫和煎熬之状就别提了。

勉强撑持了二十多天，桂良等人毫无所得。在给朝廷写去的报告中，他们说自己即便谈到舌敝唇焦也无济于事，只好建议对各国提出的条件“姑为应允”，以便能促使英法联军尽快退兵。

报告在朝廷之上也掀起了轩然大波。恭亲王奕䜣、僧格林沁等人都递上折子，要求撤回谈判代表，同时调用全国之兵，动用倾国之粮，与英法联军决一死战。这其中又以僧格林沁的态度最为坚决，语气也最为激愤。

以前耆英曾几次当着咸丰的面奏陈英军可畏，应该多与之周旋，也就是委曲求全，被咸丰评价为贪生怕死，只想保住自己的官位。僧格林沁认为桂良等人亦如此，左右都是尸位素餐之辈，谋求议和无非是全身家、保妻子，却忘了要以华夏的社稷和生灵为重，真是可恨可叹可笑可怜。

作为道光临终前指定的顾命大臣，僧格林沁也没给道光、咸丰父子留面子。他说道光生前就是误听谗言，才导致英军长驱直入，势如破竹，“哪里料到皇上你又听谗言，以致隐忧社稷，遗祸子孙。皇上你这么做，日后还有什么脸去见先皇呢”？

在折子的最后，僧格林沁用了四个字“泣血上奏”，这就是著名的“泣血折”。

写的人洋洋洒洒，慷慨激昂，全然忘了读的人会是什么心理感受。对咸丰来说，这些文句足以让他五味杂陈，难受到钻心。倘若此折是别人写的，有十颗脑袋也不够摘的，但它出自僧格林沁的手笔，是自家人，对于这位赤胆忠心、曾帮助他挽救国运的表弟，咸丰的感情完全两样。

事实上，咸丰自己也深感四国在天津谈判中的要求严重损害了大清帝国的尊严和利益，“万难允准”。他在桂良等人所上的折子中批道：“览此折不觉愤懑，尤堪痛恨，看来你们此行不但不能解决问题，谈判结果反而还不如原约（指《南京条约》）了！”

可是不答应又怎么办呢？僧格林沁在“泣血折”中主动要求率军出征，其实即使他不这么说，咸丰也早已倚之为对外的御敌主将，问题是前方刚刚打了败仗，炮台尚未修好，海防还未整顿，怎么跟人家打?

这次第，正如桂良所言，中方处于进既不可战、退又不可守的困境，所谓“天时如此，人事如此，全局如此”，除两害相权取其轻外，别无他法。咸丰最终被迫同意桂良等人与四方签约，同时他对僧格林沁和其他主战派的奏折都“留中不发”，当私信自己看看算了，既不公布于众，也不以此定罪。

1858 年 6 月下旬，中国与英法美俄四国在海光寺分别签订了《天津条约》。中英《天津条约》就是五十六项要求的照搬，与法国所定条约的内容大同小异。美俄两约虽然有所区别，但根据利益均沾的条款，它们也可同时享有英法条约里的利益，总之一句话，全都赚得盆满钵满，就没有一个不在背后偷偷乐的。

第七章
放手一搏

咸丰正在为吞下《天津条约》的苦果而烦心，本已趋向好转的南方战场又现危机。

1858年8月，太平军攻陷安徽省会庐州（今合肥），继西征之后，皖中再次成为太平军的势力范围，并直接威胁湖北。

指挥这次战役的是陈玉成，他和李秀成同为广西藤县人，两人称得上是后期太平军将领中的“双子星座”。

经历天京事变，太平天国领导层犹如被重新洗了一次牌，老一代战将渐行渐远。应该说，这既是坏事，也是好事，因为这样一来，青年一辈就有了脱颖而出的机会和条件。

与早期基本由杨秀清一人独揽前线指挥权不同，陈玉成和李秀成从资历到地位都相差不远，所以他们不存在谁指挥谁的问题，而是各有各的作战领域和分工，陈玉成主要负责长江上游战场，李秀成主要负责守卫天京及开拓江南战场。

太平军中有一个很特殊的编制，叫作童子兵，挑选的都是十几岁的小孩儿。这些孩子年纪虽小，作战技艺也不精熟，但打仗却很勇敢，比如在攻打武昌城时，负责充当第一波敢死队的便是童子兵，陈玉成也曾是其中的一员，时年仅十四岁。

很多孩子早早就战死在战场之上，陈玉成是极少数的幸存者之一。他身材不高，两眼下有痣，远远望去就好像有四只眼睛一样，所以对手送给他一个颇为不敬的绰号——“四眼狗”。

东 征

你不敬，战场上给你颜色看。从死人堆里一路爬过来，陈玉成可以说是为战争而生，为战争而活，他的世界完全被这两个字所占据和主宰，打仗在别人看来可能是一件很可怕的事情，但对于他来说却不过是一种本能。

安徽曾是石达开的大本营，自石达开出走后，安徽境内的太平军精锐和老兵也被带走大半。这曾让继之而起的陈玉成在兵力上捉襟见肘，但是这一年，安徽爆发的蝗灾帮了他大忙。

随着乌云一样的蝗虫自天际掠过，各地庄稼无不遭到毁灭性摧残，大部分地区颗粒无收，不顾一切的灾民由此会集成了太平军新的兵源，陈玉成麾下兵马很快骤增至数十万人。

只要有兵，陈玉成就能在战场上呼风唤雨，攻克庐州便是明证，而他的横空出世，也预示着太平军的新一代战将已逐渐崭露头角。

在另一头，作为湘军新一代的代表人物，李续宾也正按照胡林翼所制订的东征计划，向皖中大步推进。

咸丰本来计划让李续宾去浙江追击石达开，这也是朝中大多数人的意见，但是从胡林翼到李续宾本人，都认为决战皖中比追击石达开更为重要，如今正可抓住九江克复的机遇再接再厉，不宜轻离安徽战场。

在胡林翼等人的力荐下，咸丰改变主意，把浙江的活派给了曾国藩。

曾国藩回乡奔丧，在程序上没有做到位，等于朝廷还没批准，他就撂挑子跑了，此举在仕林之中颇遭非议和攻击。听到各种风言风语，曾国藩心里当然很不好受，所以在多次接到咸丰让他“夺情”的旨意后，终于还是选择了二次出山。

复出后的曾国藩看到，在他守孝期间，湘军已基本控制住了湖北和江西。在长江上游的省份中，太平军声势较大的，只剩下了安徽一省，一旦湘军再进占安徽，南京不过是孤城一座。

在战略思想上，曾国藩与胡林翼高度一致，都认为安徽得失才是整盘棋局的精髓，谁掌控了它，谁就能决定最终的胜败。

曾国藩人去浙江，心在安徽，事实上，湘军的能战之师也都集中在李续宾营中，这是他和胡林翼共同的希望所在。

攻克九江之后，李续宾曾想找时间回湖南去探望父母，但因为出征皖中，只得暂行搁置。在湖北百官为李续宾及东征军举行饯行仪式上，李续宾忽然握着胡林翼的手说："我恐怕没有机会再见父母了！"说完便痛哭失声，胡林翼也跟着大哭起来，这一情景几乎把在场的所有人都给惊呆了。

这时的李续宾声名正如日中天，自九江一战成名后，他俨然已成为战神级别的人物，因此大家对此次出征普遍抱以乐观态度，现在看到这一将一帅犹如在生离死别，在深感诧异的同时，也多少觉得有些不太吉利。

虽然同样是哭，其实两人哭的意味大有不同。

李续宾是一个非常实诚的人，既然外界给他如此大的荣誉和期望，他就一心想着要予以回报，哪怕粉身碎骨亦在所不惜。这一去他是打算一战到死的，死他倒不怕，唯有想到可能再无机会赡养父母，则心如刀绞。

胡林翼的哭，正是知道李续宾有这样的性格特点。战场的生存概率不高，一个过勇之将的生存概率更低，他和李续宾名为上下级，其实情同兄弟，听到李续宾说出这样的话，心中肯定会有一种莫名的恐惧和不安。

随李续宾出征的虽为湘军精锐，但人数不多，只有区区八千人。安徽战场的太平军有数十万人，东征军必须要做到以一敌十，甚至是以一敌几十，才有取胜的可能，加上又是孤军深入，即便是在打了无数仗的胡林翼看来，这也是一项非常艰险的任务。

自李续宾走后，每次战前，坐镇湖北的胡林翼都会对李续宾提出告诫，让他宁可慢些，也不得恃勇突进。

李续宾在进兵之初，战事异常顺利，基本上是攻无不克，三四万人屯守的重镇都能被他一击即破，足可用"扫荡"两个字来形容。

不过这在一定程度上，是因为他还没有遇到真正的对手，受李秀成之邀，陈玉成已经去了江南。

回马枪

“双子星座”的作战方式，比杨秀清、石达开时代更加灵活高效，两人虽然各有主要作战区域，但又常常应形势的需要实行联合作战。此番合兵一处，就是为了解天京之围。

围攻天京的是江北大营和江南大营。乘着太平天国内部发生内讧，两大营在得到休整的同时，又重新具备了进攻能力，它们进行分工合作：江北大营屯兵浦口，在长江北岸封住天京的供应路线；江南大营在天京周围挖掘深壕，这一深壕长达一百多里，称为“长城”，用以对天京实施长围久困。

主持天京防守的李秀成是一个外柔内刚的人，据说他只念了两年书，但却熟读过《东周列国志》和《三国演义》。李秀成极重谋略，讲究以智取胜，在他的用兵之法中，也处处可见那些民间军事教科书的烙印。

见形势危迫，李秀成采取了由外向内解困的方式。他首先率部冲出包围圈，在皖苏边境与陈玉成会合，接着以浦口为突破方向，两军联合向江北大营发起进攻。

在江北大营之中，最引人注目的部队是来自东三省的满洲骑兵。在僧格林沁和胜保对付北伐军时，远道而来的满洲骑兵曾一度表现得很丢脸，但经过战场上的反复历练和筛选，能够留下来的已多是能打仗的勇者。

在骑兵再次奉调来到南方后，由于环境与北方有异，一开始很不适应，僧格林沁的部下西凌阿初到湖北时，差不多吃的也是这个亏。不过到这个时候为止，江北大营里的满洲骑兵总体上对南方战场已不陌生。

在长江北岸，太平军对这些汹汹而来的大队骑兵往往都会存有畏惧心理，这使得满洲骑兵又滑到了另外一个极端，作战时逐渐变得骄矜起来。陈玉成牢牢抓住了对手的这一弱点，他意识到，要攻破江北大营，关键还是要先击溃满洲骑兵。

步兵打骑兵，在一直面临北方游牧民族挑战的中国，曾是一个被长期研究的课题，成功经验可谓不胜枚举，比如，岳飞的大破“拐子马”。

所谓“拐子马”乃是金军的重装甲骑兵部队，三匹马一组，人人都穿着厚厚的铠甲，当他们呼啦啦地冲过来时，由于势大力沉，以步战为主的宋军根本就抵挡不住。

看上去“拐子马”似乎刀枪不入，但岳飞看出，马脚正是其软肋。于是他设计用步兵砍马脚，只要一匹马倒下，另两匹马也就跟着一起遭殃，“拐子马”遂被岳家军所击败。

这些东西都不用到正经的历史书里去找，评书演义里多的是，作为出自民间的军事高手——陈玉成哪儿会不知其详。

在与满洲骑兵对阵时，陈玉成假装不敌，稍微接触便撤军后退。对这种场面，满洲骑兵显然已经司空见惯，他们也像当年的“拐子马”一样，毫无顾忌地在后面猛追。

追着追着，陈玉成预伏的刀牌手突然从路边一跃而起，他们用盾牌护身，刀削马足，骑兵队伍立即乱作一团。

除了刀牌手，陈玉成还有一个绝招，谓之回马枪。回马枪最早指的是他的枪法，后来陈玉成将其融会贯通，移用到了战术之中，而且使起来更加出神入化。在交战时，他往往会在日暮时收队，你以为他回营了，其实不是，他是在杀回马枪——偷偷地截断你的后路。

官军不管是骑兵还是步兵，都最怕被抄袭后路。打个比方，有三万官军在行军，即便他们听到只有三千太平军攻其尾翼，也马上就会慌乱起来，哪个指挥官都压不住阵脚。当初向荣用江南大营将天京团团包围，太平军就是用这招破了他的大营，向荣自己也落得个兵败身死的下场。

在满洲骑兵被“回马枪”先行搅乱之后，陈玉成立刻率太平军主力返身掩杀，通常一个回合便能将对手挑落马下。

骑兵一败，江北大营顿时成了没脚蟹。1858 年 9 月 26 日，陈玉成和李秀成前后夹攻，一举攻下浦口，并将江北大营予以摧毁，包括满洲骑兵在内，大营所驻的一万多官军损失殆尽。咸丰被迫从此撤销了江北大营，江北官军也改由江南大营统辖。

浦口战役的胜利，使长江上游对天京的供应变得畅通无阻，江南大营好不容易挖出来的“长城”至此成了虚设。与此同时，陈玉成移师江南，也令太平军在安徽战场上缺少了重量级的大将，李续宾进军皖中，才一个多月的时间，便攻克了四座重镇。

知道李续宾来了，庐州附近的残余官军都巴不得这位“战神”早点来救命，李续宾一个月攻四座城，他们都觉得太慢，一个劲儿地给咸丰上折，要求东征军能够加快进度。

于是咸丰发出密诏，催促李续宾进军庐州，十天之内，李续宾竟然收到了七道圣旨。

陷　阱

其实这时的东征军自身也已经疲弱不堪。攻的城越多，对李续宾来说就越是负担，因为每占一城，他都得分兵驻守，否则的话，攻城就失去了意义。如此一分，八千人去了三千人，加上连续苦战，得不到休整，东征军已不满五千人，且伤兵满营。

胡林翼的老母正好在这时候病故，胡林翼已扶柩还乡葬母。胡林翼很清楚，庐州集结的都是太平军的精锐部队，假设他仍在主持东征，无论如何不会再让李续宾往前推进。

胡林翼还乡后，其巡抚一职由官文兼代。李续宾打仗吃不吃力，对官文来说无关痛痒，他还巴不得李续宾早点报捷，以便给自己的功劳簿上再添一笔呢。

另外一个能劝止住李续宾的人是曾国藩，然而曾国藩远在东南战场，纵然知道此事，也已鞭长莫及。

李续宾只能靠自己来做出决策了。作为久战之将，他当然明白疲师不能力战这个道理，但咸丰的重托又让他责无旁贷，反复思量之后，他仍下不了决心，于是便请幕僚和部将们前来商议。

幕僚们都说：“我们现在与后援已失去联络，若是继续进军的话，难保不腹背受敌，倒不如赶紧返回，与后续部队会师，等屯足力量后，才有必胜的把握。”

部将中有很多人持相同看法，认为东征军实已成强弩之末，只要被太平军截断粮道，不仅取胜无望，已占领的四座城池也会丢失。

李续宾何尝不知道收起拳头再打去会更有力量，可如此一来，东征岂不变成了东撤？好不容易鼓起来的士气将遭到挫伤不说，也很可能失去最佳的作战机遇——陈玉成不在庐州，眼下正是攻其不备的时候。

曾国藩的弟弟曾国华此时也正随军参谋，他主张继续前进。有人提到粮道可能被截，他不以为然地说："在这一个多月的时间里，我们只胜不败，太平军已经丧胆，丧胆之师怎么敢出来堵别人粮道呢？"

曾国华的意见正中李续宾的下怀。退一步说，就算被太平军截了粮道又怎么样，只要正面取得突破，一切问题都能迎刃而解。

曾国华不是没有打过仗的白面书生，当初胡林翼派兵援救江西，曾国华即为主帅，他所率的援军也不过四千人，却击败韦昌辉，从而起到了力挽狂澜的作用。

想想看，要是那时候曾国华有一丝怯懦，前怕狼后怕虎，湘军还能深入江西吗？打仗，要的就是出奇制胜，李续宾计议已定，他决定两头兼顾，即一边向庐州挺进，一边向后方催要援军。按照他的计算，如果能在太平军的援兵到达之前，迅速攻下庐州，就能大获全胜，即便战事不利，但只要己方援军能及时到达，亦可立于不败之地。

欲攻庐州，必过三河。三河是一座小镇，位于庐州以南约九十里处，太平军在此建立了一座卫城和九座营垒。

太平军有土营作为基础，在营垒构筑上非常讲究。九座营垒大多配备带纵深的障碍区，障碍区先有土墙，继有壕沟，接着再土墙，再壕沟，另外还有木桩及竹签。

这样布置周密的营垒，加上又是凭河设险，自然很难攻破。1858 年 11 月 3 日，李续宾进攻三河，三河守军早有防备，枪炮齐击，湘军因此伤亡惨重，李续宾只得暂且收兵。

吸取教训，李续宾决定将单向进攻改为三路进攻，以此分散营垒的防守力量，降低攻克的难度。11 月 7 日，他再次发起猛击，当天，三河营垒全部被攻破，太平军被歼和俘七千多人。与此同时，湘军的伤亡累计也逾千人，李续宾手下的能战之兵只剩四千人，与曾国华赴援江西时期的部队一样多了。

对于李续宾而言，三河越来越像是一个诱他入瓮的陷阱，因为陈玉成已经赶到。

早在李续宾对三河发起进攻时，三河守将就向陈玉成发出了告急文书。天京之围既然解除，陈玉成变得一身轻松，他一面请调李秀成赴援，一面率十万太平军先行抵达三河。

陈玉成到达三河后，没有马上与李续宾照面，而是首先驻军于三河以南，以切断湘军退路。他所率的十万人马，又以“三十六路回马枪劲旅”为核心，这三十六路皆为精兵，乃打破江北大营的主力。

在发现陈玉成现身，且拥有如此之强的兵力后，李续宾吃惊不小，其幕僚和部属也不安起来，大家都主张在对方合围之前，赶快撤退，但李续宾却突然产生了一个极其大胆的想法。

他原来是要铆足劲收复庐州的，但庐州即便攻下，也还面临着陈玉成的威胁，现在陈玉成率领主力精锐来了，为什么不趁此机会，通过野战将其一举歼灭呢？

换句话说，现在的东征军就是一块磁铁，李续宾要用自己来吸引住陈玉成，然后等外围援军到达后，再对其实施反包围。假如取胜，今后安徽就是湘军的天下，庐州也将成为囊中之物。

包营为营

战场之上，真正的顶尖佳作都是在这种险中求胜、逆境得活的反向思维中取得的，更何况，自接掌湘军指挥大权以来，各种各样的险情和被动局面，李续宾已经见得太多了，以少敌众，以弱胜强，对于他来说已成了家常便饭。

来得早不如来得巧，既然大家费了牛劲才能聚到一块儿，那就让我们在三河痛痛快快地打一仗吧！

这是一种高手即将对决前的亢奋和激越，用李续宾的话说，就是敌人“愈多愈佳，将聚而歼之”。他继续屯兵三河，除之前已向官文求援外，又向包括九江在内的周围各路湘军发出了会战调令。

一天两天，三天四天，一个星期过去了，李续宾连援军的影子都没能见到。他这才知道，附近靠得近一些的湘军，多为小部队，在要道被陈玉成封住后，根本就过不来。

湖北方面的大部队呢，要知道李续宾很早以前就写信过去了，答案是根本没来。

官文收到李续宾求援的信件后，笑了："这个李九（李续宾排行第九），入皖以来所向无敌，现在正是他最强的时候，我就不相信还有什么他攻不破的敌军，应该用不着我们再去画蛇添足了吧。"

不是官文故意想给李续宾小鞋穿，是李续宾在众人心目中早就成了战场上的一尊神，加上他在信件中也没有把形势说得有多么困难，导致其他官员得知后，也都认为无须派兵增援。

了解李续宾性格的，只有胡林翼，只有他才知道，这是一个轻易不肯说难字的人，假如李续宾提出要援兵，那一定是非援不可，但是胡林翼恰恰不在。

李续宾等来的不是战机，而是重重危机。同样都是沙场上战神级别的超一流高手，你这边即便稍稍松懈一下，也可能给对手创造必杀的机会，何况耽搁了一周，它足以要了李续宾的命。

太平军在近代军事上有很多新的创造。比如，在此之前，攻一座城往往靠的都是云梯加人海，从春秋战国到清末，几千多年了，一直如此，太平军的"穴地攻城法"可以说是首创，绝对具备申请专利的资格。陈玉成将这种工程兵战术又做了进一步拓展延伸，营垒一词在他手中被用活了。

在传统兵学理论中，营垒通常是跟防御战联系在一起的，"止则为营，行则为阵"，对大军起一个防护作用。可是陈玉成独辟蹊径，将其大量运用于进攻战领域，从到达三河之日起，他就开始反客为主，不断建造营垒，对湘军进行围困。

当李续宾重新正视战场形势时，他不禁倒吸一口凉气。三河地形呈"人"字形状，三面环河，在一时无法攻克三河城的情况下，湘军只有一条长堤可通往后方，而陈玉成一夜之间建起的几十座营垒都集中在这条路上。

李续宾对陈玉成并不陌生，但当亲眼见到这一切时，他也有了一种不寒而栗的感觉。这是能够站在同一水平线的对手，再加上即将赶来增援的李秀成，看来此番真是凶多吉少了。

等待援军已不现实，也就是说，举行反包围的大会战成了泡影，如今只能趁锐气尚在，靠自己的力量冲出包围圈了。

在研究突围方案时，有部将提出，不如在五更天，也就是后半夜启动，但是李续宾考虑到，陈玉成率领的是精锐之卒，加上三河地形复杂，到处都是分汊河港，天黑时看不清道路，此时作战，于己方不利。

突围也是突袭，一旦形成僵持局面，突袭战变成持久战，再想突围就没机会了。倒不如黎明时开战，既看得清楚，同时也能起到突袭效果。

1858 年 11 月 14 日深夜，李续宾派出两千多生力军，进行十五里强行军，在指定时间内到达前沿，随即发起猛攻。

陈玉成围困的关键要诀还不是围，而是放。事实上，那条长堤是故意留出来的，当湘军试图通过时，周边的所有营垒都会缠住不放，直至将其绞杀在路上。

这就是“包营为营”。在过去的征战中，陈玉成已不止一次实施这种独门绝招，对手一旦被他筑垒包裹，就必然全军覆没，在安徽战场上，很多人都从中尝到过苦头，听到陈玉成的名字，就没有不胆战心惊的。

可是李续宾部队的冲击力之强，绝非一般部队可比，哪怕是“三十六路回马枪劲旅”也多有不及，同时李续宾如此快就决定反守为攻，也超出陈玉成的预计——大多数情况下，守军都是被围得实在受不了，才会寻道突围。

两千多湘军，硬是在阵前打掉了差不多同等数量的太平军，此后他们越战越勇，眼看就可以冲垮太平军的营垒了。事后李秀成以一个军事行家的眼光，点评说如果当时不出现异常情况，陈玉成已必输无疑。

人算不如天算

这个异常情况是作战双方都没有想到的：三河地区忽然起了大雾，“数尺之外，一望茫然”，周围全都变成了盲区。

湘军顿时陷入混乱之中，进攻找不到目标，后退又寻不着归路。突围前，李续宾怕的就是天黑难以辨识，不料避开五更，大雾却还在黎明时分等着他，而如果按照部将的建议去打，倒是很有可能撕开包围圈，这真是人算不如天算。

对陈玉成来说，这场神秘的大雾来得正是时候，几乎就是天赐。这种战机再抓不住，是要折寿的。“包营为营”的另一个要点，是在用营垒裹杀的同时，还设有两支以上的精锐伏兵。先前由于湘军攻得过猛，这些伏兵没能找到出击的空隙，现在正好利用浓雾进行包抄。

太平军在穿插，湘军光听声音看不到人，急得团团乱转。等到雾散了，他们骤然发现，前后左右竟然全是如鬼魅一般冒出来的太平军，而且还在如潮涌来，大家在心理上就先怯了阵，此后便乱上加乱，完全失去了章法。

李续宾正在大营焦急地等待前方战报，然而传来的消息是，天降大雾，连送饭的人都不知道战场究竟在哪里，只是说前线到处能听到湘军和太平军的鼓角声、呐喊声，可就是分不出究竟谁是谁。

再接着，就得知雾虽散开，部队却遭到了包抄围困，里面的人出不来，外面的人也进不去。李续宾心知不妙，赶紧率留守部队前去接应，但此时太平军士气大振，人也越聚越多，身穿黄衣服的官兵重重叠叠，层层环绕，队伍绵亘开去足有二三十里长。

李续宾连续发起数十次冲击，都无法进入已然像个铁桶一样的包围圈，湘军士卒则饥疲交加，死伤相藉。眼见自己也将陷进去，他只得率残部撤回大营，而包围圈中的两千多湘军也在差不多时间全军覆灭。

这时援兵赶到了，不过不是李续宾期盼的援兵，而是早已到达三河，但与陈玉成分营驻扎的李秀成。

除陈玉成和李秀成双剑合璧外，原屯守三河城的守军也杀了出来，三路人马全部加起来，有数十万之多。借助人数和心理优势，太平军一连击破湘军大营的七座营垒，将李续宾紧紧围困在了一个逼仄的三角形地带。

从湘军大营再往外面看，包围圈已经密布了几十层，不是一个铁桶，是连续不断很多个铁桶。

大势已去，纵使你再不情愿，这趟旅途也面临着结束。可如果不是该死的大雾，也许早就冲出去了，李续宾仰天长叹："是老天要让我们败啊，这些莫非都是天意不成？"

在反包围计划泡汤后，整军突围也失败了，唯一的求生之路就是分散突围。1858 年 11 月 15 日，李续宾传令，只要晚上月亮一照地，就马上分开行动。

月亮出来了，李续宾却感到了一种羞辱。从军以来，他不止一次看到其他部队溃散，那真是将不顾兵，兵不管将，情形狼狈不堪，导致军威大损，难道他李续宾也要走这条路吗？

一个将军可以打败仗，但绝不能丢掉荣誉。李续宾告诉部下幕僚："我要死战报国，不想以屈辱的方式逃命。你们可各谋生路，自行分散突围。"

曾国华等人都说："公（指李续宾）义不负国，我等岂可负公"？大家当然是要同生共死，谁也不能偷生苟活。

李续宾不再坚持。他们这些人不是师友，便是同好，一起探讨学问，一起征战沙场，如果能够携手走向另外一个世界，确实也是一种幸运。

当晚二更，营中所有谕旨和奏折都被搬出来，并置于火中。看着文件全部烧尽，李续宾又朝北面朝廷的方向拜了两拜，然后才跃马出营，带着众人以整军方式向太平军冲去。

李续宾骑着战马"往来奋击"，在他的指挥和示范下，士卒把所有斗志都焕发了出来。太平军的防线终于出现松动，有一部分官兵趁势冲出了太平军的第一层包围圈。

就在这时，太平军掘开大堤，汹涌的河水将已走到河堤旁的湘军席卷而去，突围的希望彻底破灭了。

最惨痛的失败

李续宾死在了这场突围战之中，一同战死的还有曾国华，但是关于李续宾死亡的具体情形，一直众说纷纭，几乎成了史学界的一个谜。

按照李秀成在自述中所言，李续宾系回营上吊自杀，但是联系当时的实情和他的职业军人气质来看，似乎不大可能。太平军后来并没有能在第一时间找到李续宾的尸体，所谓自缢而亡也多半来自于猜测。

据湘军幸存官兵回忆，在激战过程中，李续宾看见远处有一面黄旗，认定旗下必有大将指挥，是陈玉成和李秀成其中之一也说不准，随即抱定同归于尽的决心，单人独骑朝黄旗位置杀了过去。

之后再无目击者。有人认为李续宾是力竭阵亡，证据是他的身体和面部均遍布长矛伤口，这些伤口足以致命。也有人认为李续宾是在伤重情况下，又见突围无望才投水而亡的，这种说法主要来自当地民间。

李续宾死的地方叫作胡同大圩，当地人称李续宾为“李九大人”，又盛传，九通“酒”，胡通“壶”，酒进了酒壶，是出不来的，所以那里必定是他的绝命之所。

有资料记载，胡同大圩一直保存着淹死李续宾的水塘，塘边存有悼念碑文。如果李续宾投水而亡为真，他的结局就与六年前死于庐州的江忠源一模一样了，命运就是如此诡异，两人同属军界巨擘，不仅死于相邻的地点，甚至连死亡的方式都差不多。

李续宾的死，之所以受到如此大的关注，缘于当时的朝野舆论对李续宾评价非常之高。闻知大将折戟，人们无不为之痛惜，他的尸体也是附近居民自发找到，并不远千里背去后方的。

李续宾死后，残部继续固守大营，在火药和水米皆尽的情况下，苦守四昼夜后，大部战死，只有极少数人趁半夜游过河去，捡了条性命。

居家守孝的胡林翼一直牵挂着李续宾和东征军。三河失利的消息让他如遭雷击，每日每夜“彷徨惊惧”，但他一度还寄望于损兵不要折将。照胡林翼的看法，只要李续宾能够突围生还，纵使东征军损失大半，也只需两三个月便能恢复元气。

倒是曾国藩更为明智清醒一些，他按照李续宾和曾国华的个性，判断两人生还的概率都很低。李续宾性格慷慨激烈，在如此困境下，是断然不会只身逃命的，就算你当着面苦口婆心地告诉他，突围后还可以重整旗鼓之类，都很难改变他的决心。至于弟弟曾国华，与李续宾誓同生死，也一定不肯舍之而去。

话虽是这么说，其实曾国藩也和胡林翼一样，心里面都在祈求着能够发生奇迹。

有史料记载，胡林翼在恍惚中做了一个梦，梦见李续宾飘然而至，两人还在一起切磋了一会诗词学问，但等他惊醒，噩耗传来，李续宾已战殁于三河。胡林翼当即大口吐血，倒在地上晕了过去。

曾国藩在确证消息后，亦泪流不止，好几天都吃不下饭。传闻李续宾阵亡前，天上曾有彗星闪过，他因此在给李续宾的挽联上写道：“八月妖星，半壁东南摧上将。九重温诏，再生申甫佐中兴。”

三河之役成为湘军重振以来经历的最惨痛的失败，在湘南湘乡一带，很多人家都有子弟死在三河，以致出现了“处处招魂，家家怨别”的景象。

自江西受挫以来，历四年时间才积聚而成的湘军精锐至此毁于一旦，包括李续宾、曾国华在内，文武官员战死者即达数百人之多，战后遗落的红蓝顶戴遍地都是，太平军打扫战场时足足装了八大箩筐。三河之役后，湘军虽然总体上还余有几万人，但这几万人已噤若寒蝉，谁也不敢再轻举妄动。

对湘军来说是大败，对太平军而言，就是大捷。陈玉成和李秀成以死伤三四万人的代价，打掉了湘军的主力及其带标志性的人物，从而挫败了胡林翼的东征计划，也一举扭转了天京事变以来的被动局面。

这标志着"双子星座"已经完全取代甚至超过当年石达开所能起到的作用，太平军中的新一代实现了成功崛起。

咸丰对曾国藩和胡林翼这样的军事统帅多多少少都会存有一些猜忌之心，但对江忠源、李续宾类的将星则是器重和欣赏有加，这两人的死讯都让他既痛又悔。

痛的是，如此大勇之将，今后再不易得。悔的是，无论是江忠源还是李续宾，其实都是在不停地帮他赶场，纵使不战死，也得累死。可以说，没有他所颁下的那七道犹如催命符似的圣旨，向来处事并不莽撞的李续宾绝不会明知不可为而为之，最终走上不归之途。

咸丰一边读着李续宾的事迹，一边流下了眼泪。他的痛和悔都是真心的，又都是出于不得已，换句话说，如果让他重来一遍，还是只能那样做，因为他别无选择。

这真是一个多事之秋。九江的攻克，石达开的出走，曾令咸丰以为国内战场的形势从此将呈现全面好转，可是三河惨败又令他再次进入了困顿不堪的循环。

眼前的情景都再熟悉不过，好像已经看到终点，但马上又会被打回原点，咸丰对此几乎已经有些麻木了。

不过按照以往的规律，要是运气好的话，一败之后还有一胜。这次咸丰的运气就不错，他将取得一次难得的胜利，最让人意想不到的是，这次取胜的竟然不是内战，而是外战。

放手一搏

1859 年初，英国公使额尔金离任。当额尔金以英雄形象回国路过上海时，受到了居沪英商的齐声欢呼。这些英商还集体向额尔金送交了一份请愿书，上面除为英国发动战争喝彩外，一如既往地秉持了对中国的蔑视。

出乎英商们的意料，额尔金摇了摇头，说："我们的西方基督教文明总有一天会发现，自己面对的并非想象当中野蛮愚昧的国家。这里有非常古老的文明，它有许多方面确实是衰败和有缺陷的，但在其他方面足以赢得我们的赞许和尊重。"

额尔金的意思不是说他不主张动武，照他的话说，如果不用"手枪正对准喉咙"，中国政府怎么肯答应签订《天津条约》呢？这位伯爵之所以显得比狭隘的商人们更有见地，只是与他所见所闻有关，在叶名琛和战死于大沽口炮台的中国炮手们身上，额尔金确实看到了很多值得他敬畏的东西。

新一任英国公使是额尔金的弟弟卜鲁斯。卜鲁斯也参加了天津谈判，继任乃兄之职算是英国政府给予的奖赏。卜鲁斯一上任，就向中方提出要进京换约，即用刚刚签订好的《天津条约》置换旧约。

咸丰已经窝囊到要死，当然不愿再看到洋鬼子趾高气扬地跑到京城来，所以他起初怎么也不肯答应，说大家就在上海换好了，何必舍近求远，跑到京城来呢？

按照咸丰的旨意，大学士桂良提前来到上海，以等待英使的到来。谁知卜鲁斯到上海后不仅拒绝与桂良见面，而且还责备桂良为什么不早日回京，做好预备接待的事宜。

接到桂良的奏折，咸丰被逼无奈，只好同意进京换约，但是要求在随行人数、仪仗上有所限制，以保存东方帝国最起码的脸面。

传话过去，洋人才不理这一套。卜鲁斯已经接到了外相的训令，外相指示他："外国使节入北京，清政府常怀厌恶之心，经常假借各种理由拖延时间。你此行如果遇到这种情况，必须果断处置，带上卫队，不得已也可乘军舰赴天津。"

卜鲁斯性情急躁，外相说是不得已才能动用军舰，他就当正常情况用，马上命令海军司令何伯少将率舰队随其前往天津。根据英法协议，法国公使布尔布隆也乘着军舰，带着卫队赶了过来。

这个场面，咸丰不是没有预料。实际上，他肯答应谈判并签订《天津条约》，很大程度上也是一种缓兵之计，为的就是能有充足时间进行重新布防。在此之前，他早就做好准备，拿出了他一直不肯动用的最大王牌：皇家将星僧格林沁。

僧格林沁在"泣血折"中，既有让咸丰坐立不安的指责，也有令人动心动容的承诺。他写道：“臣请率部御敌。兵不足，臣请以倾国之兵报效，粮不足，臣请以倾国之粮报效皇上。至于胜败军家常事，胜不足以喜，败不足以惧，人心非不可以兴奋，天命非不可以挽回！”

僧格林沁不仅没有因此受罚，咸丰反而对他更加信任和倚重。天津谈判结束后，英法联军前脚刚刚离津南下，咸丰后脚就将僧格林沁召到京城，当面谈了自己在防守天津及大沽口方面的一些设想。

主战派有了机会，僧格林沁终于可以在适当的时候放手一搏了，他随即以钦差大臣的身份直奔天津。

视察天津沿海防线是此行的重点。不出僧格林沁的意料，大沽口炮台早已成为废墟一片，除在战争中被炸掉的以外，剩余炮台都已被英法联军拆毁，原有驻军也死的死，逃的逃，溃散一空。

僧格林沁决定再去看一下北塘，那里是除大沽口外的另一防守重点，由于没有直接遭到攻击，驻守部队仍基本维持着原状。

北塘总兵前来报到，僧格林沁问他手下有多少兵，得到的回答是，除调出去的外，尚有三百多人。僧格林沁长年治军，非常注重细节，他没有就此打住，而是传令集合部队，他要亲自点验。

从早上七点到下午七点，僧格林沁坐在帐中一动也不动，就等着官兵集合，一天下来，总共才来了四五十人。他勃然大怒：“军纪如此废弛，还能打好仗吗？指挥官究竟是干什么吃的？”

渎职的北塘总兵立即被予以撤职，并交吏部追加处分。

练　兵

当官的要打屁股，不是说当兵的自身就一点问题没有，要跟洋人作战，没有一支精锐之师是不行的。在击败北伐军后，原先归僧格林沁统率的旧部，大多已被西凌阿带去南方，只剩下回归蒙古的骑兵，于是僧格林沁又把他们召到了前线。

蒙古铁骑虽然厉害，但毕竟是骑兵，你要一个骑惯马的人到地面开枪鸣炮，显然不能发挥所长。在僧格林沁所掌握的部队中，还有驻扎于北京城内外的京旗，其中就包括培养过塔齐布的火器营。京旗兵经常操练枪炮技术，用他们来守天津，当然再好不过，但京旗同时肩负卫戍北京的重任，只能调很少一部分过来。

显然，不能单纯依赖骑兵或京旗，僧格林沁决定在天津重新征招部队，但他很快就发现新招士兵素质很差，这些人多半是因为在社会上没有一技之长，谋生困难，才跑到军营里来混饭吃的，他们缺乏职业军人的必备技能和操守。

把不成器的新兵练成精兵，成了僧格林沁在天津的主要使命之一。他想到的办法是，从京旗中抽出一部分精锐，调到大沽做防守骨干，同时让这些老兵与新兵进行混编训练，以提高新兵的技术素养和能力。

有老兵带，并不等于新兵就一定能成为精兵，僧格林沁在军营中制定了层层奖励激励制度。

学会鸣放鸟枪和耍弄刀枪是基本功，只有过了这一关，应召之人才能留下来当兵。之后，如果又学会了放炮，恭喜，涨五钱饷。

这还不算完，如果你有足够的精力和干劲，还可以继续给你涨饷——

陆勇，长矛腰刀舞起来锐不可当，以一当十，涨五钱。

水勇，水性不错，能像浪里白条一样潜伏水底，涨五钱。

炮手，开炮动作纯熟，成了神射手之类的角色，涨五钱。

……

以此类推，只要士兵能够学会一样绝活，就给涨一次军饷，每次虽然不多，但加起来就多了。

这是对自觉的，对不自觉的，僧格林沁也毫不客气。他曾让一批水勇完成海上浮渡训练，百余水勇竟无人敢上前一试。

连浮渡都不敢，还叫水勇？僧格林沁二话不说，下令撤掉水勇的口粮，什么时候敢游能游了，再允许吃饭。

所有兵勇里面，僧格林沁最看重的是炮手，但炮手的情况也最不乐观。在僧格林沁亲自主持的一次火炮射击抽查中，大小火炮共发射实弹五十二发，正中靶船的是十八发炮弹，仅有百分之三十几的命中率。

海防是天津防守的关键，而海防又全靠炮台，连炮都打不准打不好，怎么防？僧格林沁对炮手提出要求，不光是要打中靶船，还得打中旗杆。

那时即便是从国外进口的洋炮，也多为没有膛线的滑膛炮，更不用说土炮了，中国炮手又不可能像西方人一样，从数学和弹道原理的角度来研究射击技术。炮打得准打不准，全凭经验和感觉，这种情况下要打中一根旗杆，可想而知，该有多难。

炮手们起先都叫苦连天，而且谁都打不准，无论怎么练都是一副趔趔趄趄的样子。僧格林沁不听任何理由，他实行“末名淘汰制”，从打得最豁边的人开始，直接淘汰，由此逼得炮手们都不得不拼着命加强训练，一点点地去提高射击技能。

僧格林沁的严，不仅体现在训练上，也包括军风军纪。

在太平军和后来兴起的捻军心目中，僧格林沁始终是他们在北方的最大劲敌。由于这个原因，他们对僧格林沁切齿痛恨，在一篇“捻军歌谣”中，几乎把僧格林沁描写成了一个无恶不作的混世魔王：“不怕蚂蚱吃，不怕黄水淹，就怕僧王住一天。”

真实的僧格林沁并非如此。据说他每到一地，发布的第一条命令，就是要保护当地百姓。按照他的说法，“预知军旅之盛衰，必访百姓之褒贬”，军队以后能不能闯出名堂，全靠民间口碑，因此他经常微服查访，去听一听驻地附近的老百姓有什么意见。

由于缺粮缺饷等问题，战乱年代的官军确实有很多在军纪上糟糕至极，官军过处，“奸淫焚掠，十室九空”的场景也并不少见。见到向他鸣冤叫屈的百姓，僧格林沁对这些害群之马很是痛恨，曾发出“民之恨兵，甚于恨贼”的慨叹。有鉴于此，他在管束自家军队特别是蒙古骑兵方面格外严苛，除三令五申外，还请朝廷派御史进行调查，以便从外部进行监督。

史称，僧格林沁督师十余年，“瓜果下无戎马迹”，所部基本上是秋毫无犯，在军风军纪上是可以与南方的湘军相比较的。

与时间竞赛

约束军纪，表面上看只要下个命令就行，但主将的示范作用其实相当重要，所谓上梁不正下梁歪，中梁不正垮下来。

僧格林沁出身贫寒，年少时因生活艰难放过羊，以此养成了勤俭节约的生活习惯，即便后来发达，成了“僧王”，仍不改初衷。驻节天津期间，他帐中的高级幕僚一个月只能拿到十四两薪俸，与其他地方的幕僚相比，显得异常寒酸。这些幕僚肯继续待下去的理由，一是慕名而来，冲的是僧格林沁的声望，并没想从中发大财，二是僧格林沁自奉更薄，他一个月才领十二两薪俸。

不打仗时，僧格林沁只穿一身青布马褂，完全看不出是什么皇室贵胄，碰到部下士卒有“过奢”的举动，他也一定要加以劝止。

所谓“过奢”，依照的仍是僧格林沁自己的标准。有人买了一件青呢马褂，上前一问，要花去两千四百个铜钱，僧格林沁连连咂嘴，说一件衣服要用去相当于十天的口粮，太浪费了，不过是一件衣服嘛，你看我也就是穿件青布马褂，以后绝不能这个样子。

某次僧格林沁查看军营，在一座帐外看到了丢弃的白菜叶。他立即把当事人叫出来，让其捡起洗净：“我告诉你，白菜叶用盐腌一下，味道好得很，丢掉是暴殄天物。”

严格并不等于一天到晚要对部下板着冷面孔。和所有优秀将领一样，僧格林沁与官兵相处不分彼此，即便进行责备，也都面带笑容。他巡营很少骑马，都是步行，而且看到什么讲什么，就像一个见多识广的老兵。跟着他的大小官员，从将军都统开始，见僧王如此，也都只好跟着走来走去，没一个敢摆官威。

僧格林沁在吃的方面并不讲究，一日三餐就是两个小菜，再佐以馒头和小米粥，平时连吃大米都觉得过于奢侈。只有到一个新的地方扎营时，他才会特地让伙夫蒸一只小猪，然后坐在帐外，一个人边喝酒边吃肉。

所部的骑兵步兵闻到香味，都跑过来要尝一尝鲜，僧格林沁便用刀将猪肉一片片割下来给他们。往往是这一群刚走，另一群又来，转眼之间，一只蒸熟的小猪就被分光了，僧格林沁本人倒没吃着多少，但他只是笑笑，从不介意。

仅仅半年之内，僧格林沁的训练和治军就收到效果。1859 年 3 月底，大沽炮台接连三次进行实弹演习，最后一次光打中旗杆的就有六炮之多，这在以前是无法想象的。

这支短时间编练的部队，人数达到一万，其中有四千驻于炮台，而且官兵从精神面貌到战术水平都焕然一新，足以称得上精锐之师。

在火力防御方面，僧格林沁也不敢掉以轻心。他在大沽重建了六座炮台，并再铸大型铜铁炮，这次一铸就是八千斤以上级别的炮，最大的甚至超过了万斤。

通过南方战场的实践，大家都掌握了购买洋炮这一门径。可是由于广州失守，已经不可能再从海外购进了。这时正好有一个福建商人，知道僧格林沁在寻觅好炮，就主动把先前买来用于护船的洋炮捐了出来，加上从其他渠道或购或捐的，大沽炮台一下子拥有了二十多门洋炮，形成了土洋炮相结合的火力体系。

重建大沽口炮台期间，僧格林沁就住在附近村子的兵房里，一大早就赶去炮台督工，很晚才能休息。此时正值冬季，大雪纷飞，海风凛冽，冻得人上牙齿碰下牙齿，咯咯作响，苦寒之状，连一些年轻士兵都受不了，更何况僧格林沁已是年近五十之人。幕僚和部下都劝他不用如此辛苦，事事亲力亲为，僧格林沁则忧心忡忡地望着远处的海面："眼看就快要解冻了，又不知道夷船什么时候来，不能不抓紧啊。"

在这场与时间角逐的竞赛中，僧格林沁终于跑到了前面。至 1859 年 4 月，大沽防御体系基本完成，僧格林沁自己也松了口气，在给咸丰的奏折中，他如释重负地报告说："大沽海口布置均已周密。"

两个月后，也就是 1859 年 6 月 17 日，英国海军司令何伯率舰队到达大沽口外，这时他发现海河内有很多障碍物。落潮之后，他用望远镜仔细观察，辨别出障碍物原来是复杂的拦河设施。

阻塞河道的常用工具是铁链和木筏（木排），比如，湘军和太平军在长江上斗法，翻来覆去离不开这两样东西。僧格林沁开始用的也是木筏，后来他觉得木筏对英舰威胁不大，就又设计了铁戗。

铁戗由三根铁脚所组成，其顶端削尖，可浮于水面，对舰艇底部有明显的破坏作用。僧格林沁用两根大铁链和一根缆绳将它们绑起来，在海河上每隔六米就排成一行，看上去颇有一种让人心惊肉跳的感觉。

何伯立即做出结论，不摧毁或拆除这些拦河设施，就连浅水炮艇也无法顺利登岸。

小菜一碟

英法公使尚落在联军后面，在他们到达之前，何伯一面派炮艇越过拦江沙，鸣枪放炮，进行军事威慑，一面派了一个翻译，乘小舢板到大沽去察看动静。

翻译到了大沽后，却没有看到一门炮和一个兵，远远望去，炮台上甚至连个旗帜都没有，好不容易才找到两个接待的人，自我介绍是本地团练。

大沽守军呢？“团练”一摊手：“哪里还有什么守军，大沽就剩我们团练在维持了。”

翻译以命令的口气对“团练”说：“三天之内，必须将海河内的拦河设施全部撤掉，以便载运公使的炮艇从此通过。”

“团练”可怜巴巴地回答说，他们不过是负责看个门报个信而已，没有任何权限，撤除拦河设施的事，须报请天津官府才能答复。

翻译耸耸肩，便掉转身回军舰汇报去了。何伯听到后心花怒放，他早就预计到大沽炮台已在战争中被彻底摧毁，果不其然，到如今都没能恢复，那还怕什么？

他当然想错了。这些所谓的“团练”其实就是大沽守军，他们按照僧格林沁的吩咐，特地化了装，目的就是施疑兵之计，以麻痹何伯。

还在对第一次大沽口之战进行总结时，僧格林沁就一针见血地指出，失败原因是出手太慢，正式交战时联军已经扑到面前，脸对着脸了，他的枪还会打不中你的咽喉吗？

可这并不是说联军一露面就要开炮，关键在于一个尺度。僧格林沁的意思是，假使只有一两艘英舰停在大沽口外，大沽守军决不能轻举妄动，此时只需由天津官府出面与英方接洽商谈，但若有三五艘以上蜂拥而至，就得留心了。

僧格林沁为此专门画了一条线，即以拦江沙内的鸡心滩为界。联军舰艇一过鸡心滩，就进入了海河设障区，则入侵之势已成，那守军便可以随时随地予以重击，而不必再等什么“人不犯我，我不犯人”了。

英法联军到达大沽口外后，何伯已派九艘浅水炮艇直接进入鸡心滩，拦江沙外的大型军舰同样虎视眈眈。虽然联军尚未越界，但僧格林沁已时刻做好开战准备。

翻译上岸所见，恰恰是僧格林沁备战的一部分。他已把炮台的旗帜全部收了起来，各门火炮均用炮帘遮挡，官兵躲在军营里，连脑袋都不许探出炮台营墙。这是白天，晚上则取消更鼓，给外界造成炮台守军早已撤离一空的印象。

与此同时，僧格林沁派出暗哨四处瞭望，对海上的英法联军进行严密监视，对方的一举一动皆在他的监视范围之内，“团练”便是针对何伯量身定做的设计。

当初僧格林沁和林凤祥、李开芳斗智斗勇，种种诈术使到了令人眼花缭乱目不暇接的程度，那真是你骗我，我骗你，如今用来骗骗洋鬼子，亦不过小菜一碟。

僧格林沁积极备战，却并不主动寻战，因为这件事太重大了，而且鉴于双方实力上的悬殊，一旦交火，最后胜负如何，他也没有绝对的把握。

一番思忖之后，僧格林沁当天奏请咸丰，提出让外国公使转道北塘，由陆路进京，这样可以不破坏海河上的拦河设施，继续确保大沽防御上的完整性。

1859年6月18日，咸丰批复同意，并传下谕令，等具体负责谈判的桂良回京后，英方即可自北塘入京，但在此期间，只要英方愿意，也可以先将船开到北塘海面等候，反正两不耽误。

你说两不耽误，人家可不这样想。6月20日，何伯自行规定的“三天期限”到了，得知还要他绕北塘，立刻火冒三丈，又派翻译上岸威胁了一通。

僧格林沁一面向咸丰报告，一面以天津官府的名义，照会卜鲁斯，告以天津为沿海重地，恐有盗匪骚扰，不能无所防备，请英方予以体谅，且直隶总督桓福已驰赴北塘，准备招待来使。

中国要求转道的照会，完全符合国际法理和外交规则。因为海河确为军事禁区，中国政府又声明在先，外国使团就应该主动避开，这道理，就跟其他国家舰队不能硬闯英国的泰晤士河一样。

可是卜鲁斯收到照会后却根本没当一回事。他可不像他哥哥那样对中国还抱有起码的敬畏之心，不客气地说，其觉悟基本跟英商人们差不多，反正中国人做任何事，在他眼里都可以被归结到“野蛮愚昧”上去。

你拿北京是伦敦，海河是泰晤士？狗屁！我愿意从哪儿走就从哪儿走，用不着听你们的。卜鲁斯对何伯说：“还跟这些中国人费什么事，我们自己动手把拦河设施拆掉不就得了？”

霸王硬上弓

对卜鲁斯而言，如此做法还有另外一层不可向外人透露的意图，那就是他知道新的防御体系出自僧格林沁的手笔，而这位蒙古亲王又是朝廷主战派的领袖，对咸丰的决策有着不可低估的影响和作用。

《天津条约》签约前，在得知僧格林沁对签约持否定态度时，卜鲁斯就曾公然声称，僧格林沁是“和平的障碍”，如果不将其赶出政治舞台，英方很难得到满意的条件。

卜鲁斯相信，一旦将拦河设施全部铲掉，也就相应宣告了僧格林沁的失败，中方主战派将无话可说，以后跟中国打交道就容易多了。

大沽口外除了英国公使卜鲁斯、法国公使布尔布隆外，还有美国公使华若翰。法国因为正跟奥地利较劲，所以这次出动的军队规模很小，一共才两艘舰艇，六十个官兵，美国更妙，此行完全是奔着蹭便宜和瞧热闹而来，布尔布隆和华若翰都无一例外地撺掇着英军带头动武。

给他们一架，何伯云里雾里，一张毛脸喝了酒一样通红通红，且呈兴奋状：事不宜迟，霸王硬上弓，搞它一下！

在得知卜鲁斯将进京换约后，老谋深算的额尔金曾带信给何伯，嘱咐他要多加小心，以免卜鲁斯在路上出现闪失，但让额尔金没想到的是，正是有了这些“护驾的雄厚军力”，何伯和他那个宝贝弟弟反而变得更加肆无忌惮了。

说是要强行通过，何伯随后的举动却很令人费解。1859 年 6 月 23 日，他派了一名翻译到大沽，告诉中方：“我的炮艇今天将退到拦江沙外。”

中方的一众官员和将领皆不知其意，洋鬼子这是在玩什么把戏，难道他们已经改变主意，准备去北塘了？只有僧格林沁一眼看穿了对手的用心：“故作缓计耳。”他们恐怕是在使诈，诱使我们在防守上出现松懈的同时，以退为进，继续深入海河。

僧格林沁猜得没错，何伯正是这么想的。

英舰一开始就进入拦江沙，为的是进行威慑，做给炮台守军看，现在既然炮台上空无一人，自然就用不着如此显摆了，剩下来的就是如何对付中国的水上工兵。

这些水上工兵也就是僧格林沁所训练的水勇，他们的主要任务是维护拦河设施。何伯估计，只要一破坏拦河设施，工兵很快就会乘船来修，很麻烦，不如来个调虎离山。此外，进入拦江沙的炮艇位置过于靠前，如果要硬性进攻的话，也缺少冲击力度。

6 月 24 日晚，在确证水上工兵撤走后，英军炮艇贼兮兮地再次闯入了拦江沙内的鸡心滩。以夜色为掩护，炮艇放下了一只舢板。在舢板靠近拦河设施后，上面所载的英国兵随即进行作业，用炸药桶对维系拦河铁戗的大铁链实施爆破。

由于僧格林沁预作防范，水上工兵其实并没有远离。听到爆炸声后，他们在第一时间便驾船赶到，驱走舢板并迅速对铁链予以连接加固。

英军炮艇本想在爆破后跟进，但看到铁戗铁链依旧，只得放弃了当晚冲进海河的计划。

既然已经露馅，也就没什么好藏着掖着了。第二天早上，何伯一不做，二不休，干脆将炮艇一个不落地全部开进了拦江沙，联军的所有舰艇也无一例外地升起表明进入战争状态的红旗。

上午九点，卜鲁斯收到咸丰授意的最新照会。在这份照会上，咸丰再做让步，称如果英方不高兴等谈判代表，可直接从北塘上岸，到天津驻足。

中方既做让步，卜鲁斯也有充足时间下令舰队暂时中止前进，然而问题是，他为什么要这么做呢？按照中国皇帝的意思，还得去北塘绕一下，有那个必要吗？

不是说多走两步路的问题，是因为卜鲁斯居心叵测，坚持从大沽登岸不过是个幌子，他的根本目的还在于打击僧格林沁及其主战派。此后，卜鲁斯就当没收到咸丰照会。事后有人追究这件事，他的解释是来不及了。

海河上的形势，似乎也表明卜鲁斯根本没必要去理会中国政府。此前，英法联军内部有人担心大沽守军发炮阻击，而要解除这一顾虑，抢先对大沽炮台进行火力打击是最佳选择。

激将法

按照英国人的测算，上午十点二十分左右，是海河潮汐的最高潮，之后会越来越低，到下午五点十分的时候，进入最低潮，二者水位相差有两米之多。由于大沽炮台位置相对较高，如果能乘潮汐高潮时发起攻击，显然对进攻方是有利的。

何伯根本就没拿大沽炮台当一回事，更没有急于进攻。不仅如此，他还一脸神秘地预言道：“放心吧，我保证不会有一枪一弹打到你们身上。”

开始尚有人不信，免不了要左顾右盼，奇怪的是，大沽炮台那边还真的没有一点声响，睡着了一般，双方好像达成了一种默契，你干你的，我睡我的。

英军观测兵爬上桅杆，用望远镜对炮台进行观察，仍未发现中国士兵和火炮的踪影，甚至于连原先的水上工兵也看不到了——后面这个倒不用多解释，炮艇可不是舢板，看到这么多炮艇直接开过来，他们还不得撒丫子赶快逃命吗？

众人不得不佩服何伯："您老人家真是神机妙算啊！"

受到大家恭维的何伯一脸得意，如沐春风，好像一下子年轻了十岁，那丑态就好像一本古典小说中的句子：吐气如兰，胸脯微微起伏……

其实大沽守军都在严阵以待，只不过没有僧格林沁的命令，谁都不敢动一动。炮台上不见一个士兵，射孔和炮位用草席盖得严严实实，从远处看，连一个炮口都看不见。

炮台守军乃僧格林沁新组建而成，人人都有一股初生牛犊不怕虎的劲头和气势，英军肆无忌惮的清障行动，对他们而言，无疑也是个极大刺激。可大家不明白的是，洋人都欺负到鼻子上来了，怎么僧王仍不下令阻击？

僧格林沁虽是主战派领袖，却并不是那种开口闭口喊打喊杀，实际连战场什么样都没见过的无脑愤青。他非常清楚，只要大沽口一开炮，就意味着天津谈判以来所形成的和局将被打破，所谓开弓没有回头箭，必须掂量其中轻重。

他的隐忍不发，在军事上也有一讲。相似例子是三国时期著名的夷陵之战。当时蜀军连番挑衅，到最后，刘备甚至派了一些疲弱之卒坐在城下叫骂，什么难听的话都甩出去了，但守城的陆逊就是无动于衷。

陆逊的部下在城头上听不下去，纷纷入帐请战，陆逊把佩剑一拔，说谁敢再提出战的话，别怪我的宝剑不认人。将士们只得退下，但一口气始终憋在心里。

坚忍多日后，陆逊见时机已经成熟，便乘蜀军懈怠之际，突然发起总攻，这个时候，三军都不用动员，就嗷嗷叫着杀了出去，从而大获全胜。

僧格林沁用的计策跟陆逊相仿，就是在继续麻痹敌军的同时，"蓄我军之怒"，说白了，就是一种激将法。

下午两点，英军的十一艘浅水炮艇全部开进拦江沙，并完成了布阵。其中，七艘监视大沽南岸炮台，一艘监视北岸炮台，三艘负责清理河障。无法进入拦江沙的大型军舰也没有纯当看客，而是组织登陆部队，搭乘小艇作为后援。

按照何伯的命令，三艘炮艇在其余炮艇的掩护下，开始准备清障。当然，所谓掩护也不过是流水规程而已。因为大沽炮台上依旧是一片死寂，按照一名英国兵所见，海河当时的氛围，就好像大雷雨前一样，给人一种静止和沉闷的感觉。

僧格林沁依旧没有下令开火，他派了一名官员，拿着照会，乘着小船去向何伯进行交涉。

交涉被何伯拒绝了，英军对之根本不予理睬。不过何伯后来提供的说法却截然相反，他说他确实看到有中国的船划过来，但只划到一半时，就原路折返回去了。

其实就算何伯接见了中方官员，他会停止清障和前进吗？要停还不早就停了，哪里用得着如此大动干戈。重要的是，僧格林沁此举让他愈加骄狂，以为中国人根本就不敢开战，只想求和，当然在另一边，大沽炮台的中国将士也更为激愤。

下午三点，一艘清障炮艇从远处加速，对铁链进行撞击。在铁链被撞毁后，紧跟而上的另外两艘炮艇加紧清理铁戗。在军官的指挥下，几名水手跳下炮艇，用缆绳的一头系住铁戗，另一头绑在炮艇尾部，开足马力进行拖曳。

当天天气晴朗，阳光和煦，从事作业任务的联军官兵精神头十足，干活干得那个投入，即便蚱蜢或蛐蛐在岸上叫两声，都会被视为干扰。

干着干着，他们还高兴地唱起歌来。知道的，是拆除拦河设施，不知道的，还以为这些洋人在一边撒网捕鱼，一边哼“拉网小调”：志气高啊胆量壮，乘风破浪！

将计就计

两艘炮艇轮流作业，很快就拉倒了十余排铁戗。在拆除第一片障碍区后，联军船只蜂拥而上，又如法炮制地用炮艇撞击第二片障碍区上的铁链。

此次撞击的效果不如先前理想，没有马上撞开，不过这有什么关系呢？一次不行就两次，就没有撞不开的道理。

令联军一辈子都难以忘记的惊悚画面就在这一瞬间，突然插了进来。

随着僧格林沁一声令下，大沽炮台上用来遮掩大炮的席子被全部掀开，齐整整的大炮如同变魔术一样出现在人们的视野里。未等联军回过神来，炮弹便带着中国军人的愤怒，向入侵者倾泻而来。

僧格林沁久经沙场，他所设计和督修的炮台处处考虑了实战需要，其炮位都正对着海河入海方向，且南北两岸炮台火力能实现交叉重叠，在前面负责拖曳铁戗的两艘炮艇因为刚刚抛锚，来不及后退，成了遭到轰击的主要目标。一会儿工夫，两艘炮艇的甲板上就已堆满了尸体和受伤快要咽气的官兵。

何伯大惊失色，他这才意识到自己上了僧格林沁的当，早知如此，就应该先进攻炮台才对。

英军舰艇上备了很多药，唯独没有后悔药，何伯现在骑虎难下，况且己方还没开炮，就死了一堆人，他们英军什么时候吃过这种亏？

何伯身居东印度及中国舰队司令，后来还被授以海军元帅，自然具备丰富的海战经验和应变能力，很快他就发现对手在火力上有着先天的劣势。

大沽炮台上的火炮，按其最大射程可达到一千米，但精度不高，实际有效射程只有两百米左右，也就是说，只要不在这两百米的范围之内，炮艇中弹的概率是很低的。相反，联军却可以在两百米以外，准确命中大沽炮台。

何伯立即下令所有炮艇开炮还击，他要像第一次大沽口之战那样对炮台守军予以摧毁式杀伤。

幸好僧格林沁对此早有防范。第一次大沽口之战结束后，中国人很是郁闷，想想土造重炮再如何不济，给敌军造成的伤亡也不至于那么低。后来中方官员在登上英舰进行谈判时，便有意进行观察，由此得到了一个全新的发现。

原来英军有一种很特别的防御炮击的方法，他们在战前用棉被盖住炮艇内侧，以防止炮弹击中后船板碎片爆裂伤人，同时还用消防龙头不停地进行喷水，这样就可以把伤亡降到最低。

僧格林沁听闻后，马上将这一思路运用到了新炮台的构建上。旧炮台是砖石结构，一个炮弹落下来，砖石碎片往往溅得到处都是，光这个就可以杀伤周围好多士兵，僧格林沁转而改用了三合土加高修筑。

三合土相当于古代的水泥，除了比较牢以外，被炮弹击中后，不会碎片四溅是它的一个显著优点。由于这个缘故，联军的炮火并没有达到他们想象中那样摧枯拉朽的效果。

战斗中，将领们身先士卒，也是炮台处危不乱的重要保证。僧格林沁分别任用了史荣椿、龙汝元为南北岸炮台指挥。自与太平军作战起，史龙二人就鞍前马后地跟随僧格林沁征伐，皆为打过很多硬仗的勇将。在联军开炮时，他们始终在炮台督战，眼瞅着炮弹就从旁边飞过去，两位前敌指挥看也不看，丝毫不把危险当一回事。

尽管大沽炮台并未在炮击中伤筋动骨，但何伯却误认为已严重削弱了守军的作战能力，遂指挥炮艇继续前扑。

第二片障碍区的铁链也被撞开了。在何伯的授命下，联军炮艇实施分工，一部分负责将铁戗拖开，其余炮艇由何伯率领，开足马力，准备一举冲过两百米的射击范围，直接向炮台发起攻击。

见联军炮艇发起冲锋，史荣椿和龙汝元亲自点燃巨炮，对敌艇进行轰击。有人劝他们回帐休息一下，二将眼睛一瞪："什么时候了，正是将计就计，挖坑把这些洋鬼子埋了的时候，还要歇什么歇？"

所谓"将计就计"，是说洋鬼子太傻了，明明两百米之外打不着他们，偏偏还要一头闯进两百米之内来送死。此时随着潮汐进入低潮，海河水位不断下降，炮台既居高临下，双方距离又如此之近，打得那个欢畅——在南北炮台连续重叠的轰击下，炮艇上的洋炮手们被炸成了一堆堆碎肉，其火炮优势完全丧失。

何伯严重低估了炮台的作战能力和中国炮手的射击水平，两百米冲锋区域成了联军的死亡集结地。所有冲进来的船只无一能够幸免，就连何伯乘坐的旗艇都被炮弹打中了，旗艇艇长中弹阵亡，炮艇甲板上堆满了血肉模糊的死伤人员。

炮弹不长眼，身为舰队司令的何伯自己也受了伤，他的腰部被弹片击中，白色长裤上沾满鲜血。紧接着，已负数弹的旗艇开始下沉，负伤的何伯只好临时转移到别的炮艇上去。

下午四点，包括旗艇在内，共有四艘联军炮艇被击沉，其中有被击中后直接冒着泡沉入水底的，也有像旗艇那样，受损了不能移动，然后这里漏那里漏，慢慢沉下去的。

当天进入拦江沙的联军炮艇共有十二艘，除了这四艘呜呼外，其余也都伤痕累累。何伯见势不好，赶紧下令将红旗换成白旗，旗号由进攻变为投降。

这实际上是诈降，联军一边打一边逃，绕到了受损相对最为严重的炮艇后面，同时也没忘记乘隙向炮台进行偷袭。

大搏杀

在战斗刚打响时，大沽口外的洋人们像何伯一样吃了一惊，他们都没料到守军会开炮阻止。美国人不在联军之列，也没有参加军事行动，但他们好奇心强，最爱看热闹，偏偏在大沽口外踮着脚也看不真切，急得个个抓耳挠腮。

有个美军军官实在等不及，想坐小舢板划过去，但他很快就知难而退了。自然的力量不能不让人叹服，眼见得退潮的海水不断从拦江沙涌出，在这种情况下要把小舢板划进海河，估计划船的水兵骨头都得散架，还有什么力气看热闹？

起初，大家都以为联军会稳操胜券，然而陆续传出的战报却令他们大跌眼镜：竟然有四艘炮艇被中国人打沉了，天哪，这究竟是怎么一回事？

英法在大沽口外只剩下了大型军舰，显得束手无策，卜鲁斯和布尔布隆赶紧向美国公使华若翰求援。美国人本为蹭便宜而来，不料搞成这种局面，就算想尽快脱身都做不到了，众目睽睽之下，华若翰也只得答应上前拉英法一把。

按照华若翰的指令，美国远东舰队司令达底那准将率炮艇进入海河实施了援救行动。在美军的庇护下，陷于困境的英法炮艇才得以抽身而出。

进入海河后，战场的惨烈程度远远超出了达底那的意料，那真的可以用天昏地暗来形容。他唯恐时间待长了会吃亏，帮着英法联军收拾完残局，就着急忙慌地要打道回府。不料因为靠得太前，他乘坐的旗艇也中了炮，副艇长被当场炸死。

逃出炮台射程范围的达底那仍心有余悸，认为这下英国人惨了，恐怕“已经无法逃脱并退出这场绝望的战斗”。

美国将军的预计还真准，何伯已经出来了，但他杀红了眼，能退也不想退了。在调整部署后，英法联军使用新的火箭爆炸弹，向炮台进行猛烈射击。

火箭爆炸弹顾名思义，是在火箭上安装爆破弹头，射出时如流星一般，落地时与爆竹相仿，无论是声响效果还是实际的破坏力，都要超过普通炮弹。幸而僧格林沁在炮台前建有用九层三合土夯成的围墙，尚能挡上一把，不过这也使守军的作战效率受到限制，炮击的速度也放慢下来。

尽管暂时压住了炮台的势头，但何伯明白，光靠炮战，短时间内难以打垮对手，也无法直接占领炮台，现在只能采用新的战术。

何伯了解中国火炮的弱点所在，除了精度和射程不高外，由于没有转台，火炮无法自由移动，这样射击盲区必然就大，也就是说，在很多地方，炮台是无能为力的。他的设想是，只要派海军陆战队进入任一盲区，便可以用枪对无法自卫的炮手进行射击，以此攻陷炮台。

下午五点，何伯下达了登陆命令。鉴于何伯已经受伤，这场登陆战改由勒蒙上校直接指挥，在炮艇火力的掩护下，海军陆战队分乘二十多只舢板，气势汹汹地在南岸寻机登陆。

何伯什么都算到了，却没有算算时辰。联军登岸时，正好是下午五点十分，海河潮汐的最低点！

在海水大规模后撤后，沙滩变成了遍布淤泥的滩涂，这些淤泥一直没到人的膝盖，有的甚至可达腰部，使得陆战队叫苦不迭。从炮台上，僧格林沁可以俯瞰整个滩涂，联军的登陆行动尽收眼底，他把陆勇中的火器营调过来，用鸟枪和抬枪进行连续射击，一下子打倒了十几人，更增加了海军陆战队行动的难度。

僧格林沁所建炮台，除了有围墙作为掩护外，围墙前还挖有三道蓄水壕沟，这也是他在与太平军作战中练就出来的本事。一千多英国兵登陆，只有一百多人到达预定地点，也就是三道水壕前。

又经过枪林弹雨，一百多人中只有一部分得以越过三道水壕，而且多数人的枪内还塞满了泥浆，没法开火，枪支弹药能保持干燥可用的只有二十来人。

再往前看，竟然还有遍布竹签的障碍区在等着他们，可是二十来个英国兵已再无勇气往前爬了。

何伯在炮艇上远远看到陆战队受挫，急得直跺脚，下令舰队提高舰炮的打击力度，帮助陆战队分解压力。这一轮炮火异常猛烈，在炮台上操旗督战的史荣椿、龙汝元因目标明显，先后中弹身亡。

有舰炮撑腰，已经几乎泄了气的勒蒙上校又一跃而起，率军向炮台发起冲锋。

战场之狐

眼看情况万分危急，僧格林沁拿出了他的看家绝活。早已在后方待命的一千名蒙古勇士呼啸一声，打马赶到大沽南岸炮台听命，僧格林沁将其一分为二，几百骑兵改步兵，保护后方营垒，以防止联军迂回，剩下的骑兵就地展开堵截。

在短兵相接的情况下，“步不胜骑”是近代战争中的一个常见现象。尤其当密密麻麻的一大群高速奔跑的蒙古马突然出现在眼前时，缺乏思想准备的陆战队吓得连肝都颤了。

至此，何伯攻取炮台的念头全消，他只想着如何把陷于死亡边缘的陆战队给救回来。联军舰队奉命转移炮口，瞄准蒙古骑兵进行射击，但骑兵们运动的速度非常快，且无规律，而舰队此前又未进行过相关训练，炮弹往往落地还没爆炸，战马已经嗖地一下跑另外一个地方去了，结果炮弹炸不着骑兵不说，还误伤了自己人。

由于被水壕隔断，陆战队自身也无法后退和组织齐射弹幕，在马踢刀砍之下顿时溃不成军。难以形容的恐惧迅速蔓延，有人一边逃一边大声叫喊：“这是有规则的屠杀，我们难道跑进羊圈了吗？就这样任人宰割！”

这个喊叫的家伙虽然话不多，却代表了当时陆战队员的共同心声。此次骑兵突袭也给英国人造成了巨大的心理阴影，或者说是“创伤”，英国的《泰晤士报》甚至把蒙古骑兵比喻成“吃人的妖魔”，说僧格林沁的这种打法是“不可饶恕的恶作剧”。

曾经冲在前面的陆战队士兵大多被蒙古骑兵们给干掉了，反而是落在后面的捡了一条性命，登船逃回海上。

开头看似很美好，过程却是一片惨淡，何伯不甘心如此收场，晚上又组织了一次抢滩登陆。这次英国人是想乘僧格林沁因大胜失去戒心，从滩头上的芦苇丛里组织匍匐进攻，但僧格林沁几乎就是一个“战场之狐”，他机警得很，既没有安安心心回家睡大觉，也没有急着大摆庆功宴，而是紧紧地盯着前沿的动静。

僧格林沁见英军陆战队进入芦苇丛，马上下令发射照明弹。照明弹把陆战队的藏身之处照得透亮，兵勇们随之施放枪炮，何伯智穷力竭，不得不狼狈收兵。

经过一昼夜激战，联军伤亡惨重，弹药也已耗尽，被迫撤往南方。在这场被称为第二次大沽口之战的战役中，英军沉没四艘炮艇，两艇受重创，英法联军总计伤亡四百四十八人，被当场打死九十三人，而中方一共仅阵亡了三十二人。

几乎是一夜之间，何伯便由威风凛凛的少将，沦落为一个眼神忧郁、胡须蓬乱的可怜虫。刻薄的英国人将他揶揄为“老实巴交的海军司令”，就连普通水手也嘲笑他只知道“像头西北的水牛”一样直冲大沽炮台，结果却使许多士兵糊里糊涂地牺牲了生命。

毫无疑问，这是自鸦片战争以来中国在军事上所取得的最重大胜利。僧格林沁的红旗捷报传至京城，朝野为之沸然，人人奔走相告，都说这是“二十余年未有之快事”，中国不利的外交局面或将自此赢得转机。咸丰更是对僧格林沁及其所部大加赞赏：“此次夷人受大创，全军覆没，我军士奋勇异常，遂操全胜之算。”

打了胜仗，大家的胆子都大了起来。王公大臣们纷纷请奏，提出乘势废除《中英天津条约》，咸丰看到后，起初还有些踌躇不定，在朱批中写了一句：“但不知能办到此地步否？”继而才颁下上谕：“该夷狂悖无礼，此次痛加剿杀，应知中国兵威，未可轻犯。”他宣布废除《中英天津条约》，让英国派人到上海重议。

英国人吃了亏还算计着如何找补回来呢，如何能够接受这样的结果？首相巴麦尊立即推动国会通过了出兵案，随后，额尔金便被英国政府任命为全权公使。法国政府一向是跟着英国转的，于是也同时任命葛罗为公使。1859 年冬，额尔金、葛罗及其英法联军由印度等地会于中国海岸，开始进行远征京津的准备。

第八章

现实与梦境的距离

即使是在英法进京换约期间，咸丰的主要关注点，仍集中在国内的南方战场。

对官军而言，南方战场上最具威胁的一共有三个人，除了因三河之役而新近崛起的陈玉成和李秀成以外，就是另立门户的石达开。

用来对付石达开的是曾国藩。石达开沿途裹挟，去的省份多，招的人也多，最多时号称三十万大军，而当初太平军初兴，刚到湖北时也才不过十万人，但尾追于后的曾国藩却对石达开越来越轻视。

石达开早已不是湖口之战时那个年少老成、稳扎稳打的年轻主帅，他越来越急功近利。曾国藩一语道破石达开如今的弊病所在：“他已经与北方的捻军一样，成了流寇，算不上能做大事业的人了。”

曾国藩虽然在战术和临场指挥上难言出色，但他不愧为一个极其优秀的战略家，他能看到的东西你看不到，你就被他比了下去，双方已经不能站在同一个层次弈棋论道了。

一个很明显的事实是，曾国藩所部不过才一万人，而且皆为湘军中的二三流部队，可石达开反过来还被追得到处跑。当然，曾国藩要想马上消灭石达开，也是件很难办到的事。

扎堆而来的伯乐

作为“流寇”，其最大优点就在于能跑，而且一跑起来就很难追得上。比如捻军，论综合实力还远在太平军之下，但人家的大旗足足打了十六年，乃至于太平天国都亡了，他们还在跟官军捉迷藏。

与此同时，由于孤悬东南，与在江西时相比，湘军在人员和给养补充上并未有根本好转，曾国藩在征战方面仍然存在着很多他自身难以克服和解决的困难。

长此下去终究不是办法，曾国藩向咸丰建议，“流寇”没有后方根据地，攻打城池是其获取给养的主要来源，就是不去追，他也一定会来，所以只要守着城池就行了。

照这么说，你也准备就地在浙江固守城池？曾国藩说不，我不守城池，我去安徽，因为“金陵给养，全靠安徽提供，安徽乃太平军必争必救之地”。

显然，曾国藩从未忘记什么地方是最重要的。咸丰认为他言之有理，便批准曾国藩与胡林翼一道征战安徽战场。

就像是已经被预先算好命一样，石达开的进军路线，完全朝着曾国藩所设定的“流寇路线”在走。自出走安徽后，他先去浙江，接着进入福建，中间还曾现身于江西，但是到哪里都待不长，也立不住脚。

石达开如今奉行的不再是精兵主义，而是“人多主义”。每至一地，他都要大量招兵，可是由于未进行过系统训练，导致新兵大多缺乏作战经验和技能，连与官军正面作战都不敢，所谓三十万其实是个含有大量泡沫的数字。

人是要吃饭的，人多了吃饭的嘴自然也就多了，石达开无心经营地方，大多是吃光一地，再腾窝更换另一家，这也是他一直跑来跑去的一个重要原因。

一串“大户”吃下来，石达开转道湖南。不过在湖南，他将与一个军政奇才狭路相逢，这个人就是被林则徐生前视为衣钵传人的左宗棠。

俗话说得好，千里马常有而伯乐不常有，但具体到左宗棠身上，伯乐几乎就是组着团扎堆而来。道光年间显山露水的名人，包括林则徐在内，贺长龄、贺熙龄、陶澍等无不对之器重有加。

贺长龄为“实学”健将，出任过云贵总督，他见到左宗棠时，左宗棠还只是个十几岁的少年，然而贺长龄却称这位少年为“国士”，并且千叮咛万嘱咐，说现在天下人才异常匮乏，你以后千万不要捡着一个小官就去当，那样只会埋没你的才华。

贺熙龄是贺长龄的弟弟，清末的知名学者，经贺长龄介绍，他成了左宗棠的老师。与其兄一样，贺熙龄对左宗棠的期望值也出奇地高，曾以“万里江山眼底横”一句相赠。

最具传奇色彩的还是左宗棠与陶澍的交往故事。陶澍回老家扫墓，当地知县为迎接这位家乡名人，专门在居室里做了一番布置，其中新挂的一副对联引起了陶澍的关注：“春殿语从容，廿载家山印心石在；大江流日夜，八州子弟翘首公归。”

这副对联不但气势磅礴，倜傥豪放，而且恰到好处地将“印心石”嵌入了进去。原来陶澍老家门前有一条江名唤资水，水中央有一块正方形的石头，酷似一方印章，当地人称之为印心石，陶澍小时候读书的书房也因此被取名为印心石屋。有一次陶澍入朝进见道光，道光不仅问到印心石屋，还亲笔写下“印心石屋”四字赠予陶澍。这是陶澍生平引以为豪的一件事，如今看到家乡人以此典故来迎接自己，自然激动不已。

别看对联字数少，但却极可能是一个人学养的综合体现。胡林翼可不就是通过一副类似于打油诗的对联发现了人才吗？陶澍一见倾心，认为对联的作者必非凡夫。

找来知县一问，原来对联正是出自于左宗棠的手笔，陶澍于是亲自登门拜访左宗棠，之后越谈越觉得对方了不得。

得知左宗棠有一个五岁的长女，与自己小儿子年龄正好相仿，陶澍便主动提出要跟左宗棠定娃娃亲。

左宗棠和胡林翼的情形不一样，胡林翼出身官宦，做陶澍的女婿至少是门当户对。左宗棠家境很差，此时亦不过是个教书先生，而陶澍却是名满天下的两江总督，又是长辈，二人要成为亲家，即便在自我期许极高的左宗棠看来，也是难以想象的一件事。

见左宗棠推辞，陶澍不由分说："你不要以为是高攀了我，你以后所能取得的功业，必在老夫之上。"

陶澍担心自己一旦不在人世，家庭将无人照料，因此他不仅要与左宗棠联姻，并且还托之以家事。对陶澍的托付，左宗棠既感动又吃惊，但他当时根本不敢答应，所有这一切还是在陶澍死后才实现的。

陶澍只有一个儿子，年纪尚幼，他一死，等于倒掉了顶梁柱，孤儿寡母顿失倚靠，周围的族人邻里全都盯住了他们家那点财产。身为女婿的胡林翼又常年在外，不可能事事照顾得到，全凭左宗棠一人帮着料理，陶家才保无恙。

陶澍的见识和勇气得到了回报，他没有看错左宗棠，从才能到为人。

迈不过去的门槛

对旧时代的读书人来说，取得功业的唯一捷径就是走科举之路。在这方面，管你心高气傲还是才高八斗，最初的心理，跟想中举想疯了的范进都相差无几。

左宗棠少有大志，读书时在门上手书对联，或"身无半亩，心忧天下"，或"读破万卷，神交古人"，又有一众知名伯乐的捧场和提携，感觉自然是好到不能再好，但面对科举这个门槛，也只有诚惶诚恐、战战兢兢的份儿。

左宗棠的哥哥左宗植比他大九岁，左宗植几次折戟于考场，于是把希望都寄托在了弟弟身上，平时训导督促起来比老师都严格。

某次，左氏兄弟同赴长沙赶试，考完后便回到寓所等待公布成绩。晚上大门忽然被敲得咚咚直响，原来是中榜捷报来了。

隔着门，兄弟俩就听见左宗棠中了榜。左宗棠喜不自禁，赤着脚去开门，下地时才发现脚上只套了一只袜子，另外一只不知道在哪里，匆促间又遍寻不着，直至官差走后才在枕头边找到。

左宗植对弟弟的失态很不满意，说你怎么这么沉不住气呢，不就是中了个举人吗，讲出去也不怕被人笑话。

左宗棠听后满脸通红，赶紧爬上床继续睡觉。

天亮后寓所外再传捷报，这次是哥哥的。左宗植不仅中榜，而且被录为解元，即乡试第一！

这正是喜上加喜。左宗棠连忙向哥哥道贺，却发现已经乐晕的左宗植脚上也仅穿了一只袜。另外一只袜在哪里呢？地上没有，枕头边也没有，结果发现仍在左宗植的脚上套着——他一只脚上有两只袜！

不管当时的情景有多么尴尬，对左氏兄弟而言，那都是一段难忘而舒心的日子。此后他们在考场上的运气就没这么好了，左宗棠三次进京赶考，都仅落得个名落孙山的结局。

第三次几乎就要中了。对左宗棠的卷子，考官极力推荐，主考官也甚为欣赏，录为湖南省的第十五名，正好是湖南录取名额的最后一位。可是完了一查，说是弄错了，湖南多了一位，湖北少了一位，如此一来，就把左宗棠的名额给牺牲掉了。

这是左宗棠最后一次赴京赶考。后来有一段时间，京城曾盛传左宗棠将来京参加考试，当时的他早已是声名远播，连紫禁城的皇帝都听到耳熟，考官们压力剧增，想想这次无论如何得录取左宗棠，否则就显得我们这批人太没眼光了。

会试的所有卷子都是密封好的，看不到名字，所以只能凭文笔和风格来进行揣度，而这种揣度在某种程度上又只能靠运气。考官们在批卷子时，心里都在念叨着："让我批到左宗棠，让我批到左宗棠……"

左宗棠作文向来有一股大刀阔斧高屋建瓴的气势，比如"大江流日夜"那种，这是寻找左宗棠文章的唯一线索。皇天不负苦心人，有个考官终于在湖南考区找到一篇"奇特雄伟"的好文章。

听到有此发现，其他考官也都围过来一道研究，品评来品评去，一致觉得八九不离十，遂予以录取。

等把试卷封条全部拆掉后，众人全傻了眼，此考生不是左宗棠，而是湖南的另一位举子。

不过考官们也不用自责，因为左宗棠根本就没有来京。

在左宗棠的个人履历上，功名一栏，始终填的都是举人，这成了他一生的遗憾和心病。

人的心理，对得不到的东西，往往会故意贬低。在古代，考进士称为甲榜，考举人称为乙榜，甲榜的地位自然要高于乙榜，但左宗棠功成名就出任督抚后，却是反过来，重乙榜而轻甲榜。一有机会，他总要对进士翰林出身的官员冷嘲热讽两句，倒是对举人出身的会另眼相看。

据说他有一次路过九江，对前来谒见的大多数官员都不待见，只对一个姓王的小官青睐有加。左宗棠甚至说，你们九江这些多官员，就数这位王某最优秀了。

小吏就算了

在谒见左宗棠前，官员们无不是做足准备，打了一肚子腹案，可是却连句中听的话都没捞到，大家不知道这位王某究竟有何过人之处。

问过之后才知道事出有因。原来左宗棠翻过官员档案，发现功名多为进士，他为此很不开心，正好王某求见，一查履历是举人，就先预存了三分好感。

宾主落座后，左宗棠给王某提了个问题："你说究竟是进士好还是举人好？"

王某官职虽小，为人倒是十分机灵，马上说举人好。

左宗棠听着耳顺，好感又多了三分，接着问为什么举人好。

王某见左宗棠面露喜色，便知道刚才说的话到了位，赶紧为此搬出一番高论："中进士之后，如果进翰林院，不过是在象牙塔里写些小文章，那些进不了翰林院，只能分配到地方做知县的，每天忙公事还忙得顾不过来哩，请问他们究竟有什么时间和精力去研究实学？"

接着，他又话锋一转："举人则不然，他们绝对可以专心致志地探讨实学，加上闲暇之时可以游览名山大川和郡邑形胜，无论是学问还是见识，哪一点都比进士强。"

左宗棠一边听一边含笑点头："你的话简直就是道出了我的心声啊！"

左宗棠能够高坐公堂之上，贬进士，褒举人，那都是后来的事，彼时的科举门槛可把他给折腾坏了。

举人其实就有了做官的资格，比如，江忠源也是三次会试三次失败，但好歹衙门里也给他预留了位置。左宗棠如果想做官的话，是肯定有得做的，只是小一些罢了，关键还是左宗棠和他的那些伯乐都把目标值定得太高，不知不觉中，左宗棠已到了宝塔尖的位置，他恨不能立马就进内阁军机处呢，怎么肯如此委屈自己。

胡林翼本身是个奇才，他对左宗棠惺惺相惜，赞不绝口，谓横览七十二州，更无才出其右者，在用人方面，他又向来是内举不避亲，为此也曾多次推荐左宗棠出来做官。然而就算胡林翼推荐，也得先从基层干起，左宗棠一口予以回绝："我做大官可以，小吏就算了，用别人可以，被别人用就免了。"

直到最后一次赴京赶考，左宗棠仍然气势逼人。那次乘舟北上，经过洞庭湖时，他上岸游览了洞庭君祠。这是一座专门用来祭祀洞庭君的寺庙，据说洞庭君掌握着八百里洞庭湖。对着这位湖神，左宗棠也毫不谦让，信笔题一对联："迢遥旅路三千，我原过客；管领重湖八百，君亦书生。"

船到汉口，左宗棠碰到了一位名叫欧阳兆熊的同乡。欧阳兆熊也要进京赶考，他比左宗棠大五岁，但中举却迟了整整四年，因此左宗棠在他面前自我感觉很是良好，还特地把对联拿出来给对方看。欧阳兆熊看后自然是佩服不已，连夸对联写得"意态雄杰"——您都跟湖神平起平坐了，以后前程真不可限量啊。

欧阳兆熊是个老实人，以为吹牛吹到这个境界已经算是大得没谱了，殊不料这还只是开始。

两人继续结伴北上。某日，欧阳兆熊见左宗棠伏案写一个东西，就问写些什么，得知是一封写给妻子的家信。

过了一会儿，船只靠岸，左宗棠独自上岸观光去了，把家信扔在了案几之上。本来别人的家信是不该看的，但欧阳兆熊年轻好奇，见信稿也没装进信封，就随便瞄了两眼。

这不看犹可，一看眼睛就离不开了，不是因为里面有什么隐私，而是其中一段读来着实惊心动魄。

以下是左宗棠的记述：

"那天深夜，船只停泊在一个偏僻无人处，我正在仓中休息，突然仓门口伸进了一把寒光闪闪的刀。我本能地意识到这是一伙打家劫舍的水盗。若是寻常旅客，这时多半只能跪地求饶，或在角落抖成一团了。可我，你的丈夫是什么？是剑客，身上带着佩剑呢！

“一个剑客不是凭嘴上说的，是用生命换的！我当即大呼而起，拔剑刺去。船舱里的水盗越涌越多，足足有十几个，手里拿着的全是明晃晃的刀，双方打成一团。

“我的水平你是知道的，别说十几个小蟊贼，几十个又如何？水盗平时何等威风，此时也成了银样镴枪头，被我打得顾头难顾屁股，一个个逃出仓外。

“我一边大叫一边追击，众水盗力不能支，纷纷跳入水中。

“逃就行了吗？这么大老远跑来跟我瞎起哄。不过可惜的是，我不会游泳，只能眼睁睁地看着他们逃走了。”

您能袖手旁观吗

一个人打十几个水盗，还逼得对方跳水而逃，欧阳书生简直要对眼前的这位大侠顶礼膜拜了。

问题是，这可能吗？

欧阳兆熊思来想去，他和左宗棠同舟而行也不是一天两天，而是十几天了，要真有这样的事，自己怎么会一点都不知情呢？可看家信中的口气，说得正经八百，没一点开玩笑的意思。

要不然，就是发生在两人相遇之前？欧阳兆熊把左宗棠的书童叫来，书童比他还惊讶和疑惑。再找船夫，船夫更是莫名其妙，说这一路平安得很，从来没有出现过什么水盗。

这时左宗棠散着步回来了。欧阳兆熊急忙问他究竟是怎么一回事，左宗棠搔了搔头，情知牛皮已被揭穿，当着真人，混是混不过去了，只好说：“嘿，不是水盗。昨天晚上有人弄错了，误拉了我的被子，我以为是水盗呢，便大叫而起。你听听，我现在的喉咙还沙哑着呢。”

欧阳兆熊听后啼笑皆非：“原来是你做的梦啊！可为什么你在家信中的口气，倒好像真事一样呢？”

左宗棠说昨天晚上他读《汉记》中的刘秀传，正好读到刘秀指挥昆阳大战那一节：“睡觉时正好就做了这个梦，醒来一想，历史书中记述的战事恐怕很多也是梦境吧”。

真实的历史跟你做梦是一码事？欧阳兆熊刚要辩驳，左宗棠紧跟一句："你怎么知道昆阳大战不是刘秀做的梦呢？反正大家都是做梦，又有什么区别，我告诉你，天下事本来如此。"

说到这里，欧阳兆熊深感无语，两人一起大笑起来。

其实从内心来讲，左宗棠是很希望美梦成真的。对于他来说，做大侠，赶跑区区十几个水盗都太小了，只有封侯拜相、匡扶天下才是最终目标。

可现实与梦境的距离实在过于遥远，左宗棠那次进京是三次会试赶考中的最后一次，也是最惨的一次：本来已在录取名单之上，却又活生生地被踢了出去，倒是同来的欧阳兆熊高榜得中，成了进士。

期盼越高，跌得越重，在左宗棠的生命中，已没有精彩，唯有遗憾，所以他只能对理想说再见了。

左宗棠决定隐居做农民，所谓"长为农夫以没世"，他还给自己起了个别号，谓之"湘上农人"。

这当然不是他的真实愿望。可是有什么办法呢，小官不愿干，大官不让干，只好暂时在山里面窝着了。

湖南士林大多奉诸葛孔明为偶像，以诸葛自况或被人称为诸葛的人一抓一大把，其中名气最大的是"三亮"：老亮、小亮、今亮。"老亮"是指罗泽南，"小亮"是指刘蓉，"今亮"是指左宗棠。三亮里面，就以"今亮"左宗棠最为高调，就连给朋友写信，信尾也不忘署个"亮"字。

乱世之中，真正有才的人反而不会被埋没。太平天国运动一起，草根版诸葛亮顿时炙手可热，新任湖南巡抚张亮基第一个跑来求贤。

张亮基此前任云南巡抚，是胡林翼的上司。他听说太平军已兵抵长沙，便要把有平乱专家之名的胡林翼带走，无奈云贵方面死活不肯放人。最后胡林翼感其知遇，就主动向他推荐说，湖南有一个叫左宗棠的人，此人精明强干，必然能成为你的得力助手。

张亮基一听大喜，刚入职湖南，就派人带着礼物来延请左宗棠相助。左宗棠开始还不乐意，他的哥哥左宗植倒是说了句实在话："一省之长肯低姿态来请一个落第举人，这种事古代或许有过，现在可不怎么多见。既然人家如此礼贤下士，你就不能太端着了。”

左宗棠的夫人周诒端与寻常家庭妇女不同，有着很高的文化水准和见识，她也写下一首诗送给左宗棠：“书生报国心常在，未应渔樵了此生。”（我知道你一直都有报国之心，既然有这样的报国机会，你就不应该再归隐山林，平淡地过完这一生了。）

就在家人都劝其出山的时候，胡林翼派人送银子过来，让他用以安排家小，其实就是催促他尽快前往省城。与银子一道送来的还有一封信，胡林翼在信中写道：“张中丞（张亮基）赤胆忠心，是林文忠公（林则徐）一样的人物。您平时最佩服文忠公，怎么就不愿辅佐与他一样的张中丞呢？”

知道左宗棠素来志向远大，以天下为己任，胡林翼又推心置腹地对他说：“我不会劝您去危险的地方，但目前形势危急，您能袖手旁观吗？如果湖南全境都被贼（太平军）攻陷，您所住的柳家庄、梓木洞还保得住吗？”

在众人的劝说下，左宗棠终于放弃隐居避世的念头，来到长沙城襄助张亮基。

张亮基对左宗棠一见倾心，在他的幕府里，左宗棠也绝不是一个普通幕僚。湖南的军事吏治，表面由张亮基主持，幕后皆为左宗棠所策划筹谋，张亮基能守住长沙，并确保湖南的一方安宁，靠的也正是左宗棠、江忠源这里外两大高手。

老油条才想得到的办法

因保卫长沙之功，左宗棠被授以同知的虚衔。同知是知府的副职，在左宗棠眼中也只是个不起眼的小官衔，根本就没当一回事，于是在张亮基调任山东后，他重新回到了梓木洞。

说到底，当幕僚为人所用并非左宗棠的志愿，可是他做幕僚又实在做得太出色了，即便再不情愿，还是被大员们紧盯着。这不，张巡抚刚走，骆巡抚又来了。

这个骆巡抚就是骆秉章。骆秉章出任湖南巡抚没多久，太平军就从湖北重新杀了过来，湖南局势因此万分紧张。

在前线与太平军直接对阵的是曾国藩和湘军，但骆秉章与曾国藩的私人关系不好，这时候他就想到必须再找一个高水平的幕僚来辅佐自己。

能想到的人就是左宗棠，不过这个人可不好请，骆秉章又写信，又送礼，就差磕头作揖了，左宗棠仍是不为所动。幸好骆秉章不愧官场老油条，他很快就想出了一个老油条才想得到的办法。

此时湘军在前线征战，急需军饷，仅军队要吃的粮食就至少要开销八万两银子，曾国藩愁得要命，便不惜将“劝捐”改为“勒捐”，搞强行摊派，逼湖南境内的富户掏腰包，陶家也在名单之列。

曾国藩把陶澍的幼公子，也就是左宗棠的女婿陶桄叫去，问他可以捐多少银子。陶桄硬着头皮表示可以认捐一万两，曾国藩摇摇头，认为一万两太少，至少得三万两才行。

陶桄差点没哭出来，说就我认捐的这一万两，一次性还拿不出来，得分期付给你呢！

曾国藩虽然长期担任要职，但做的都是京官，若单凭合法收入的话，不仅没有存款，甚至还得靠借债度日。地方官则不一样，一个督抚一年仅养廉银就有一万到两万，把全部俸禄加在一起，每年少说三万两银子打底总是没问题的。

除此之外，熟悉官场的曾国藩还了解一些其他内幕。他对着陶桄一一列举，说哪一年哪一年，我在京城的时候，看到你父亲送给某京官几万两银子，又哪一年哪一年，见到你父亲催缴盐务款的公函，涉及数万两银子，催得那么急，自然好处也是少不了的。

这两件事在当时都是官场常态，没什么可特别指责的。曾国藩的言外之意是，就算陶澍是清官，二十几年督抚做下来，收入也相当可观，何况陶澍还远远不能被纳入清官之列。

曾国藩铁板着脸，对陶公子说：“你父亲留下来多少钱，一本账清楚得很，再怎么分辩，都难掩天下人之口，所以你今天也别想一毛不拔。”

陶澍生前与曾国藩虽无特别交情，但毕竟是一代名臣，女婿胡林翼和曾国藩还曾是翰林院的同事，照理曾国藩不该如此尖酸刻薄，咄咄逼人。只是彼时的曾国藩还不是后来的曾国藩，那时候的他几乎可以用老愣头青来形容，做起事来完全不顾任何情面，要不然也就不会与骆秉章及湖南官场闹得水火不容了。

与曾国藩相比，骆秉章就要滑头许多，他劝曾国藩不看僧面看佛面，用不着这么顶真。曾国藩横竖听不进去：“陶家之富，难道只有我知道？谁不知道呢。”他说，虽然陶澍已经辞世，但预估所留下的田产，每年光田租就收入不菲，要是把一年的田租都拿出来资助军饷，想来也不会伤了他家元气。

不管骆秉章怎么劝，曾国藩都把头摇得像个拨浪鼓："如果连对陶家都无办法，又怎么去动员其他富户？在这件事上，你得理解我，要不是军饷如此窘迫，我肯如此结怨于人吗？"

说到这里的时候，骆秉章不言语了。因为曾国藩话里有话——我不"勒捐"也可以啊，你能全额负担湘军的军饷是再好不过了。

湖南迭经战乱，已经穷得揭不开锅，骆秉章实在也拍不了这个胸脯。

对榆木脑袋的"曾剃头"，骆秉章还真拿他没办法，不过退下堂来，他忽然想到陶家与一个人有密切关系，何不如此如此。

某日，左宗棠突然听到消息，说女婿被抓起来了，现在就关在长沙，罪名是"抗捐"。

什么抗捐？你们究竟算是官军还是强盗？左宗棠又气愤又郁闷，他连夜赶到长沙，找骆秉章要人。

骆秉章听说左宗棠来了，马上迎出门外，并且拍着手说："哪里会有陶澍的公子、左宗棠的女婿可以被抓起的道理，放心，我早就把陶桄放回去了。"

问他为什么要这么做，骆秉章大笑道："不如此，怎么能邀诸葛先生大驾呢？"

左宗棠这才明白，原来所谓女婿被抓，是骆秉章故意放出来的风声，为的就是把他"诓"到长沙。

左三先生

虽然骆秉章的事情做得有些不伦不类，但你想想看，堂堂一省之长、封疆大吏，为了求贤，竟不顾身份出此下策，能不让你感动吗？左宗棠是性情中人，他很感动，于是便留下来，进入了骆秉章幕府。

可是还有一个问题没解决，骆秉章肯放过陶桄，曾国藩却始终不愿手下留情。

左宗棠便让女婿陶桄把陶家的所有房契地契都拿出来，当着骆秉章和曾国藩的面进行清产核资。

一算下来，全部资产总计不到五万两，根本没有外界想象得那么富有。尽管陶澍还没有清廉到林则徐的程度，但二十多年的督抚，仅这一点积蓄，距离两袖清风的标准也不远了。

既有实物为证，曾国藩也不好再为难陶家，只是要求认捐的那一万两无论如何不能拖延，须一次性缴清。

陶家所核算出来的不到五万两的资产还包括固定资产，实际存银并没有这么多，何况上上下下还要生活开销。左宗棠无奈之下，只好另外想办法凑银两，最后总算替女婿渡过了难关，但他与曾国藩的芥蒂，也就在此时埋下了种子。

骆秉章的幕府并非只有一个左宗棠，里面还有很多其他高手。骆秉章对左宗棠也不是一开始就放手，而是经过了一段时间的考察，在确认左宗棠的能力和人品后，他才将军政大权完全交给左宗棠，自己仅仅是签字画诺而已。

这么说吧，如果说张亮基对左宗棠的态度是从谏如流，骆秉章就是全盘托付，张亮基尚表面主持，骆秉章干脆将所有事务都一股脑儿推给了左宗棠。

左宗棠是个气魄雄伟、不拘小节的人，骆秉章敢放手，他就敢接手，湖南省内大大小小的事务，几乎全由幕府拍板，实际也就是由左宗棠一人说了算。

骆秉章有时也去幕府看看，左宗棠不主动跟他打招呼，他就静静地坐在一旁，听左宗棠和一班幕友高谈阔论，中间从不随便插嘴，临走时也不会发表什么重要指示，抬抬腿就走了。

倒是左宗棠常有一种文人的神经质。有时半夜里爬格子，写出一篇很得意的奏稿，他就会跑到骆府门口，叩门大叫，非把骆秉章从美梦中叫醒不可。

这骆巡抚倒也配合，铁定会从温暖的被窝中爬出，乖乖地给左师爷捧场。读完妙文除击掌叫好外，还会让下人拿出酒来，两人花间对饮，一醉方休。

在湖南官场，大家渐渐都明白了，若有事，得找“左三先生”（左宗棠在家排行老三），他说行就行。左宗棠俨然成了全国绝无仅有的第一师爷，长沙人甚至可以不知道骆秉章是谁，但对左师爷或左三先生之大名却是无人不晓。

骆秉章有个小舅子，花钱捐了个助理小官，但一直得不到实缺。骆秉章的太太让男人给自己弟弟安排一下，骆秉章面有难色，说现在所有事务均由左师爷主持，我没法跟他开这个口啊。

到底什么风都敌不过枕边风，经不住太太再三再四的央求，骆秉章只得答应趁左宗棠高兴时，自己措措辞，试着讲一下，没准对方应了也说不准。

某日，骆秉章去左宗棠的房间，双方相谈甚欢，骆秉章觉得时机到了，便说有一个这样的人，来省城的时间也很长了，应该给他一个职位。

左宗棠听后沉默不语。骆秉章赶紧点明此人的身份："实不相瞒，他是我小舅子。"接着又大念苦经，说太太已经朝我絮叨了很久，我都不敢跟您提，现在是被逼得实在受不了，才冒昧提及。

为了说动左宗棠，骆秉章还把小舅子给夸了一通："他说没才呢，也有点小才，做事也比较谨慎。排队等候实缺的助理小官里面，像他这样的，都早就得到差使了。"

左宗棠听着听着笑起来："我今天特别高兴，咱们一道喝杯酒吧。"

这是不是表示师爷已经答应下来了？骆秉章比左宗棠还高兴，连忙让人上酒，并且亲自给左宗棠把酒杯斟满。

左宗棠接过酒杯一饮而尽。骆秉章连斟三次，左宗棠连干三杯。喝完之后，他拱手给骆秉章行了个礼："喝过三杯离别酒，左某从此告别。"随后，他便让随从装备行装，真的要告辞而去了。

骆秉章为之惊愕不已，上前一把拉住，说这是干什么，为什么好好的就要走呢。左宗棠不咸不淡地回了一句："君子绝交，不出恶声，何必多言。"

书生何惧长毛

绝交？骆秉章心里咯噔一下，马上想到是为小舅子求职的事激怒了左宗棠，忙一个劲儿地道歉："我刚刚所说的那些，你就当我放了个屁好了，千万不要因一时误会就萌生去意。我可以向你保证，今后骆某再不会干涉你的事务。"说完，他让随从把行李放下，重新亲自给左宗棠上酒。

见骆秉章如此恳切真诚，左宗棠这才肯坐下来，对骆秉章解释，说我其实早就注意到了你那小舅子，而且确如你所言，他有些小才，为人也谨慎。可是骆大人你要想一想，这是什么时候，兵荒马乱啊，现在我们要维系人心，就要整顿吏治，要整顿吏治，就不得徇私。

左宗棠侃侃而谈："如果我给你小舅子派个差使，人家不会说这人怎样怎样胜任，只会说他是走了你的后门。这个风声一传出去，众人都会争着来开后门，干吏能人也会因此灰心丧气，那么我们还有什么事可以做得成呢？"

骆秉章心悦诚服，回去后就劝小舅子如果实在等不及，就到别的省排队，反正在湖南是不行了——左师爷说得没错，我得避嫌啊！

骆秉章的雅量和谦让，在左宗棠身上得到了巨大回报。左宗棠入幕六年，协助骆秉章把各项事务处理得井井有条，湖南的财政收入原来在全国只能居于中下水平，但从此除自足外还有了富余。这在当时实属不易，赢得朝野一致赞誉，有人甚至认为就算诸葛亮治蜀，也不过如此。

当时很多内陆省份都只求自保，甚至以邻为壑，唯左宗棠说欲保湘必须兼顾五省（湖北、江西、安徽、江苏、浙江），主张力所能及地对五省进行支援，即所谓"内清四境，外援五省"。

这种迥异于一般大吏的保障政策，成为湘军得以成功的重要条件。可以说，如果湖南没有左宗棠在协调，无论是曾国藩治军还是胡林翼抚鄂，能否持续不断地得到湖南支援，都将成为一个大问题。曾国藩也深有感触地说："湖南吾根本，不可无左公。"两人因陶家被"勒捐"而生出来的罅隙也因此得到了一定程度的弥合。

湖南的稳定局面维持了很长时间，直到石达开的突然出现。1859 年 2 月，石达开率三十万大军自江西开入湖南，由于军队人数太多，仅过境就走了六天六夜。消息传到长沙，整个湖南官场为之惊骇不已。

在湘军主力随曾国藩出征后，湖南其余部队也相继出省作战或增援。与李续宾在安徽的情形相仿，这些部队每打下一个地方，就需全部或部分留下协助防守，否则就跟没打一个样。至石达开入湘，湖南在驻军上已经跟个空心萝卜相仿，面对大兵压境，至多只能唱唱空城计了。

骆秉章急忙向邻省求援，可是他事先也没打招呼，打仗的省是自顾尚且不暇，不打仗的省是根本就没有这么多常备部队，能够驰援湖南的寥寥无几。

前方危如累卵，后方援兵不继，骆秉章忧心如焚，左宗棠见状急忙上前安慰，说你别看太平军势大，"借勇五千，书生何惧长毛十万"。他的意思是要骆秉章坐镇长沙，由他亲率五千兵勇，到前线去跟石达开单挑。

骆秉章哪里肯放左宗棠走：“你哪也不要去，就地指挥全局，湖南军事指挥权可由你一手掌握！”

紧急时刻，还得看师爷的。左宗棠对地理学和军事学有着很深的造诣，自入幕后，又常年参与军机，运筹帷幄和指挥打仗对于他来说已成家常便饭，只是如此险境，他也还是第一次遇到。

石达开不是司马懿，跟他玩空城计是行不通的，手中必须掌握部队，左宗棠决定开发一项湖南的独特资源：退伍兵。

湘军各营，大多由所属营官从家乡招募，所招募的一营人马也基本全是老乡，其优点是作战时能患难与共，不离不弃，缺点是营官一旦易人，外来将领很难统带原班人马。与此同时，曾国藩又吸取了江忠源“新宁勇”及胡林翼黔勇失败的教训，认为不管多好的兵，日子一长，也有失去朝气和沦为兵油子的可能，因此要常换常新。

如此，就造成了湘军一个与众不同的特点及惯例，即只要战事一缓和，曾国藩便会将军纪不良或战斗力下降的部队予以遣散，然后再派将领还乡进行重新招募和组建。

经过屡次遣散，湖南境内积累了很多退伍兵。不管他们身上有多少问题，但至少有一样是左宗棠急需的，那就是具备作战技能和经验，拿过来便能用。

左宗棠招纳退伍兵和新兵，组建了一支四万人的新湘军，其中以退伍兵为基础的近一万兵勇是其主力。

比的是计算

湖南地方这么大，若是全都设防，四万人马撒下去，极可能每个区域才几百几千人，所以部署上得有重点。左宗棠判断，石达开的进攻路线应与过去太平军北上时一致，先取衡阳，再攻长沙，然后入湖北。根据这一判断，他除抽兵调防长沙外，将大部分人马都派到衡阳进行防御。

衡阳城下很快就发生了战斗，但蹊跷的是，其他地方也有战火。在前线送来太平军的战俘后，左宗棠立即进行审讯，审讯的结果让他大吃一惊。

原来石达开接受了部下的建议，认为“中原不容易谋取，不如入川做刘备”，他既不是要打湖南，也不是要入湖北，真正的目的地其实是当年诸葛亮苦心经营的蜀地四川。

按照石达开的部署，进攻衡阳的太平军只是其偏师，主力尚在衡阳以西的永州，换句话说，他使用的是声东击西、调虎离山之计。

战略判断失误有时是致命的，不过左宗棠仍来得及着手进行补救。1859 年 4 月 6 日，他将湘军精锐从衡阳等地抽出，分路对永州进行增援。当派出的第一路援兵赶到永州时，永州已被石达开三面包围，援兵只得暂时扎营于城外，与太平军对峙。

两天后，第二路增援部队赶到，两路并一路，与太平军在城外展开鏖战。

左宗棠能派出的这两路援军，加一起才三千五百人，太平军却有整整八万之众，二者兵力数量之比是二十五比一。看上去似乎石达开必赢无疑，但他没想到对手还有一招更厉害的。

左宗棠派出的第三路援兵到了。这一路兵也不多，但左宗棠选择出击的位置十分刁钻，他打击的是石达开的后方。自古任何军队都怕后路出问题，闻听后方被抄袭，太平军阵脚大乱。

左宗棠在永州一举击败石达开，歼灭其主力近一万人，俘虏并遣散两万多人，并对石达开实施了反包围。这也是左宗棠在军事指挥上取得的第一次大胜。

指挥如弈棋，比的是计算。开始左宗棠没算过石达开，让石达开在不声不响中绕过衡阳进入了永州，但他亡羊补牢，用最快的速度对部署进行了调整，终于挽回局面，重新占据了主动。

5 月 21 日，石达开利用天降暴雨之机，从包围圈中撕开缺口突围而去。

左宗棠需要知道的是，他的对手下一步会去哪里，是直接去四川吗？答案又从对俘虏的审讯中得到的，左宗棠获悉，石达开将去一个地方绕一下，这个地方叫作宝庆。

宝庆（现湖南邵阳）属商业重镇，是个相对比较富裕的地方。石达开既成“流寇”，在缺乏后方根据地的情况上，就必须沿路补充，而宝庆显然是个不错的歇脚所在。

这次再不能犯错了，必须提前调兵遣将。左宗棠将所掌握的机动兵力全部投入宝庆会战，这些部队被分开设防，其中的三万新兵加一部分老兵进入城内防守。

打仗除了得精通地理地形及兵书战策外，还得了解士兵的心理。新兵上阵，最重要的还不是技能不熟，而是缺乏胆量，说直接点就是怕死。如果把他们直接放到城外，骤遇太平军这样的强敌，十有八九会被吓得尿裤子。在城里面打就不一样，毕竟前面有座城墙挡着，不用担心对方立马杀到眼前。

与此同时，左宗棠从老兵中抽出七百人入城作为督战队。守城时，每个老兵管制和监控五十个新兵，以此提高防守能力。实际上，太平军在防守战中也经常使用这一办法，因为退伍老兵与新兵不同，他们或许军纪不好，或许平时打不起精神，但一遇到野战恶战就能看出功底和经验了。

除派少数老兵担任督战队外，八千以退伍兵为基础的精锐老兵驻防城外。左宗棠特地在城外挖掘了数道深壕和工事，这些部队就驻扎其间，相当于将城防往外推进了数里。

铁打的宝庆

当石达开到达宝庆时，发现左宗棠已对宝庆城外实施坚壁清野，这使得太平军不仅无法在城外得到粮草补充，就连靠近城墙都很危险——城外建筑也被同时焚毁，城下一览无余，重炮想打哪儿就打哪儿。

尽管如此，石达开仍有攻下宝庆的资本和可能。与围攻永州时不同，这次所有后续部队都已经赶到，加上湖南境内天地会的加盟，石达开所部达到了三十万人。

当初太平军包围南京，号称百万，但真正能用于作战的也不过几十万人，南京有多大？宝庆又有多大？三十万人围着这么一座小城，几乎可以说是杀鸡用牛刀了。

石达开意识到，要破城首先要击破城外驻军，因此他在围城的同时，也将城外的湘军精锐全部围困起来，并利用数量上的优势进行压制性攻击。

湘军屡次从内往外突，尽管他们也打过胜仗，但兵力上的悬殊差距很快稀释了所取得的战果：太平军有的是人，伤亡再多，亦不过是九牛一毛。

包围圈越缩越紧，连骆秉章和左宗棠的指令都无法送进来了，城内外的湘军同陷困境，然而关键时候，石达开又犯了一个错误。

在没出走天京之前，石达开也敢打狠仗恶仗，比如，在九江与曾国藩对垒时，他基本是豁出去的。可是在出走之后，由于缺乏稳固的后方根据地进行补给，他开始变得谨小慎微起来，最爱打的是巧仗，最畏惧的是硬仗，就怕在战争中蒙受损失。

过去曾国藩在追击时，就发现了石达开的这一缺陷，曾经说过：如今的石达开，你只要挡住他的前三板斧，他就不敢使后三板斧了，这就叫作“钝”。

曾国藩有针对性地使用了新战术，也就是一上来先挡住石达开的前三板斧，使其“钝”。在浙江和福建，曾国藩屡屡得手，弄得石达开无还手之力，这次又轮到了宝庆。

经过前面的苦战，太平军蒙受了一些伤亡，石达开舍不得再血拼下去了，他想效仿湘军的“长围久困”。问题在于，“长围久困”需要一个基本前提，即必须有后援及其提供补给的基地，而自从成为“流寇”后，这两项条件石达开一项也不具备，换句话说，围得越久，有利的不是他，而是对手。

就在石达开犹豫不决的时候，左宗棠已将新的强力援军调往宝庆，此为胡林翼从湖北派来的李续宜部，共有五千多兵勇，乃湘军的现役主力，另外还有来自吉林的三百满洲骑兵作为配属部队。

拳头有了，问题只在于从哪个方向打过去。位于长沙的指挥部里议论纷纷，大多数将领都主张自东向西，理由是可以在出击的同时，保护身后的省会。轮到左宗棠了，他摇了摇头。

在宝庆尚未被围得水泄不通之前，守军曾送来一张“敌我兵势地图”。左宗棠将这张地图挂在墙上，从早到晚地进行研究。那时他就看出石达开的兵力部署有问题，按道理，石达开应将兵力厚集于宝庆城下，相应形成的势态是西面兵多，东面兵少，但显示于地图上的太平军营垒，却是西面少，东面多。

显然石达开既想攻下宝庆，又怕赔掉老本，不然不会如此布置，而这直接影响到了李续宜的出击方向。左宗棠说，如果只保护省会，干脆让李续宜蹲在长沙不动好了，既要出击，就要击中敌方要害，不能过多考虑其他因素。

哪里是敌方要害？石达开在东面兵力雄厚，北面薄弱，左宗棠认为北面是其要害所在，他主张将李部的出击方向定为由北向南。

李续宜依令出击，果然一战得胜，石达开被迫收缩兵力，改进攻为防御。

石达开部署上的弊病被左宗棠牢牢抓住。接下来，李续宜弃东防线于不顾，专攻太平军兵力薄弱的西防线，并且予以一举摧毁。宝庆战局从此即刻逆转，由石达开围困宝庆，变成了他孤军被湘军包围于宝庆山区。

在遭到湘军反包围的同时，因缺乏基地所带来的其他各种问题也接踵而至，对太平军形成了困扰。那些天，战场上每天都要消耗不少米粮和火药，石达开在米粮和火药方面没有稳定来源，无非是继续消耗营中库存而已。由于粮草告急，即便仗打到最激烈的时候，石达开也不得不分兵去附近村寨搜罗粮食。至此，宝庆会战鹿死谁手，已是不言自明的事了。

1859 年 8 月 12 日，在湘军的猛烈进攻下，太平军全面溃退。三十万大军仅余八九万人。更重要的是，自石达开出走天京后就一直跟随其左右的亲兵部队，即“经年老太平军”也损失一空。

在入蜀计划失败后，石达开退往广西，身后留下了一句无奈的浩叹：“真是铁打的宝庆。”

你知道举人左宗棠吗

能够在几乎不可能的情况下击退石达开，并取得宝庆一战的胜利，左宗棠可以说是厥功至伟，骆秉章对他也更加信任和倚重。

除左三先生和左师爷外，湖南民间又给左宗棠送了一个新绰号，谓之“左都御史”。骆秉章曾担任过监察御史，相对于右都御史，按照以左为尊的原则，“左都御史”的权力和地位当然还要超过右都御史。

左宗棠在湖南政坛举足轻重的作用越来越为外界所知晓和认可。御史宗稷辰是浙江人，与左宗棠“无一面之缘，一字之交”，但在上疏荐举人才时却将他列为首位，说：“所知湖南有左宗棠，通权达变，为疆吏所倚重，若使独当一面，必不下胡、罗（指胡林翼、罗泽南）。”

湘军以湖南为根本，全部的兵力补充和部分饷械都依赖于湖南，或者说靠左宗棠的幕后主持。曾国藩为此特地上奏朝廷，报告左宗棠接济军饷之功，朝廷遂授左宗棠以兵部郎中，并赏戴花翎。接着，胡林翼也上奏荐左宗棠为将才。这使得左宗棠迅速为朝野所瞩目，咸丰听闻后，便命骆秉章出具切实考语，将左“送部引见”。

骆秉章哪里肯放左宗棠离开自己的幕府，他在复奏中表示：“等湖南军务告一段落，遇会试之年，再送部引见。”

这时郭嵩焘正在翰林院任编修，他籍贯湖南湘阴，和左宗棠是一个县的同乡。有一天咸丰在召见他时，忽然问了一连串关于左宗棠的问题：“你知道举人左宗棠吗？他为什么不愿出来做事？他今年多少岁啦？”

在郭嵩焘一一作答后，咸丰嘱咐他说：“左宗棠现在年纪也不小了，再过几年精力就会衰竭，应该趁身体尚强健，及时出来为我办贼（即‘剿灭’太平军），不要糟蹋了机会。你一定要劝劝他。”

或许是因为骆秉章在复奏中提到了会试，咸丰又问郭嵩焘，左宗棠是不是还想参加会试。得知左宗棠确实有此想法，他都有些着急了：“左宗棠何必以科名为重？文章报国，与建功立业，哪一个收获多？他有这样的才能，也还要出来办事才好。你可以写封信把我的这层意思传达给他！”

咸丰不仅专门了解情况和带话相劝，还加赏左宗棠四品卿衔。这不得不说是一种特殊礼遇，也显示皇帝对左宗棠相当器重，已有任用他的打算，众人对此无不既惊讶又羡慕。

然而所谓树大招风，时间一长，不可能不引来猜疑和嫉妒。知道左宗棠为人厉害，又是骆秉章身边的红人，直接攻击的话弄不好要吃不了兜着走，有些人就转换策略，含沙射影地说湖南是“幕友当权，捐班用命”。

左宗棠没有分身法，在事务较多的情况下，他也会安排其他幕僚去经办。这些幕僚中有的在科举场上不得意，是靠捐纳得到的功名，即所谓“捐班”。

含沙射影者的话阴险就阴险在，他们看似说的不是左宗棠，其实都是直奔左宗棠而去。骆秉章大智若愚，耳边吹风的人在打着什么主意，一听就听出来了。大部分时候，他都装着没听见，实在说的人多了，就回过去一句：“幕友们办事，都经过了左宗棠的亲自裁定，并非自作主张，你们不要瞎想乱说。”

至于使用“捐班幕僚”，骆秉章更不放在心上。他说有能力的人才是真正的人才，进士又如何？要是没能力，一样毫无用处。

有骆秉章挡在前面，一般人自然不敢轻易去招惹左宗棠，但也有例外，此人是湖南永州总兵樊燮。

事情缘于樊燮到长沙向上司进行汇报，他先拜见骆秉章，完了骆秉章嘱咐他一定还要去拜一下左宗棠。

樊燮是个很有个性的人，对此颇不以为然，想想拜巡抚大人是应该的，左宗棠不过一师爷，凭什么要去拜他？可既然骆秉章吩咐在先，那就去敷衍敷衍吧。

见到左宗棠后，樊燮并未请安，也就是没有行礼。

在湖南官场，左宗棠的“影子巡抚”身份众所周知，虽然背后说坏话、造谣言的人很多，但是当了面还是得恭恭敬敬，哪怕那是装出来的。天长日久，左宗棠也形成了习惯，樊燮的举动让他很不开心：“武官见到我，不管大小，都得请安，你为什么如此特殊？”

樊燮并不买账，说你可以查一查大清国制度，看有没有武官见到师爷必须请安的规定或行例：“我樊燮虽只是武官，没有文官那么尊贵，但也是堂堂的二三品官，岂有随随便便向师爷请安之理？”

樊燮一口一个师爷，大大刺激了左宗棠的自尊心，一时又怒又急，上前便一脚踢过去，嘴里还大骂：“王八蛋，给我滚回去！”

这一脚只是做做样子，并没有真的踢到樊燮身上，倒是那句大骂伤人不轻。樊燮气哼哼地退出帐外，两人自此结下了仇怨。

不久，骆秉章上奏朝廷，要求对樊燮进行查办。樊燮得知后，便以左宗棠对他报复为由，一状告到了湖广总督衙门。

其实这事跟左宗棠并无太大关系，纯粹还是樊燮自身的问题。在骆秉章的奏折中，列举了樊燮的诸多过失，比如，挪用军费做零用花销，以及私自役使士兵给他抬轿等。

就左宗棠的品质和经历来看，他极少因私怨而累公事，更不擅于玩阴的。可是樊燮不会这么想，他理所当然地认为这是左宗棠在暗中整他——都把我骂成“王八蛋”了，还不肯罢休，要给我穿小鞋？咱们走着瞧，看究竟谁能扳倒谁！

死路一条

樊燮的状纸递上去后，由湖广总督官文受理。

湖广总督在权限上可遥制湖南，但官文庸才一个，在军事上全靠胡林翼撑持，你要他掌握两湖全局，他不过是哪里请求调兵，就敷衍着派兵到哪里去，自己从来不肯用心，也无任何定见。除此以外，官文也不是个清官，如此种种，都让左宗棠非常瞧不起他。

左宗棠的前任幕主张亮基曾署理湖广总督，左宗棠认为，自张亮基离开湖北后，“湖北无好督”，他在平时的交涉和文件往来中对官文多有冒犯。官文素来城府很深，表面上装得大公无私，无所芥蒂，实则早已积怨于心，就准备等待时机予以报复。

樊燮告状可谓正中官文的下怀：好哇，你不过是一个师爷而已，竟敢欺负二三品武官，你还把我们这些督抚放在眼里吗？

他当即写成奏报，把左宗棠这个“幕客劣绅”如何陷害总兵樊燮一节，添油加醋地描述了一番。

接到官文的奏报，咸丰十分震惊。他难以想象左宗棠是这样一个人，然而奏报上又说得有根有据，有鼻子有眼，不由你不信。

出于慎重起见，咸丰向官文发出密旨，让官文与湖北正考官会办此案，并声明：“如果左宗棠确有不法情事，可即就地正法。”接到密旨，官文立即派人入湘捉拿左宗棠。

两湖巡抚，一个是左宗棠的贵人，另一个是亲戚，自然都是胳膊肘往内拐，左宗棠提前就知道了这一消息。左宗棠不怕死，但他忍受不了身陷牢狱的屈辱，无奈之下便想到一招：进京应试。

“进京应试”不过是暂时躲避风头的借口，解决不了根本问题。为了搭救左宗棠，骆秉章再次上奏，列举樊燮的种种劣迹，说明他对左宗棠的控告纯属诬陷。湖北方面，胡林翼也在多方努力，但他们从级别和权限上来说，都不能超越湖广总督，而且官文由于在湖南扑了个空，也正在气头上。这个时候如果双方当面硬碰硬，可想而知，对左宗棠只有坏处，没有好处。

官文也有眼线，获悉左宗棠已在赴京的路上，他给咸丰发去密折，请求派兵在左宗棠入京时予以捉拿，然后将其押回湖北受审。

一时之间，左宗棠的处境变得凶险万分，看上去无论入京与否，都是死路一条。

救左宗棠一命的还是京城。

古往今来，只要北京城还扮演着首都的角色，它的政治信息就异常发达。此时，为曾国藩设计厘金的郭嵩焘已因功入京出任翰林院编修，他与左宗棠是同乡好友，但起先并不知道左宗棠出事，还是一个熟人把相关情况告诉了他。

这个熟人就是肃顺的门客王闿运。肃顺正受到咸丰的宠信，自然有机会看到密旨的相关内容，退朝后他便透露给了自己的心腹幕僚，幕僚又讲给王闿运听。消息一个个传递过来，连郭嵩焘这样的翰林院小官，也掌握了被认为是国家最高机密的皇帝密旨。

一听到密旨中有“可即就地正法”，郭嵩焘的心便沉了下去。他没有想到事情变得如此严重，照密旨所言，左宗棠可能随时人头落地啊，得赶紧设法搭救。

郭嵩焘官虽不大，但因在南书房值班，所以能经常接近皇帝。只是他与左宗棠的关系众所周知，无法率先为左宗棠说情，于是只能托人求救于肃顺。

肃顺对左宗棠亦惜才爱才，否则不会如此留意，但他并没有马上采取行动，而是捎给郭嵩焘一句话：“你先让别的大臣上疏保荐左宗棠，这样我才方便劝解。”

郭嵩焘觉得很对。正是因为肃顺受咸丰宠幸，才不能冒冒失失进言，特别是在这敏感时刻，难保咸丰不会因此猜疑，那样反而可能把事情搞砸。

要找这样一个大臣，他看上去与左宗棠并没有明显利害关系，位置也不显要，但文章又要写得漂亮，一个奏疏递上去就能让皇帝动心。似乎条件很苛刻，然而正所谓“踏破铁鞋无觅处，得来全不费工夫”，郭嵩焘抬眼一瞧，发现同在南书房值班的潘祖荫再适当不过。

苏州潘家在清末几乎尽人皆知。潘祖荫的爷爷中过状元，父亲的功名稍逊，不过也进了内阁。等到潘祖荫出世，探花随手擒来，说他们几代都是读书种子亦不为过。

文人能引以为豪的就是一支笔杆。潘祖荫其时三十岁不到，正是爱出风头的时候，倘若手中能流出一篇为人叹赏的奏疏，那感觉就跟左宗棠一样，能激动到三更半夜都睡不着觉。

郭嵩焘便鼓动潘祖荫写荐疏，他还将左宗棠的作用着力介绍了一番：“如果左宗棠倒霉，湖南就会垮台，湖南垮台，东南大局也就完了。”

潘祖荫并没有见过左宗棠，但这没有关系，他所要做的，只是如何挥动手中的如花妙笔。

湖南不可一日无左宗棠

写东西有写东西的诀窍，与“天下文章一大抄，看你会抄不会抄”相应的，是“天下文章一大吹，看你会吹不会吹”。郭嵩焘把左宗棠与东南大局连在一起，虽是事实，但潘祖荫觉得还不够：要吹就往大了吹，为什么不说全国大局？

潘祖荫在荐疏中强调：“左宗棠不过是一个在籍举人，他对做不做官无所谓，过去也多次隐居，倒是国家不能失去如此重量级的人才。”传诵一时的名句也就此诞生：“国家不可一日无湖南，湖南不可一日无左宗棠！”

无任何实际官职在身的师爷，至此完全升级为救世英雄。如此一来，作为英雄的对立面，樊燮的定位就尴尬了，按照潘祖荫所说，樊燮完全是在陷害好人，而官文在处理上则失之于轻率。

潘祖荫的荐疏在朝廷内外广为流传，被称为难得一见的佳作，不过咸丰在看完这篇荐疏后却始终没有回应。

不回应并不代表咸丰不心动，因为除荐疏外，他还同时收到了骆秉章和胡林翼发来的奏折。骆秉章的奏折不提，自然是为左宗棠鸣冤叫屈，而胡林翼也以“名满天下，谤亦随之”一句，来诠释左宗棠所面临的困境，再三说这人恰恰是太有才了，所以造他谣的人才会满天飞。

所有这些意见，都初步改变了左宗棠在咸丰心目中“劣幕”的印象，他迟迟不决的原因，要想再倾听一个人的意见，此人就是肃顺。

肃顺太了解咸丰的心思了，他等待的就是这样一个水到渠成的机会。如其所料，咸丰召见他时，一上来就对他说：“现在天下多事，如果左宗棠确实在军事上有一手，即便有点小毛病和错误，也应该弃瑕录用。”

肃顺看出皇帝对左宗棠的军事才能还不够肯定，于是他直言告诉咸丰：“骆秉章之功，皆左宗棠之功也。”

前面湖南传来那么多捷报，你以为都是骆秉章的功劳？其实全是左宗棠帮他打的啊！

咸丰如梦方醒。照这么说，左宗棠确实是一个难得的人才，不仅不能处分，还得重用：“不过朕已经给官文发去了严办的密旨，现在出尔反尔，如何说法”？

肃顺早就想好了办法：“这有何难，皇上您可以再写一道密旨给官文，别的不用多说，把内外保荐左宗棠的奏疏抄上去就行了。至于以后如何，官文是个聪明人，他会知道究竟应该怎么办的。”

官场之上，很多事只可意会不可言传，咸丰的第二道密旨如同丹书铁券，虽然没有明讲，但作为老牌官僚，官文立刻从中读出了奥妙。

现在对左宗棠不是抓不抓的问题，而是再也动不得了。官文赶紧找来幕僚文案，让对方帮他写出奏疏，将“樊燮事件”予以匆匆结案了事。

樊总兵作为原告，告被告不倒，他就有诬告之罪，加上骆秉章要查办的事均已查证为实，樊燮最终落得个被革职回籍的下场。

樊燮为此郁闷不已，他把这一切都归罪于左宗棠，认为自己混到二三品武官不容易，如今竟然被一个师爷给轻轻撂倒，实在是奇耻大辱。

想来想去，还是因为纯武人没有社会地位，以至于像左宗棠这样的区区举人，居然就可以“视武人如犬马”，骂他是“王八蛋”了。看来不读书真是不行啊！

回到家乡，樊燮先出资在街上建了一座楼房，接着宴请父老，席间，他告诉众人，他建的这座楼是学习楼、用功楼，为的是给两个儿子读书。此后，他果然以重金请来名师，除师生三人外，任何人包括他本人都不准上楼。

樊燮督促儿子读书的方式更是令旁人瞠目结舌。两个儿子平时在家，从里到外，从上到下，全都穿女装。只有考中秀才，才允许脱去外面的女装，考中举人，才允许脱去里面的女装。到这一步，他们才能凭借男子汉的身份，与左宗棠平起平坐，所谓彼为举人，我亦为举人，谁也不输谁。

樊燮还乡时即做了块木牌，放置于祠堂的祖宗神龛下侧，定期率两个儿子下拜。有人还以为是长生牌位，近前一看，上面却是樊燮亲笔写的六个字：“王八蛋，滚出去。”正是当初左宗棠骂他的话。

樊燮对儿子们说："你们不光是中举人，还要中进士，入翰林，总之一定要高过左宗棠。否则的话，这块牌将被永远放在这里。"

以后，樊燮的两个儿子果然都考中了进士，"王八蛋牌"随后被樊燮撤除烧毁，积压在他胸口的一口怨气这才得以平息。

据说，在樊家的学习楼墙壁上，曾录有一行刻字："左宗棠可杀。"左宗棠可杀不可杀尚在其次，樊燮事件发生时，他本人却实在有杀了自己的心。

侧身天地，四顾茫茫，哪里才是我的出路？

参考文献

［1］龙盛运．湘军史稿［M］．成都：四川人民出版社，1990.

［2］罗尔纲．湘军新志［M］// 沈云龙．近代中国史料丛刊续编：第 95 辑．台北：文海出版社，1983.

［3］刘忆江．曾国藩评传［M］．北京：经济日报出版社，2008.

［4］萧一山．曾国藩传［M］．海口：海南出版社，1994.

［5］曾国藩．曾国藩日记［M］．北京：团结出版社，2012.

［6］严树森．胡文忠公（林翼）年谱［M］// 沈云龙．近代中国史料丛刊：第 8 辑．台北：文海出版社，1966.

［7］蔡锷，徐一士，徐凌霄．曾胡谭荟——曾胡治兵语录［M］．太原：山西古籍出版社，1995.

［8］孙占元．左宗棠评传［M］．南京：南京大学出版社，2002.

［9］贝尔斯．左宗棠传［M］．王纪卿．译．南京：江苏文艺出版社，2011.

［10］李春光．清代名人轶事辑览［M］．北京：中国社会科学出版社，2004.

［11］萧一山．清代通史：三［M］．上海：华东师范大学出版社，2006.

［12］吕思勉．中国近代史［M］．上海：华东师范大学出版社，1997.

［13］吕思勉．白话本国史：下［M］．上海：上海古籍出版社，2005.

［14］赵尔巽．清史稿［M］．天津：天津古籍出版社，2012.

［15］史景迁．太平天国［M］．朱庆葆，等．译．桂林：广西师范大学出版社，2011.

［16］郭廷以．太平天国史事日志：下册［M］．上海：上海书店，1986.

［17］罗尔纲．李秀成自述原稿注（增补本）［M］．北京：中国社会科学出版社，1995.

［18］孔飞力．中华帝国晚期的叛乱及其敌人——1796—1864 年的军事化与社

会结构（修订版）[M] . 谢亮生，杨品泉，谢思炜 . 译 . 北京：中国社会科学出版社，1990.

[19] 特拉维斯·黑尼斯三世，弗兰克·萨奈罗 . 鸦片战争——一个帝国的沉迷和另一个帝国的堕落 [M] . 周辉荣，译 . 杨立新，校 . 北京：生活·读书·新知三联书店，2005.

[20] 柯文 . 在中国发现历史 [M] . 林同奇 . 译 . 北京：中华书局，2005.